AF494772

RELIGION SAINT-SIMONIENNE.

Napoléon, ou l'homme-peuple.

LA GUERRE ET L'INDUSTRIE.

Le peuple c'est MOI, disait le petit Caporal, et le petit Caporal avait raison. Dans les hautes classes de la société peu d'hommes ont compris ce bon mot. Les uns lassés de l'anarchie révolutionnaire l'applaudirent ; c'était suivant eux une menace contre les Jacobins. Les autres fidèles à la république s'en affligèrent ; c'était à leur sens une menace contre la souveraineté du peuple. Que par ces paroles remarquables : *le peuple c'est moi*, Napoléon ait voulu effrayer les têtes chaudes et les contenir, cela n'est pas douteux. Mais ce n'est pas tout, il voulait dire encore autre chose, il voulait dire par là que *lui* plus que tous les autres connaissait le peuple, vivait de sa vie et saurait le rendre heureux. Aussi comme il a rassasié le peuple d'éloquence, de poésie et de gloire ! que de chants, que de fêtes pompeuses, que d'ivresse ! Et tout cela pour le prolétaire ! Comme il l'a promené triomphant dans toute l'Europe, faisant à son compagnon de voyage les honneurs de toutes les capitales du monde civilisé ! Le peuple avec son ame chaleureuse et son cœur de poète dédaigne les longs discours, juge les gouvernemens à l'user et non point à la forme, fût-elle constitutionnelle, et Bonaparte avait la parole brève et il n'aimait pas les bavards, elle le fit même un jour sauter par les fenêtres. Le peuple aime les beaux climats, se passionne pour les voyages lointains, dans son audace aventureuse soupire après les entreprises colossales, brûle de contempler les monumens éternels, et Bonaparte le conduisit, à travers mille fortunes, dans la terre d'Egypte au pied des pyramides sous l'œil de quarante siècles étonnés ! A l'amour qu'il porte à Napoléon, à la reconnaissance qu'il a gardé pour son nom glorieux il est facile de voir que le peuple mieux que toutes les autres classes a su comprendre le *génie* des temps modernes. Cela devait être, car Napoléon c'est l'homme-peuple dans une société guerrière. Mais ces grandes choses n'ont duré que le temps d'un rêve. Pourquoi? serait-ce donc parce que le grand Napoléon classait les hommes suivant leurs capacités et les rétribuait selon leurs œuvres? oh! non, c'est plutôt là le secret de sa puissance magique; oui, c'est bien là le secret de sa gloire, de son apothéose. Peuple, ceux qui le méconnaissent te demanderont souvent avec dédain : mais qu'a-t-il fait de durable? Ce qu'il a fait de durable, réponds que c'est d'avoir porté un coup mortel au hasard de la naissance. Fils de son propre mérite, il recruta son sacerdoce militaire, son état-major parmi les seuls hommes de talent; tu le sais, *plus d'un maréchal de France est parti le sac sur le dos.* Va, peuple, si Napoléon est tombé, c'est parce qu'aujourd'hui la guerre est immorale, c'est parce qu'il existe d'autres lauriers à cueillir que des lauriers entachés de sang, d'autres concerts à entendre que les cris des blessés et le râle des mourans, d'autres colonnes triomphales à élever que des colones formées d'ossemens humains, d'autres voyages à faire que sur le char de Bellone qui est devenue *mauvaise coucheuse* depuis qu'elle a été détrônée par le travail pacifique, par l'industrie; c'est qu'à l'homme-peuple de la guerre va succéder l'homme-peuple de la *paix* et de l'industrie.

ÉVERAT, Imprimeur; rue du Cadran, n° 16.

RELIGION SAINT-SIMONIENNE.

Qu'est-ce qu'un prêtre Saint-Simonien?

Un prêtre! A ce mot les uns se figurent un curé, marchant sous le dais, en chasuble, en surplis, chantant latin, portant calotte et camail, avec tonsure sur la tête; les autres un abbé coquet, gras et replet, pimpant, pincé, frisé, prisé, choyé comme un épagneul par les dames du haut ton; d'autres un simple vicaire, bon protestant, chapeau rond, habit noir et souliers à boucles, bourgeois s'il en fût, partageant avec sa femme le soin d'apprêter les fruits au vinaigre et le soin d'élever les enfans avec le magister du lieu. Pour ceux-ci, c'est l'homme parlant toujours de Dieu et des anges, pour ceux-là, parlant du diable et de l'enfer; pour tous, du temps qui court, c'est un homme à qui la loi qu'il prêche prescrit de se détacher du monde, et qui d'ordinaire se fait gloire et plaisir d'y jouer un rôle le plus riche et le plus grand qu'il peut.

Mais dans tout cela pas un trait du prêtre Saint-Simonien, modèle inconnu, type inoui jusqu'à nous; résumé vivant des temps passés, avant-coureur des temps futurs, et par conséquent figure voilée aux savans comme aux ignorans, aux forts comme aux faibles, aux puissans comme aux humbles, montrée à nous seuls qui dans l'intérieur de la famille Saint-Simonienne avons senti la présence du prêtre nouveau, sa vie passant de son cœur dans le nôtre, sa sagesse rectifiant nos erreurs, sa santé guérissant nos maux. A nous d'en donner le premier portrai, la première esquisse. En Saint-Simon le prêtre c'est le prince. Non le prince qui gagne son titre en prenant la peine de naître, et qui se trouve d'abord une couronne pour bourrelet et de la pourpre pour langes; mais celui qui conquiert son nom en marchant le premier de tous, celui qui tout enfant se montre plus intelligent, plus beau, plus aimant surtout que les autres; car chez nous c'est l'amour qui sacre; celui dont la parole est tendre et ferme, l'œil caressant et fier, le sourire attrayant et doux, dont la tête est sûre, le bras nerveux, l'ame ouverte, et qui sait également *comprendre*, *agir*, S'ENTHOUSIASMER. Honneur à cet enfant! C'est l'oint du Seigneur! Qu'il soit né lui aussi dans une étable ou près d'un trône, dans une échoppe ou dans une église, il sera chef des nations, pontife-roi, pape ou prêtre. A lui la tiare, à lui l'amour et le respect de tous, et l'encens et les aveux des fidèles, à lui le soin de les gouverner, de les conduire, de les aider, de les aimer. Ce doit être l'homme-lien entre l'industrie et la science, entre la pratique et la théorie, entre les beaux et les sages, entre les orgueilleux et les humbles. Il sent l'utilité, la nécessité, la valeur de tous et des natures diverses. Il est le centre où les rayons viennent aboutir et d'où l'impulsion leur vient, le tronc d'où les branches partent, d'où la sève sort et où elle retourne, le cœur qui fait circuler le sang dans toutes les veines. Le prêtre est le père de tous et de toutes; la prêtresse est la mère de toutes et de tous. Couple divin, s'il voit quelque douleur il faut qu'il la calme; quelques pleurs, il faut qu'il les essuie; quelque dévouement, il faut qu'il le récompense. Il ne reste point dans l'obscurité du temple ou dans la pompe du palais, comme le prêtre ou le roi des anciens jours, il ne revêt ni haire ni cuirasse, et son front ne s'entoure ni de voiles ni de rayons empruntés. Mais il s'en va, le couple prêtre, dans sa grâce et dans sa force, dans son esprit et dans sa prudence, dans son amour visiter les siens. Il s'en va des ateliers aux écoles, du travail à l'étude, et sur son chemin il sème de bonnes paroles et de bonnes œuvres, puis appelle à lui. Providence pour ceux qui prient, médecin pour ceux qui souffrent, point de lèpre qu'il ne lave, point d'écrouelles qu'il ne touche, il est l'œil et la main de Dieu.

ÉVERAT, Imprimeur, rue du Cadran, n° 16.

RELIGION SAINT-SIMONIENNE.

La dévote et la grande dame.

L'AUMÔNE ET LE TRAVAIL.

Quand une dévote bien sèche, a mis un liard dans la main du pauvre, en regardant non pas le pauvre, qui ne l'occupe guère, mais le liard, pour être sûre de n'en donner ni deux, ni six, elle se rengorge devant Dieu, songeant au mérite d'une si belle œuvre, et dit à part soi : voilà ma place au paradis payée d'avance.

Si quelqu'un s'en allait lui demander : « Très-charitable dame, ce pauvre, qui n'a ni pain, ni vêtemens, ni lit que fera-t-il de votre aumône? —Ce qu'il pourra, répondrait-elle. J'ai rempli mon devoir; Dieu ne commande pas plus. — Bien, vous voici quitte envers lui, ce n'était chose difficile; mais vous qui mangez quand vous avez faim, vous vous chauffez quand vous avez froid et dormez dans un lit moelleux, ne vous arrive-t-il jamais de songer au pauvre qui grelotte, l'estomac vide, tantôt appuyé sur une borne en attendant le liard des ames chrétiennes, tantôt sur un peu de paille humide après l'avoir inutilement attendu? — Oh! pardon, car cent fois le jour je remercie Dieu de ne m'avoir pas envoyé ces rudes épreuves. — Et voilà tout? — Je le prie, en outre, de donner aux affligés la patience de porter leurs peines. — Et pourquoi ne pas le prier de les finir? — Parce qu'elles sont dans sa providence. — Ainsi donc votre Dieu veut des mendians; il en faut; il y en aura toujours? — Oui, sans doute, pour que les saintes ames se sanctifient par la charité.

Et ce que dit la dévote de Saint-Séverin, toute raide comme les papillons de son bonnet à rubans blancs, la grande dame de Saint-Roch, qui fait distribuer ses dons par un laquais au sortir de la messe, le pense et le dit aussi.

C'est toujours un Dieu donnant à celui-ci la misère, à celui-là les biens du monde, simplement pour les éprouver; toujours un Dieu voulant des pauvres pour le salut du riche; toutes les douleurs d'une part, toutes les joies de l'autre; et cependant c'est le Dieu juste et bon!...

Merci d'un Dieu qui partage ainsi ses enfans. Si j'avais l'honneur d'être dévote, je le prierais de rendre la vie un peu moins dure aux uns, un peu moins douce aux autres, quitte à perdre une chance de paradis. Si j'étais grande dame à laquais portant ma bourse, je dirais : « Dieu m'a donné trop de

» de biens, c'est apparemment pour que j'en fasse part aux » malheureux. Mais l'aumône ne profite guère au pauvre ; elle » n'assure ni sa vie du jour, ni celle du lendemain ; d'ailleurs, » s'il mendie par paresse, je l'encourage dans un vice bien » bas ; s'il mendie par besoin, je l'humilie sans m'honorer. » C'est du travail qu'il lui faut ; donnons-lui donc du travail, » afin que son pain ne lui soit point amer. »

Voilà pourquoi nous appelons tout le monde à notre aide, pour qu'à l'avenir il n'y ait plus de bras sans ouvrage, plus de malheureux ouvriers qui baissent les yeux et tendent la main, ni d'autres qui puissent à peine donner du pain à leur famille en se tuant de fatigue. Tous, disons-nous, doivent vivre heureux de leur travail et devenir grands et riches selon leur mérite. Ce n'est point assez que même les moins habiles boivent et mangent pendant la jeunesse et l'âge mûr, il faut que, devenus vieux, ils aient encore le nécessaire et tous les soins, toutes les douceurs indispensables à leur bien-être. Il faut aussi que tout jeunes ils soient instruits des choses utiles, formés à s'aimer entre eux, accoutumés à ne rien attendre que de leur industrie et de leur bonne conduite ; il faut que des exercices de force et d'adresse développent leurs membres, et qu'à tout âge les plaisirs de l'esprit les délassent de la peine du corps ; il leur faut des danses, de la musique, des spectacles, toutes les jouissances qui n'ont été jusqu'ici que pour les riches.

Oui, voilà ce que nous demandons en place de la misère du peuple, et de la charité qui ne peut ni ne veut la détruire. Nous voulons ainsi le bien du peuple par des moyens qui fassent aussi le bien des riches ; car le travail enrichit tout le monde à la fois. Lorsque les affaires vont bien, tout le monde gagne ; quand l'industrie est en bon état, le plus simple ouvrier a de grosses journées, et le grand capitaliste réalise de grands bénéfices. Et cependant il se trouve des gens qui prétendent que nous allons tout renverser, tout bouleverser, la religion, le gouvernement, la propriété, la morale, comme si le monde en avait une. Et cependant tous les jours ils nous déchirent, nous calomnient, nous jettent à la tête cent ordures, et cherchent à te faire haïr tes véritables amis, pauvre peuple !

Nous ne continuerons pas moins à soutenir la cause qui est la cause de tous ; et puis au bout du compte, à chacun son dû : pour nous la gloire, pour eux le regret des mauvaises actions, car nous n'aurons rien fait que de bon, sans trouble, sans tumulte, par la persuasion et l'exemple.

RELIGION SAINT-SIMONIENNE.

Sujet de méditation pour les peuples et pour les rois.

La somme des emprunts faits par les gouvernemens européens depuis les événemens de juillet s'élève à 800 millions. La somme d'impôts extraordinaires s'est élevée au moins à 600 millions. C'est donc 1,400 millions en tout que les divers états de l'Europe, dans leurs préocupations guerrières, ont dépensé pour se faire peur les uns aux autres.

Supposons maintenant que les gouvernemens de l'Europe, au lieu de conserver l'esprit de guerre et de violence que leur a transmis la féodalité, eussent été animés de l'esprit de paix et d'association entre tous les peuples européens, et qu'ils eussent voulu établir entre les villes principales de l'Europe un système de communications auprès duquel toutes les merveilles des voies de transport anglaises n'eussent été que de mesquines entreprises;

Supposons qu'ils se fussent déterminés à établir un chemin de fer qui reliât toutes les capitales de l'Europe et qui suivît la ligne suivante ;

Cadix, — Madrid, — Toulouse, — Bordeaux, — Orléans, — Paris, — Metz, — Francfort-sur-le-Mein, — Cassel, — Magdebourg, — Berlin, — Posen, — Varsovie, — Wilna, — Riga, — Pétersbourg.

Supposons qu'on ait établi en croix sur cette ligne immense des routes en fer allant :

En Espagne, de Barcelonne à Lisbonne, par Madrid. En France, de Marseille au Havre, par Paris. En Allemagne, de Breslau à Hambourg, par Berlin ; de Belgrade à Berlin, par Vienne, Prague et Dresde ; de Venise à Prague, par Inspruck et Munich. En Russie, de Moscou à Pétersbourg. En Italie, de Venise à Naples, par Rome ; de Turin à Venise, par Milan. En Belgique, d'Anvers à Francfort, par Bruxelles et Mayence.

Ce magnifique réseau aurait, y compris un quart pour les détours et sinuosités, un peu moins de 1,400 myriamètres (3,500 lieues de poste) de développement.

Or une lieue de poste d'un chemin de fer de cette étendue coûterait à grand'peine 400,000 fr. Ce chiffre de 400,000 fr. est très-élevé pour le coût d'une lieue de chemin de fer quelconque. Dans un très grand nombre de cas le coût d'un chemin à double voie ne dépasserait pas 300,000 ou 350,000 fr. par lieue.

Admettant cependant ce chiffre élevé de 400,000 fr., il se trouve que la somme de 1,400 millions en impôts et en emprunts, rapportée plus haut, et qui a été si stérilement dépensée en armemens, équipemens et fortifications, aurait suffi à produire ce superbe travail de 1,400 myriamètres de routes en fer, dont l'exécution changerait la face de l'Europe.

Ce simple calcul montre quels seraient les progrès de la civilisation et de la prospérité générale si les gouvernans substituaient la politique d'association à la politique de lutte, c'est-à-dire s'ils abandonnaient de misérables rivalités féodales pour se consacrer aux intérêts du travail créateur.

Et cependant on ne fait entrer dans ce calcul que les sommes provenant de l'emprunt ou de l'impôt. Que l'on suppute maintenant tout ce qui a été gaspillé ou détruit par la crise industrielle que la crainte de la guerre a valu à l'Europe, par l'armement des gardes nationaux à leurs frais, par le dérangement brusque d'une foule d'existences; qu'on évalue le temps perdu en exercices et manœuvres, et qu'on estime ce qui arriverait si une somme égale était employée à fonder de vastes établissemens où la population tout entière recevrait l'éducation morale et professionnelle; à développer et à propager la science, à exciter et à alimenter les beaux-arts, et à doter tous les genres d'industrie, l'agriculture, la fabrication, le commerce, d'institutions bienfaisantes de crédit.

RELIGION SAINT-SIMONIENNE.

L'armée guerrière et l'armée pacifique.

Il y a en Europe environ trois millions de soldats, bien vêtus, bien nourris, et logés dans des casernes propres, saines et commodément disposées. Ces trois millions d'hommes coûtent beaucoup et ne font rien que de nettoyer leurs armes, manœuvrer, boire, manger et dormir. Cette manière de vivre les ennuie au point que le plus grand nombre d'entr'eux, en arrivant au régiment, désirent avoir fini le temps de leur service, pour retourner dans leurs familles.

Cependant il semblerait qu'ils doivent être plus heureux au régiment : là, point de crainte pour l'avenir, les chefs veillent sans relâche à leurs besoins ; si la maladie les atteint, le médecin est auprès d'eux Leur caserne ressemble un peu à ces palais bâtis par les fées, dont on entretient les enfans, et où la table est toujours couverte de mets sans que l'on aperçoive ni pourvoyeurs ni domestiques.

A côté des casernes il y a des manufactures où des ouvriers soldats pacifiques, fabriquent des draps, des étoffes, du fer et autres choses semblables; mais ces ouvriers sont moins heureux que les militaires, car, quand l'ouvrage leur manque, ils n'ont personne qui se charge de veiller sur eux. Ils sont alors réduits à envier le sort du soldat. En effet, celui-ci a toujours sa paye, et quoiqu'elle ne soit pas forte, l'avantage qu'il trouve à vivre en communauté est assez grand pour faire envier son sort au travailleur.

Les manufacturiers sont en général d'honnêtes gens qui seraient heureux de voir leurs ouvriers ne manquer de rien ; mais quand ils n'ont pas de commande, il leur est impossible d'occuper leurs ouvriers, bien moins encore de les payer à rien faire, car leur fortune, si considérable qu'elle soit, serait bientôt réduite à rien par une telle mesure.

Les gouvernemens peuvent nourrir des soldats à ne rien faire parceque les impôts leur en donnent les moyens; mais n'est-il pas déplorable de penser que ceux qui travaillent et produisent soient moins bien traités que ceux qui ne travaillent et ne produisent point, surtout quand ces hommes (c'est des soldats que je veux parler) ne demandent pas mieux que de laisser là le mousquet, le sabre et la giberne, pour se faire travailleurs.

Jusqu'ici les régimens ont été un mal nécessaire : comme nous avions lieu de craindre que les peuples voisins vinssent en armes se ruer sur la France, le gouvernement français a dû tenir une armée nombreuse sur pied. Cela a coûté fort cher, ainsi qu'à nos voisins, et cet argent a été de l'argent perdu. Mais, comme à présent ce danger n'est plus à craindre, il serait bon de former, au lieu de régimens guerriers, des régimens de travailleurs pacifiques, où les hommes trouveraient leur nourriture toute préparée, des vêtemens pour se couvrir, et leur lit le soir après le repos. Ces travailleurs, conduits par des chefs aimans, et gouvernés non par les règles brutales de la discipline militaire, mais par des lois douces, paternelles, accompliraient des travaux considérables et formeraient un spectacle plus magnifique que celui de la plus brillante armée guerrière. Cela coûterait aussi bien moins cher, puisque chacun de ces soldats pacifiques produirait pour sa dépense et au-delà.

Malheureusement ce que je dis ne peut pas se réaliser tout de suite, et la raison en est simple. Le gouvernement a pour maxime de *laisser faire* à chacun ce qu'il veut, on appelle cela la *concurrence*. C'est en vertu de cette concurrence que tout le monde peut entreprendre un état sans le savoir faire, et se ruiner en forçant les autres à se ruiner aussi.

Le gouvernement ne se mêle pas du travail, et il a raison, puisqu'il ne sait pas comment il faut qu'il s'en mêle, mais il faut qu'il l'apprenne s'il veut être un véritable gouvernement. C'est pour cela que nous, Saint-Simoniens, nous disons chaque jour qu'il faut organiser le travail de manière à ce que chacun trouve sa place dans le grand atelier après avoir appris à la remplir.

Si le gouvernement se mêlait du travail, il ne saurait probablement que défendre de faire ce qui est mauvais, et cela ne suffit pas, il faut encore encourager ce qui est bon. La concurrence est mauvaise, il faut la détruire, mais, en la détruisant, il faut assurer à tous les hommes l'emploi de leurs bras et de leur temps. Quand cela sera fait, on ne verra plus dans les rues et sur les places publiques des hommes vigoureux manquant de vêtemens et de pain; tous les visages seront frais et annonceront la santé; plus de haine des ouvriers contre les maîtres; plus de mépris des maîtres pour les ouvriers, car tous auront le même intérêt, tous seront associés pour le travail, tous se sentiront liés, unis comme le dernier soldat d'une armée se sent lié à son général dans un jour de bataille. Alors le paradis céleste dont on nous a parlé dans notre enfance, et auquel vous ne croyez plus, sera réalisé sur la terre autant qu'il est possible.

Il n'y aura plus de carlistes, de républicains, de napoléoniens, de *juste-milieu*; il y aura des travailleurs, unis entre eux pour se rendre mutuellement la vie agréable et douce, et cela sera bien, car les hommes doivent s'aimer et non se haïr.

Il y des gens qui nous traitent de fous, nous Saint-Simoniens, quand nous disons toutes ces choses et bien d'autres encore; mais cela nous inquiète peu, nous sommes sûrs de réussir car Dieu est avec les hommes qui veulent le bien de toutes les classes.

Tous les jours de la semaine, de six heures du matin à dix heures du soir, et le dimanche de six heures à midi, les directeurs ou sous-directeurs de propagation du délégué des industriels, donnent les renseignemens qui leur sont demandés sur la religion Saint-Simonienne, aux domiciles suivans.

Rue de la Tour-d'Auvergne, n° 34.
Rue de la Contrescarpe-Saint-Antoine, n° 70,
Place de l'Hôtel-de-Ville, n° 7,
Place de Sorbonne, au coin de la rue de Cluny.

ÉVERAT, Imprimeur, rue du Cadran, n° 16.

RELIGION SAINT-SIMONIENNE.

Morale du jour.

LA FILLE DU PEUPLE.

On a essayé, et non pas sans raison, d'arrêter les progrès de la dissolution que le dernier siècle avait opérée dans les mœurs. En MORALE il y a eu de la part des bourgeois une *quasi-restauration*. A la vérité les hommes n'en sont pas revenus à prendre pour règle de leur propre conduite les préceptes moraux de l'évangile : la chasteté, la constance, la fidélité; mais ils continuent de les prendre pour base de tous les jugemens qu'ils portent sur les femmes. Comme les seigneurs de l'ancien régime, tous nos fils de bourgeois se glorifient de leurs *conquêtes* et se vantent de leurs *bonnes fortunes*; mais, pour l'honneur et le maintien de la morale publique, ils trouvent très-utile que la pauvre fille qui n'a pas pu résister à la séduction soit notée d'infamie. Pas un d'eux ne voudrait pour beaucoup prendre femme avant d'avoir largement *pratiqué la vie*; mais, quand ils songent à se reposer dans le mariage de leur liberté folle, ils sont au moins aussi scrupuleux sur la conduite passée de leur future épouse que sur le montant de sa dot.

Tout le but de nos efforts est de donner à la femme conscience de sa force et de sa dignité, afin qu'elle dise sans honte toutes ses souffrances et tous ses désirs. Comme Jésus apportait aux femmes un premier degré d'émancipation, il se sentit ému d'une tendre pitié pour la femme qui avait péché contre la loi de l'oppression antique, et il porta défi au monde de lui jeter la première pierre. Nous ferons quelque chose d'un peu plus grand. Comme nous venons *accomplir* l'émancipation de la femme, nous donnerons à toute femme la puissance de parler, afin qu'elle-même porte défi non pas seulement à ses bourreaux, mais à ses juges. Oh ! quand la femme aura la force de parler, surtout la fille du peuple, celle que sa pauvreté tient en *service* chez le bourgeois, chez le propriétaire, chez le *magistrat!* alors, nous connaîtrons la moralité de ces hommes qui sont sans pitié pour la femme, et qui lui font des devoirs au-dessus de ses forces. Et nous saurons aussi ce que coûte à l'humanité cette morale publique dont vos lois sont si jalouses, quand les FILLES PUBLIQUES viendront raconter comment elles ont été perdues, quand elles viendront nommer qui les a séduites et qui les a délaissées.

Oui les filles publiques! et pourquoi craindrais-je d'en parler. Ah! les filles publiques ce sont aussi des femmes. Hélas! je me trompe: celles qui ne seront jamais épouses chéries et mères respectées, ce ne sont pas des *femmes!* ce ne sont que des *filles!* Mais enfin ce sont les filles du peuple. Oh! qui donc espérait nous écraser en jetant au monde, sous un style d'*Apocalypse*, cette prévision, que nous plongerions jusqu'à la septième boue pour y chercher la chair banale des carrefours. Cette chair, n'est-ce-donc pas la chair du peuple! Oh! oh! le peuple! le pauvre peuple! Ils disent quelquefois qu'il est exempt des contributions directes. En effet il n'a pas de fermiers, lui, ni de locataires, de terres ni de maisons dont vous puissiez imposer les revenus. Mais le peuple exempt de contributions directes! Et n'est-ce donc pas sur ses fils que vous comptez pour *remplacer* les vôtre sur les champs de bataille? N'est-ce pas, ô dernier degré de honte et de misère! n'est-ce pas sur les filles du peuple, sur la PROSTITUTION de ses filles, que souvent vous comptez pour garantir d'un danger trop pressant l'*honneur* de vos filles et de vos femmes? Le peuple exempt de contributions indirectes! Mais il contribue de son sang, de sa chair, de sa vie, là où vous ne contribuez que de votre argent!

Vienne donc la femme qui aura la force de parler! eût-elle emprisonné sa vie dans la chasteté chrétienne ou bien eût-elle dans la boue roulé sa liberté, pour sa voix affranchie, j'obtiendrai le silence.

(*Paroles prononcées par* Abel Transon, *le* 1er *janvier* 1832.)

Tous les jours de la semaine, de six heures du matin à dix heures du soir, et le dimanche, de six heures à midi, les directeurs ou sous-directeurs de propagation du degré des industriels donnent les renseignemens qui leur sont demandés sur la religion Saint-Simonienne, aux domiciles suivans:

Rue de la Tour-d'Auvergne, n° 34;
Rue de la Contrescarpe-Saint-Antoine, n° 70;
Place de l'Hôtel-de-Ville, n° 7;
Place de Sorbonne, au coin de la rue de Cluny.

ÉVERAT, Imprimeur, rue du Cadran, n° 16.

RELIGION SAINT-SIMONIENNE.

Immense utilité des chemins de fer pour améliorer le sort des nations.

Les moyens de communication les plus faciles que l'homme emploie en grand aujourd'hui, indépendamment de la mer, que l'on rencontre toujours dans les grands trajets, sont les rivières et canaux, et les chemins de fer. Les chemins de fer n'ont été observés jusqu'ici que du point de vue industriel abstrait. Ceux qui les ont étudiés étant des ingénieurs et ne prétendant pas à être autre chose, ont négligé la question politique et morale, pour se renfermer dans la question technique. Lorsque, par exemple, ils ont comparé les chemins de fer aux canaux, ils ont été *exclusivement* préoccupés de mesurer les frais d'établissement et le coût du transport. La question de rapidité ne leur a apparu que comme secondaire, et ils ne l'ont examinée que sous le rapport de la marchandise. Aux yeux des hommes qui ont la foi que l'humanité marche vers *l'association universelle*, et qui se vouent à l'y conduire, les chemins de fer apparaissent sous un tout autre jour. Les chemins de fer le long desquels les hommes et les produits peuvent se mouvoir avec une vitesse qu'il y a vingt ans l'on aurait jugée fabuleuse, multiplieront singulièrement les rapports des peuples et des cités. Dans l'ordre matériel le chemin de fer est le symbole le plus parfait de l'*association universelle*. Les chemins de fer changeront les conditions de l'existence humaine. Il y a vingt ans ils n'étaient employés que pour le service intérieur de quelques mines; inventés d'hier, ils ont déjà éprouvé des perfectionnemens prodigieux relativement au tracé, à leur propre construction et aux moteurs destinés à les parcourir. Déjà, grâce aux admirables machines locomotrices, façonnées par les ingénieurs anglais, on peut aisément s'y transporter avec une vitesse moyenne de dix lieues (40,000 mètres) à l'heure, et je ne doute pas que prochainement l'on n'arrive à dépasser cette vitesse, même pour tous pays. Or, quand il sera possible de métamorphoser Rouen et le Havre en faubourgs de Paris; quand il sera aisé d'aller non pas un à un, deux à deux, mais en nombreuses caravanes, de Paris à Pétersbourg en moitié moins de temps que la masse des voyageurs n'en met habituellement à franchir l'intervalle de Paris à Marseille; quand un voyageur, parti du Havre de grand matin, pourra venir déjeûner à Paris, dîner à Lyon et rejoindre le soir même à Toulon le bateau à vapeur d'Alger ou d'Alexandrie; quand Vienne et Berlin seront beaucoup plus voisins de Paris qu'aujourd'hui Bordeaux, et que relativement à Paris Constantinople sera tout au plus à la distance actuelle de Brest; de ce jour un immense changement sera survenu dans la constitution du

---

(1) Les voyageurs parcourent la distance de Liverpool à Manchester, qui est de [illegible] kilom. (13 lieues), en une heure et quart.

monde; de ce jour ce qui maintenant est une vaste nation sera une province de moyenne taille (1).

L'introduction, sur une grande échelle, des chemins de fer sur les continens, et des bateaux à vapeur sur les mers, sera une révolution non seulement industrielle, mais politique. Par leur moyen, et à l'aide de quelques autres découvertes modernes, telles que le télégraphe, il deviendra facile de gouverner la majeure partie des continens qui bordent la Méditerranée avec la même unité, la même instantanéité qui subsiste aujourd'hui en France. Or, entre tous les pays, l'Angleterre exceptée, la France est de beaucoup celui où il est le plus aisé de communiquer l'impulsion du centre jusqu'à l'extrême circonférence.

Et cependant quelles que soient les merveilles qu'enfante déjà la vapeur sous les doigts de l'homme, il est encore novice à la manier et à l'appliquer soit aux chemins de fer, soit à la navigation. Les machines à vapeur sont des appareils compliqués et fort incommodes par leurs poids, et les expériences les plus scrupuleuses constatent qu'à peine elles utilisent quatre à cinq pour cent de la force calorifique du combustible consommé. Que sera-ce donc lorsqu'une nouvelle inspiration scientifique, ramenant l'unité dans des théories aujourd'hui embarrassées et complexes, aura éclairé ce qui n'est que ténèbres, tourné à profit ce qui fait obstacle, et mis de l'ordre au sein du chaos?

Les chemins de fer figureront donc au premier rang parmi les moyens de transport qui relieront les divers points de la sainte alliance des peuples; et déjà, comme par un pressentiment d'avenir, les deux peuples les plus industriels du monde, l'Angleterre et l'Amérique du Nord, lorsqu'ils ouvrent des communications nouvelles, préfèrent généralement aujourd'hui les chemins de fer.

Tous les jours de la semaine, de six heures du matin à dix heures du soir, et le dimanche de six heures à midi, les directeurs ou sous-directeurs de propagation du délégué des industriels donnent les renseignemens qui leur sont demandés sur la religion Saint-Simonienne, aux domiciles suivans:

Rue de la Tour-d'Auvergne, n° 34,
Rue de la Contrescape-Saint-Antoine, n° 70,
Place de l'Hôtel-de-Ville, n° 7,
Place de Sorbonne, au coin de la rue de Cluny.

---

(1) En ce moment, sur les routes bien servies du continent, les diligences parcourent deux lieues à l'heure. En ne comptant que dix lieues pour les chemins de fer, il en résultera que les distances seront à peine le cinquième de ce qu'elles sont aujourd'hui. Si bien que les habitans de deux points placés à cinq cents lieues l'un de l'autre se trouveront dans les mêmes rapports qui existent maintenant entre ceux de deux villes éloignées seulement de cent lieues.

ÉVERAT, Imprimeur, rue du Cadran, n° 16.

RELIGION SAINT-SIMONIENNE.

Les lanciers du préfet de police.

Par un beau jour d'été, quand on voit dans le Champ-de-Mars, défiler ces brillantes phalanges de troupiers, par masses prolongées et étincelantes ; quand on voit ces rangs de *lignards* comme de longs rubans garances, blancs et bleus, entourant des champs mouvans de baïonnettes chatoyantes au soleil comme des moissons d'acier, et leurs gibernes bien luisantes, et leurs buffleteries croisées sur leurs larges poitrines se dessinant blanches comme lait sur le rouge des revers, sur le bleu des habits, et leurs jambes bien alignées ensemble suspendues, et se baissant ensemble comme le fait d'une seule volonté par l'effet de la musique bruyante et harmonieuse, par l'effet du tambour roulant comme un tonnerre régulier. Puis les chasseurs et les voltigeurs se distinguant par l'épaulette et le pompon verts ou jaunes, se confondant par la précision de leurs mouvemens et la légèreté de leur allure. Puis la cavalerie, et d'abord les grenadiers, ces géants à cheval, tenant perpendiculairement contre leur épaule leurs grandes lattes d'acier, avec leur figure sévère, leur regard assombri par leur bonnet à poil qui met leurs yeux dans l'ombre, et dont le seul aspect faisait autrefois fuir le cosaque à une lieue à la ronde. Puis les housards avec leurs beaux dolmans, leurs sabredaches et leurs vestes tout argentées, recouvertes de ganses bien blanchies et de boutons d'argent brillans, avec leurs moustaches retroussées, coiffés d'un morceau de tuyau de poêle à visière, surmonté d'une flamme tricolore, leurs sabres recourbés qu'ils brandissent en galopant. Puis la superbe artillerie, les canonniers, troupiers finis, aux longs schakos aussi, ornés de canons de cuivre en croix, surmontés d'une aigrette rouge, et leurs canons de bronze étincelans avec l'écouvillon, les gargousses, la mèche ; puis les caissons, le train et le bagage, traînés par de beaux chevaux au poil lisse. Et puis l'état-major plein de magnificence ; tous ces chefs couverts d'or, de croix, de cordons, de crachats. Ces généraux, ces colonels, ces aides-de-camp galopant, caracolant, faisant cligner les yeux, tant ils étincellent au soleil sur leurs chevaux fringans. Quand on voit tout cela, dis-je, on se sent agité, le cœur plein, animé par l'entraînement et le plaisir, et tout Paris accourt pour assister au spectacle d'une revue. Moi, il m'y manque quelque chose, j'y cherche un régiment qu'on n'a jamais vu même aux Tuileries à la parade, le régiment des balayeurs des rues, celui dont les soldats dans le monde prolétaire sont appelés les *lanciers du préfet*. Ah! ceux-là ne sont pas brillans, ils n'ont pas des uniformes élégans, ornés de retroussis écarlates ou blancs, à basques courtes, à la taille bien prise, de beaux casques surmontés de plumes flottantes comme vos lanciers si pimpans, si coquets. Ces pauvres *lanciers du préfet*! ils ne sont pas fats ; et les soldats de l'armée d'Italie que Napoléon conduisait, sans souliers, l'uniforme montrant la corde et le chapeau roux et cassé, auprès de nos nouveaux lanciers, auraient été des mirliflores affectant le faste dans leur mise. Car ces pauvres lanciers-là, avec leur saleté, la barbe longue et grise comme un pré mal fauché, et leurs habits troués, découvrant la peau nue, leurs yeux tout renfoncés, leurs visages couverts d'une peau jaune et plissée, ont une uniformité bien attristante. Pauvres gens! ce sont là les lanciers de M. le préfet! quelle garde d'honneur, bon Dieu! ses campagnes l'ont bien usée. Comme sur leurs balais ils sont courbés tristement. Comme leur figure, symbole par sa maigreur de leur paie et de leur nourriture, regarde mélancoliquement le pavé qu'ils nettoient, qu'ils polissent. Rangés en lignes inégales, ils poussent de leurs lances transformées, les ordures jusqu'à l'égout, au commandement de leur chef qui se distingue d'eux par un chapeau un peu moins cassé que celui de ceux qui en ont; par un carrik à longs poils, et qui ne rentre dans l'uniforme que par la boue dont il est orné.

Parmi eux, peut-être, il y a un ancien fabricant vaincu par la concurrence, abattu par la banqueroute; peut-être un artiste arrivé au terme de sa carrière active, victime de l'abandon de la société qui l'a laissé à sa seule prévoyance. Le voilà! après avoir usé la ressource de servir de modèle à barbe, lui qui a toujours manié le pinceau ou la brosse, le voilà un balai à la main. Et puis, je vois des pauvres femmes, déguisant leur sexe et se traînant dans la boue; de pauvres veuves peut-être, dont les maris n'ayant que du travail pour les nourrir, sont morts sans leur rien laisser; d'autres abandonnées, ou bien d'autres encore qui jeunes étaient condamnées par la misère à se salir de prostitution, et usées par leur horrible vie, sont condamnées à la finir dans la boue. Oh! les pauvres *lanciers de M. le préfet*

Cependant ne rendent-ils pas autant de services à la société que le soldat qui fait tête à droite et tête à gauche, ou qui s'évertue à marcher au pas? Ne rendent-ils pas un plus grand service que le soldat actif qui tue? Ils assainissent la ville, la rendent plus praticable aux piétons; ils combattent contre le choléra avec plus d'efficacité peut-être que tous les cordons sanitaires du monde. Pourquoi donc eux aussi et toute la grande armée pacifique des travailleurs de tous les états n'auraient-ils pas une musique harmonieuse pour travailler en mesure? Pourquoi n'auraient-ils pas des uniformes gris, comme ceux des soldats du train ou ceux des garçons caissiers de la Banque, de bons souliers, des bas, de bons et beaux chapeaux, ou en hiver une casquette et des gants fourrés, une nourriture saine et solide, un pré pour leurs plaisirs, puis pour l'âge du repos, l'entrée à l'hôtel des invalides au dôme doré? Pourquoi les travailleurs n'auraient-ils pas d'élégans officiers, sortis de leurs rangs et les prêchant d'exemple, puis des chefs à ces officiers, puis un seul chef qui soit leur père? Monsieur le préfet, voyez si ma pensée ne renferme pas quelques moyens d'amélioration du sort moral, physique et intellectuel de vos lanciers et de tous les autres prolétaires.

Tous les jours de la semaine, de six heures du matin à dix heures du soir, et le dimanche de six heures à midi, les directeurs ou sous directeurs de propagation du délégué des industriels donnent les renseignemens qui leur sont demandés sur la religion Saint-Simonienne, aux domiciles suivans :

Rue de la Tour-d'Auvergne, n° 34.
Rue de la Contrescarpe Saint-Antoine, n° 70.
Place de l'Hôtel-de-Ville, n° 7,
Place de Sorbonne, au coin de la rue de Cluny.

ÉVERAT, Imprimeur, rue du Cadran, n° 16.

RELIGION SAINT-SIMONIENNE.

Le Carrier et le Maçon.

LE CARRIER. — Ouf! le travail est dur et on ne gagne pas lourd à déchirer le sein de notre mère-nourrice! Et quand je quitte la basse masse pour revoir ce beau soleil qui me rappelle si bien nos parades du bon temps! je ne sais pas pourquoi, mais j'ai le cœur tout serré; et puis il grossit, et puis la bombe éclate, et voilà que je pleure comme un enfant.... moi, vieux grognard comme on dit, qui tenait si bien mon fidèle en présence quand il venait à passer ... Une, deux... attention!...

LE MAÇON. — Prends donc garde mon vieux! t'a manqué d'faire volte face dans mon flanc gauche en allongeant ton aile de droite! A qui pense-tu donc?

LE CARRIER. — A qui?.... tu me demandes ça toi!.... C'est à lui donc! Celui-là, qui, au sortir de l'île de Lobau en 1809, se faisait dire: « *Retirez-vous, sire, ou je vous fais enlever par mes grenadiers!* » Ah! j'en étais, moi, de ces grenadiers! et ce jour-là, je ne pensais guère à venir creuser mon tombeau dans cette maudite carrière, ou à faire l'assaut de cette grande roue! et je ne pensais pas non plus qu'il irait mourir là-bas! le grand capitaine!

LE MAÇON. — C'est vrai que c'est pas gai de toujours descendre; sais-tu bien, mon ancien, qu'ton état ne r'semble pas du tout au mien? J'monte toujours, moi, et plus j'monterai, plus tu descendras. Mais jasons un peu; tu n'sais jamais de nouvelles dans ton trou, et je vais t'en donner des flambantes! A

Paris, vois-tu, y en a toujours qui sont prêts à s'mettre en ligne, et l'préfet y s'en méfie soigneusement; aussi, quand y peut, y tape sur tout le monde, crainte de s'tromper. L'autre jour il a fait faire une descente chez les Saint-Simoniens. Avec les nationaux, les tourlouroux et les gros talons on aurait dit l'siége d'une place forte; mais bath! ils ont été bien attrapés les municipaux qui y étaient aussi!.... Au lieu d'trouver d'la résistance, on leur a fait des politesses; ils s'attendaient peut-être à une p'titeguerre, et ils ont été joliment désapointés, va!.. Mais à propos est-ce que t'a pas été à c'te rue des Prouvaires, l'autre nuit?

Le carrier. — Quoi faire donc?

Le maçon. — Ah! c'est qu'il y a eu un drôle de cancan; c'était une conspiration pour remettre ceux dedessous pardessus, et voilà pourquoi on était venu enrôler des carriers!

Le carrier. — Voyez-vous çà! mais moi je n'ai jamais conspiré qu'en face du brutal, et je ne manque pas la consigne, maçon!

Le maçon. — T'a ben raison ma foi! car, au surplus, c'est bon à rien des émeutes; à quoiqu'çà sert?... C'est presque toujours des pas grand'chose qui s'jouent de la bonne foi des pauvres gens quand y s'agit d'faire d'ces corvées-là! On s'tappe.... à toi à moi la paille de fer! Si on réussit, on n'y gagne rien; si on n'réussit pas, on la gobe, et enfoncé!....

Le carrier. — Dans le pétrin! c'est bien çà! Sont-ils choses ces farceurs-là! Mais, dis-moi, qu'est-ce que c'est que les Saint-Simoniens dont tu me parlais tout-à-l'heure?

Le maçon. — Les Saint-Simoniens? c'est des hommes qui aiment tout le monde sans exception; ils ne veulent du mal à aucun, et ils désirent le bonheur de tous, des riches comme des pauvres, des petits comme des grands. Par exemple, si tu avais su lire et écrire l'autre fois, il y a seulement une vingtaine d'années, tu serais devenu capitaine, car t'aurais été plus CAPABLE de commander, c'est sûr çà !

LE CARRIER. — Oh oui! dans ce temps-là, c'est ceux qui avaient du talent, du mérite, qui avaient les honneurs, et on n'était pas jaloux de leur élévation; car quand on obéit à qui vaut mieux que soi, il n'y a pas d'affront.

LE MAÇON. — Il reviendra meilleur ce bon temps, sois tranquille; et déjà, pour commencer, les Saint-Simoniens veulent qu'on *donne* de l'éducation à tous les enfans de ceux qui n'ont pas le moyen d'en *acheter*, et puis, au fait, le temps passé était bon, c'est vrai; mais on ne moisissait pas en place. Pouf! paf! patatrat! en pleuvait-il de ces biscaïens! Tiens, la paix et du travail, ça vaudra bien tout ce charivari.

LE CARRIER. — Sans doute, la paix; mais je ne sais pas trop comment elle s'y prendra pour que la gloire ou l'honneur ne lui passent pas entre les jambes!

LE MAÇON. — Oh! ça sera bien d'hasard! car vois-tu, il y a plus de gloire et d'honneur à faire vivre les hommes en travaillant qu'à les tuer; il s'agit seulement de bien les organiser pour qu'ils fassent beaucoup de besogne, et de la bonne: c'est pourquoi les Saint-Simoniens disent: « *A chacun suivant sa capacité,* » comme chez l'troupier qui est en ligne, « *A chacun selon ses œuvres,* » comme chez l'troupier, tu sais, en campagne.

LE CARRIER. — Ah! oui, quand nous avons la haute-paie!

LE MAÇON. — Eh bien! le civil commence à comprendre ça; mais y dit que la *concurrence*..... Sais-tu ce que c'est que la *concurrence?*...

LE CARRIER. — Ma foi! pas trop; mais je crois que quand le plus malin attrape le plus bombé, ou que le plus fort jette le plus faible sur ses talons, on appelle ça des effets de la *concurrence*. Tiens, dans le bon temps nous faisions aussi de la concurrence contre tous les rois de l'Europe, sous les ordres du petit caporal, et nous faisions souvent fortune ; mais quand tous ces négocians de la haute volée se sont entendus contre les Français, nous avons été obligés de nous retirer du commerce tout écorchés. Voilà ce que c'est que la concurrence, mon vieux!

Le maçon. — C'est bien ça qui fait dire au civil que, s'il lui fallait payer nos journées trop cher, y s'rait obligé d'fermer boutique, parce que le plus frappé enfonce toujours celui qui tient son p'tit commerce par la longe; et il n'y a qu'un moyen de remédier à tout ce mal-là, c'est d'associer tout le monde ; mais vois-tu bien, pour s'associer il faut s'aimer les uns les autres, comme disent les Saint-Simoniens. Il y en a bien qui pensent comme eux, et moi d'abord j'suis de leur avis.

Le carrier. — Et moi aussi.

Botian, ex-tapissier.

Tous les jours de la semaine, de six heures du matin à dix heures du soir, et le dimanche de six heures à midi, les directeurs ou sous-directeurs de propagation du degré des industriels donnent les renseignemens qui leur sont demandés sur la religion Saint-Simonienne, aux domiciles suivans:

Rue de la Tour-d'Auvergne, n° 34,
Rue de la Contrescarpe-Saint-Antoine, n° 70,
Place de l'Hôtel-de-Ville, n° 7,
Place de Sorbonne, au coin de la rue de Cluny.

ÉVERAT, Imprimeur, rue du Cadran, n° 16.

RELIGION SAINT-SIMONIENNE.

Discours prononcé par M. Thouvenel,

MEMBRE DE LA CHAMBRE DES DÉPUTÉS,

Sur les poursuites exercées contre les Saint-Simoniens.

Ce Discours a été prononcé lors de la discussion du budget du ministre de la justice.

Après avoir demandé compte au ministère des poursuites qu'il a fait exercer contre les journalistes, M. Thouvenel a continué en ces termes :

« Qu'il me soit permis aussi de blâmer la persécution suscitée dernièrement contre les Saint-Simoniens ; les mesures plus que sévères qu'on a cru devoir prendre contre eux ne me paraissent point susceptibles d'être justifiées. L'on pourrait, sans être plus injuste qu'on ne l'a été à leur égard, en prendre de pareilles contre toutes les autres sectes religieuses : c'est donc à la liberté de conscience qu'on a porté atteinte en privant la doctrine Saint-Simonienne du droit et des moyens de manifester ses croyances. J'ajoute que par là aussi l'on a violé la liberté du domicile, et celle non moins importante que possèdent tous les hommes de s'associer et de se réunir quand ils ne lèsent point les intérêts des autres.

» Convenons, messieurs, que tous les systèmes religieux, que toutes les doctrines philosophiques qui ont pour objet l'amélioration des destinées humaines, ont au moins le droit d'être tolérés tant qu'il n'est pas démontré légalement qu'il en peut résulter pour la société un dommage sensible. De ce que le gouvernement présuppose ce dommage, il ne s'ensuit pas pour cela qu'il ait le droit de punir *hic* et *nunc* ceux qu'il croit en être les auteurs. Avant d'en venir là il faut que ce dommage soit reconnu, qu'il soit constaté par un jugement ; aucune peine ne doit le précéder.

» Que si l'on se trouve en droit d'en faire prononcer une, elle ne peut être que la suite, la conséquence d'un jugement antérieur, et jamais le prélude. Eh bien ! je demande si la clôture d'un temple, ou si même la simple défense de s'assembler pour entendre des prédications qui sont devenues un devoir de conscience pour ceux qui les recherchent ou simplement un besoin de leur esprit, n'est pas une véritable peine morale ?

» Que les Saint-Simoniens professent quelques erreurs religieuses ; qu'ils se trompent dans quelques points de leur doctrine, cela peut-être ; je ne viens point le contester : ils auraient cela de commun avec beaucoup d'autres hommes. Mais les erreurs ne détruisent point les droits, et ne peuvent autoriser personne à violer ces droits.

» Quoi qu'il en soit de ces erreurs qu'on leur reproche, nous ne pouvons nous empêcher de convenir, si nous voulons être de bonne foi, qu'ils ont fait faire de grands progrès à l'économie politique, qu'avant eux l'on n'avait jamais autant appelé l'attention, plus excité l'intérêt des hommes de bien en faveur des classes malheureuses de la société, et mieux dévoilé les misères qui les tourmentent. Se sont-ils trompés sur les remèdes propres à les guérir? c'est ce que je ne décide point. Malgré l'opinion de leurs détracteurs, je ne puis m'abstenir de déclarer qu'il y a dans une partie de leurs doctrines des germes d'avenir qui flattent les cœurs généreux, des vues heureuses d'améliorations sociales, difficiles à réaliser sans doute, mais qui pour cela ne sont point dans le cas d'être proscrites; et ce qui émerveille tout autant, c'est le talent avec lequel ils savent les présenter.

» Que le gouvernement se soit fait une mauvaise idée de leurs doctrines et de leurs travaux, je l'admets; mais était-ce pour lui un motif suffisant de s'attribuer le droit d'interdire leurs assemblées et de suspendre leurs prédications? En les prohibant n'a-t-il pas violé la liberté de conscience et de discussion? L'on s'autorise, je le sais, de l'art. 29 du code pénal. Mais cet article, qui a échappé je ne sais pourquoi à la révision que nous avons faite de ce code, est un article barbare et anti-social. Cet article ne peut coexister sans contradiction flagrante avec notre régime constitutionnel. Je vais plus loin, messieurs, et je dis qu'il n'y a plus, quand le gouvernement le voudra, de liberté, de domicile, de sûreté individuelle, plus de liberté littéraire et religieuse possible avec un pareil article. Cette partie de notre code pénal pourrait convenir à un *don Miguel*; mais chez nous elle serait la honte d'un gouvernement qui voudrait continuer à s'en servir.

» Que si l'on a cru les Saint-Simoniens coupables de fraude dans leurs opérations financières, l'on devait simplement les faire traduire devant un tribunal correctionnel, et l'on n'avait pas le droit de faire plus.

» Messieurs, tous les actes arbitraires ou illégaux que je viens de signaler sont une nouvelle preuve que le gouvernement n'est pas dans la bonne voie. »

Tous les jours de la semaine, de six heures du matin à dix heures du soir, et le dimanche de six heures à midi, les directeurs ou sous directeurs de propagation du degré des industriels donnent les renseignemens qui leur sont demandés sur la religion Saint-Simonienne, aux domiciles suivans:

Rue de la Tour-d'Auvergne, n° 34,
Rue de la Contrescarpe Saint-Antoine, n° 70.
Place de l'Hôtel-de-Ville, n° 7,
Place de Sorbonne, au coin de la rue de Cluny.

ÉVERAT, Imprimeur, rue du Cadran, n° 16.

RELIGION SAINT-SIMONIENNE.

Napoléon.

Après avoir sauvé la Convention nationale de la fureur des Parisiens armés, qui voulaient la renverser et établir Louis XVIII en sa place, Napoléon partit avec une petite armée pour faire la conquête de l'Égypte.

C'était une grande pensée que celle de rattacher à la France un pays aussi éloigné, d'enrichir l'Europe de toutes les richesses de l'Orient, des parfums de l'Arabie, et de tout le luxe de ces climats brûlans. Et durant quelque temps les Français furent maître des pyramides, monumens vieux comme le monde et grands comme le peuple qui les avait conquis.

L'expédition ne réussit pas, le but qu'on s'était proposé était de faire de l'Égypte une province française, et les Français ne l'ont possédée que peu de temps ; mais le sang des braves est précieux, et Dieu ne permet pas qu'il soit répandu en vain. Pendant leur séjour en Égypte les Français se sont mêlés aux Arabes, ils ont vécu avec eux d'une vie commune, et les Arabes ont pris dans cette communion militaire des germes de civilisation. Un jour la richesse, la science et la bonté régneront là où régnaient et règnent encore la misère, l'ignorance et la brutalité.

C'est par une communion semblable avec les soldats français durant les guerres de Napoléon, que les Russes ont acquis le sentiment de la dignité humaine et le désir de l'égalité. Un jour tous ces peuples seront libres. Honneur à Napoléon! car il a préparé leur affranchissement, les peuples s'inclinent avec respect à son nom, depuis l'Arabe du désert jusqu'au Tartare voisin de la Chine.

Un jour la France, l'Angleterre, la Russie, l'Allemagne, l'Égypte et tous les pays du monde formeront un seul royaume, et ses habitans un seul peuple, une seule famille aimante, éclairée et riche.

Le génie de Napoléon a détruit le prestige qui entourait la noblesse à titres et à parchemins; il a créé la noblesse personnelle, celle qui naît du mérite. Honneur à sa mémoire!

Napoléon a fait tomber les barrières qui séparaient les peuples; à sa voix retentissante, à son geste puissant, les montagnes les plus élevées ont été ouvertes pour que les peuples puissent communiquer ensemble. Là où l'aigle seul semblait pouvoir planer et bâtir son aire, l'homme a posé son pied et construit son habitation. Ceci a eu lieu sur la montagne du Simplon dont le sommet est presque toujours perdu dans les nuages, et d'où l'homme voit le tonnerre rouler à ses pieds tandis qu'un soleil brillant luit sur sa tête.

Oui, son nom sera prononcé avec respect dans tous les siècles; le nom de celui qui tenait dans sa main des récompenses pour tous les mérites, des honneurs pour toutes les gloires, sera grand parmi les grands : quand il parut les hommes étaient affamés de gloire militaire, et il les en rassasia jusqu'à leur faire dire : « C'est trop. »

Aujourd'hui les hommes ne veulent plus de cette gloire qui naît dans le sang à la lueur des incendies, au fracas des tambours, des mousquets et de l'artillerie.

Et cependant les hommes veulent de la gloire, car elle est leur vie. Qui donc leur en donnera de la gloire ? Quel Napoléon pacifique fera bénir son nom par des milliers de voix comme j'entendis glorifier celui du Napoléon guerrier le jour du champ de mai ? C'est celui qui comprenant que le travail et l'association sont les premiers besoins des hommes, les prendra comme par la main pour les conduire dans l'atelier, dans le grand atelier où il y aura place pour chacun, quelles que soient son intelligence et sa force, dans l'atelier où le mérite recevra toujours sa récompense, car chacun y sera classé selon sa vocation et recevra la rétribution qu'auront mérité ses œuvres.

Alors, oh ! alors ! la gloire sera pure et belle ; car elle n'aura coûté de larmes à personne. Les larmes seront douces, car la joie seule en fera couler.

La gloire du passé consistait à bouleverser, à tuer, à détruire ; la gloire de l'avenir sera d'organiser, de créer, de produire.

Le moment est proche où tout ce que je dis sera réalisé. Le riche habitant des climats froids viendra par des routes commodes et belles, plus belles que celles du Simplon, réchauffer ses membres engourdis au brillant soleil de la France ; il viendra écouter les accens mélodieux de la voix française ; il emportera chez lui de la science et de l'amour, car le Français en a toujours à donner ; et quand un Français voudra aller admirer le ciel pur de la Russie, ses immenses forêts et ses plaines éclatantes de blancheur, et ses montagnes de glace, il y sera reçu comme un bienfaiteur, comme un frère qu'on aime et qu'on est heureux de recevoir.

Toutes ces choses et bien d'autres encore seront faites à la voix des fils de Saint-Simon ; ils sont le noyau de cette famille d'hommes aimans, unis et religieux, qui doivent un jour couvrir la terre de moissons abondantes et de palais magnifiques, créés par le travail du peuple et habités par lui.

C. Béranger, ancien ouvrier horloger.

Tous les jours de la semaine, de six heures du matin à dix heures du soir, et le dimanche de six heures à midi, les directeurs ou sous-directeurs de propagation du degré des industriels donnent les renseignemens qui leur sont demandés sur la religion Saint-Simonienne, aux domiciles suivans.

Rue de la Tour-d'Auvergne, n° 34,
Rue de la Contrescarpe-Saint-Antoine, n° 70,
Place de l'Hôtel-de-Ville, n° 7,
Place de Sorbonne, au coin de la rue de Cluny.

ÉVERAT, Imprimeur, rue du Cadran, n° 16.

RELIGION SAINT-SIMONIENNE.

Qu'est-ce qu'un Travailleur?

Nous avons beaucoup parlé des oisifs et des travailleurs, de la nécessité de faire céder les intérêts de l'oisiveté à ceux des hommes qui forment la classe la plus nombreuse, la plus intéressante, et la seule utile dans la société; et l'on nous a dit que nous voulions ameuter les ouvriers contre les maîtres, que nous voulions transformer l'humanité tout entière en une *manouvrière industrielle.* C'est que bien des gens n'ont pas compris ce que nous entendons par le mot oisif et par celui de travailleur.

L'oisif n'est pas celui qui, faisant un travail d'esprit ou d'imagination utile à la société, s'abstiendrait de tout travail matériel;. pas plus que n'est oisif celui qui, en faisant un travail manuel, consommerait et produirait moins de science.

Il est tel bourgeois au contraire qui, dans sa petite propriété, s'abstenant de lire ou de penser, se fatiguant au soleil en bêchant et retournant sa terre, plantant ses oignons de lis, arrosant ses tulipes ou quelques haricots grimpans, n'est qu'un véritable oisif.

A l'oisif s'applique parfaitement cette définition que le général Foy a donnée de l'aristocrate, c'est celui qui consomme sans produire.

De même celui qui ferait une consommation très-grande de science ou de littérature, cherchant les vieux bouquins sur les ponts comme un gourmet aime à goûter le vin vieux dans les caves, se repaissant de tous les volumes qui paraissent, se farcissant la tête de grec, de latin, d'algèbre, d'astronomie, de psychologie, physiologie, phrénologie, pathologie, chimie, etc.; de physique, mathématique, thérapeutique, statistique, botanique, clinique, de tous les *ies* et de tous les *iques* possibles, qui se soulerait de tous les romans nouveaux, de mémoires, de brochures, de pamphlets, dévorant tous les journaux depuis le *Globe* jusqu'aux *Petites Affiches*, les lisant tous en entier, depuis le titre jusqu'au nom de l'imprimeur, s'arrêtant encore à tous les coins de rue pour lire les affiches; de même celui-là, disons-nous, ne serait qu'un véritable *oisif*, s'il faisait cette consommation sans produire à son tour ou des cours, ou des livres, ou des journaux, ou même des affiches.

Ce seraient aussi des oisifs celui qui ramerait toute la journée pour se promener sur l'eau, celui qui se balancerait de toutes ses forces sur l'escarpolette, celui qui se fatiguerait bien à lancer une boule énorme pour abattre des quilles, mangeant et buvant ensuite comme Gargantua pour achever de se donner des forces physiques par la bonne chère, et pour recommencer le même train de vie improductive; ceux-là sont tout aussi paresseux que le bourgeois du Marais qui passe ses heures à contempler des petits poissons rouges, à seriner un petit canari, à montrer l'exercice à la prussienne à son barbet, à tisonner avec nonchalance ou à faire des petits ronds dans l'eau; ils sont aussi paresseux que le jeune Dandy qui va abattre des poupées chez Lepage, promener son désœuvrement sur un beau cheval gris pommelé au bois de Boulogne, passer ses yeux sur des caractères d'imprimerie sans lire dans un cabinet littéraire, ennuyer un artiste de ses observations oiseuses, se poser au balcon de l'Opéra ou des Bouffes, lorgnant, gesticulant et se souriant à lui-même? Voilà ce que c'est qu'un *oisif.*

Mais il n'y a pas de *travailleurs* que le maçon qui manie la truelle, que le mineur qui joue de la pointerolle, que le terrassier qui donne de grands coups de pioche, que le paveur qui fait sauter sa demoiselle pour enfoncer les pavés, que le tisserand qui fait voltiger la navette, que le garçon droguiste qui file du poivre toute la journée, que l'imprimeur qui tout le long du jour multiplie des milliers de pensées. Le maître maçon qui dirige, l'architecte qui trace et imagine le plan de l'édifice; l'ingénieur, le maître, le contre-maître dans la mine, dans l'usine et dans l'atelier sont aussi des travailleurs. L'artiste dont l'œuvre ou pittoresque, ou dramatique, ou musicale réjouit l'industriel, le rend plus dispos, l'inspire et l'anime au travail, ou le délasse même est encore un *travailleur.*

C'est aussi un *travailleur* le savant qui, pendant que le laboureur fatiguant son corps à bêcher son champ, s'est fatigué l'esprit en inventant la charrue. Puis pendant que le cultivateur laboure avec moins de peine en recueillant plus de fruit, pense, médite encore pour perfectionner les moyens du travail. Ce sont de grands travailleurs que ces voyageurs, comme Bougainville, le capitaine Cook, l'amiral Anson, Bruce, Freycinet, Caillé, qui ont les uns fait le tour du monde, les autres pénétré jusqu'à Tombouctou, dans l'intérieur de l'Afrique, pour enrichir la science de nouvelles découvertes ou chercher des moyens d'introduire la civilisation au milieu des peuplades sauvages, au risque de perdre la vie par l'influence fatale du climat ou la rapacité barbare des sauvages africains. C'était au travailleur que cet ardent et intrépide Denon qui, en Égypte, sous les balles ennemis, dessinait les ruines des temples d'Éliopolis et d'Esné, les monumens gigantesques de Thèbes, à la vue desquels l'armée entière avait battu des mains. Et Gay-Lussac s'élevant dans un aréostat jusqu'à un atmosphère qui lui suscite une sueur de sang, et les médecins Parizet et Mazet, etc., allant à Barcelonne au milieu des pestiférés, porter la vie et la santé au milieu des dangers les plus grands pour leur vie, et le jeune médecin Foy s'inoculant le choléra à Varsovie pour acquérir, par cette courageuse expérience, une science plus grande pour lui et pour les autres; ce sont de très-grands *travailleurs.*

Et les banquiers Rothschild, Laffite, Delessert, Casimir Périer, qui, à force d'activité et de talens d'esprit, à force de calculs, de spéculations, au prix de tous les tourmens, des peines que donnent les affaires, au milieu d'une société livrée à la concurrence, ont amassé d'immenses capitaux, sont aussi de grands *travailleurs;* ils se lèvent avec le soleil, et se couchent bien plus tard; ils se livrent à des occupations plus fatigantes, plus inquiétantes que celles de l'ouvrier, qui du moins, quand l'ouvrage va, sait d'avance que lui rapportera sa journée, plus soucieuses que celles du fermier, pour lequel la grêle, le tonnerre, les inondations ou l'incendie, sont moins redoutables que n'est pour un banquier l'absence de fonds dans la caisse, le jour ou des billets échus viennent fondre comme la grêle sur elle.

MACHEREAU fils, de portier, membre du second degré de la hiérarchie Saint-Simonienne.

ÉVERAT, Imprimeur, rue du Cadran, n° 16.

RELIGION SAINT-SIMONIENNE.

Le Saint-Simonien et les Coups de poing.

— Eh! dis-donc, vieux, connais-tu les Saint-Simoniens?

— Ah oui : les Simoniens!

— Eh non, que je te dis, les Saint-Simoniens.

— Ma foi, y sont saints si ça veut, ça m'es inférieur.

— C'es pas ça, t'es encor' fameus'ment cornichon va ; leur premier chef, celui qui leux a appris leur religion, il s'appelait Saint-Simon, comme Saint-Just s'appelait Saint-Just : pour lors, eux y s'appellent à cause de ça Saint-Simoniens, comprends-tu à présent?

— Ah! c'es donc pas Saint-Simon qu'es logé dans l'paradis?

— Eh non! vieux, c'es Saint-Simon qui d'meurait en fac' l'École-Polytechnique.

— A v'là qu' j'y suis maintenant, eh ben, après?

— Eh ben, pour en r'venir à c'que j'te disais, les Saint-Simoniens...

— Hein ouin! des malins comme ça, qu'es toujours à vous parler d'paix et calme, ça m'a bien l'air d'être des paroissiens qu'aiment pas l'odeur des coups de poing.

— Eh ben, vieux, c'es vrai qui n'veulent pas en donner, ni qu'on leur en donne des coups de poing mais y ne veulent pas. Tiens, à preuve, l'autre jour, à la porte de M. Denoyer, y en avait un qui nous prêchait, ma foi, y parlait bien c'gaillard-là, on peut dire qu'il avait la langue bien pendue.

— Qu'es-ce qu'y vous chantait, c't'oiseau-là?

— Ah! des choses vois-tu, j'pourrai pas t'les dire comme y me les disait. Enfin vieux, écoute, c'es du chenu. Pour lors, pour en r'venir à c'que j'te disais, nous étions une dizaine de farceurs à vouloir l'embêter. L'un lui demandait si y avait un enfer dans sa religion, d'autres, si leur diable était un bon enfant, et d'aut' bêtises encore plus pommées, qui auraient fait mettre une huître en colère ; pas du tout lui, sans broncher d'une ligne, avec une figure là de brav'-homme tout-à-fait, y nous dit, mes enfans, oui, j'y crois au diable, le diable c'es l'immoralité, l'ignorance, la brutalité qu'empêchent les hommes de s'aimer et de s'comprendre ; je le vois, disait-il, qui vous détourne les uns par les autres de votre travail, et vous-mêmes au cabaret, où vous vous enfilez par le cornet du vin à 12, à être souls comme des Polonais. Avec ça qu' les marchands de vin mettent de la litharge dans leur vin et qu'ça vous brûle. C'est lui enfin qui fait que vos lieux de plaisir, vot' ménage, vot atelier, tout ça est un enfer. Que l'cabaret vous tue en détail et vous abrutit par l'excès, que vous êtes comme chiens et chats dans vos ménages, que vous êtes à vous disputer l'ouvrage, à vous déchirer, à vous faire tomber les uns après les autres, et puis qu'ceux qui n'a pas d'ouvrage va dans la rue s'révolter. Les capitalistes qu'a peur se reserre, l'ouvrage qui n'allait pas du tout va encore plus mal, et pis après quoi c'est la grêle, la misère, tout le tremblement. Mais l'diable ne vivra pas toujours, y a un cadet qui lui rogne les ongles tous les jours, c't'individu c'est l'progrès, un petit caporal sensé, qui va toujours en avant.

Pour lors, y a des hommes qui savent ce que c'est que ce progrès, qui l'connaissent particulièrement, qui lui ont demandé d'où il vient et où il va, pour pouvoir le suivre et l'aider à grandir. Ah! c'est ça qu'ils ont dit, y a eu un temps où les hommes se mangeaient et se battaient comme des enragés, et puis y s'sont de moins en moins battu; eh ben! c'est qu'ils doivent de plus en plus s'aimer, et ceux-là qu'apprendront aux hommes à s'aimer c'est ceux qui savent ousque l'humanité doit marcher.

— C'est pas bête tout d'même c'qui te disait là, y a du bon.

— Oui, eh ben tu vas voir. pour lors, pendant qu'nous étions à l'écouter, v'là un paroissien qui vient nous dire : « Hein! n'l'écoutez donc » pas c'blagueur là, c'est un *jésuite.*» A c'mot de jésuite, tu penses, nous v'là tous à nous aligner pour lui tomber sur le casaquin et lui faire faire bonhomme. Mais voilà qu'il relève la tête, qu'il se croise les bras sur sa poitrine comme un homme qui n'a pas peur du tout; tu sens bien qu'on n'pouvait pas frotter c't'homme qu'attendait des torgnioles sans s'aligner. Pour lors y a Batist qui lui dit pour l'agacer : «T'est un lâche. »—Tiens, qui dit en écartant sa chemise de dessus son estomac, v'là mon » courage écrit en grosses lettres » Ça c'est vrai qu'c'était pas un moyen; y avait d'fameux jambages, mon cher, des coups d'lance et des coups d'baïonnettes qu'il a reçu à la prise du Louvre, en juillet, rien qu'ça. « Un lâche qui lui dit, c'est vous qu'êtes lâche, en n'pensant pas à la » misère de vos frères et à votre propre misère, en menaçant un homme » qui est de ceux qui parmi les heureux n'veut pas être heureux tout » seul, et qui vous appelle pour faire des heureux avec lui. » Ah! vieux, si tu les avais vu après ça, ils étaient fièrement radoucis; f'saient-y un nez! « Eh ben, qu'Batist a dit, t'es un bon enfant, et si toi et tes camarades les Simoniens, vous avez besoin d'un coup de main, les » amis sont là, entends-tu? — Oui, qui dit, j'ai besoin d'vos mains, » mes enfans, mais c'est pas fermées pour donner des coups d'poings » qu'elles peuvent me servir; c'est ouvertes pour presser bonnement la » main du riche et lui apprendre à estimer l'ouvrier.

— Tiens, c'est vrai qu'c'était un fameux cadet, est-ce que tu le connais, toi?

— Je l'connais et je ne l'connais pas; c'était la première fois qu'je l'voyais. Batist et moi nous lui avons offert de partager notre litre à 15, il a accepté. Une honnêteté en vaut une autre, il a fait venir son litre; pour lors, de fil en aiguille. y nous a causé d'sa doctrine; mais c'es un bon enfant fini; et pis y nous a dit qu'nous allions l'voir et j'y vas de ce pas.

MACHEREAU, fils de portier, membre du 2e degré de la hiérarchie Saint-Simonienne.

Tous les jours de la semaine, de six heures du matin à dix heures du soir, et le dimanche de six heures à midi, les directeurs ou sous-directeurs de propagation du degré des industriels donnent les renseignemens qui leur sont demandés sur la religion Saint-Simonienne, aux domiciles suivans.

Rue de la Tour-d'Auvergne, no 34.
Rue de la Contrescarpe-Saint-Antoine, no 70,
Place de l'Hôtel-de-Ville, no 7,
Place de Sorbonne, au coin de la rue de Cluny.

ÉVERAT, Imprimeur, rue du Cadran, no 16.

RELIGION SAINT-SIMONIENNE.

NAPOLÉON.

Après avoir sauvé la Convention nationale de la fureur des Parisiens armés, qui voulaient la renverser et établir Louis XVIII en sa place, Napoléon partit avec une petite armée pour faire la conquête de l'Égypte.

C'était une grande pensée que celle de rattacher à la France un pays aussi éloigné, d'enrichir l'Europe de toutes les richesses de l'Orient, des parfums de l'Arabie, de tout le luxe de ces climats brûlans; et durant quelque temps les Français furent maîtres des Pyramides, monumens vieux comme le monde et grands comme le peuple qui les avait conquis.

L'expédition ne réussit pas, le but qu'on s'était proposé était de faire de l'Égypte une province française, et les Français ne l'ont possédée que peu de temps; mais le sang des braves est précieux, et Dieu ne permet pas qu'il soit répandu en vain. Pendant leur séjour en Egypte les Français se sont mêlés aux Arabes, ils ont vécu avec eux d'une vie commune, et les Arabes ont pris dans cette communion militaire des germes de civilisation. Un jour la richesse, la science et la bonté régneront là où régnaient et règnent encore la misère, l'ignorance et la brutalité.

C'est par une communion semblable avec les soldats français durant les guerres de Napoléon, que les Russes ont acquis le sentiment de la dignité humaine et le désir de l'égalité. Un jour tous ces peuples seront libres. Honneur à Napoléon! car il a préparé leur affranchissement, les peuples s'inclinent avec respect à son nom, depuis l'Arabe du désert jusqu'au Tartare voisin de la Chine.

Un jour la France, l'Angleterre, la Russie, l'Allemagne, l'Égypte et tous les pays du monde formeront un seul royaume, et ses habitans un seul peuple, une seule famille aimante, éclairée et riche.

Le génie de Napoléon a détruit le prestige qui entourait la noblesse à titres et à parchemins; il a créé la noblesse personnelle, celle qui naît du mérite. Honneur à sa mémoire!

Napoléon a fait tomber les barrières qui séparaient les peuples; à sa voix retentissante, à son geste puissant, les montagnes les plus élevées ont été ouvertes pour que les peuples puissent communiquer ensemble. Là où l'aigle seul semblait pouvoir planer et bâtir son aire, l'homme a posé son pied et construit son habitation. Ceci a eu lieu sur la montagne du Simplon dont le sommet est presque toujours perdu dans les nuages, et d'où l'homme voit le tonnerre rouler à ses pieds tandis qu'un soleil brillant luit sur sa tête.

Oui, son nom sera prononcé avec respect dans tous les siècles; le nom de celui qui tenait dans sa main des récompenses pour tous les mérites, des honneurs pour toutes les gloires, sera grand parmi les grands ; quand il parut, les hommes étaient affamés de gloire militaire, et il les en rassasia jusqu'à leur faire dire : « C'est trop. »

Aujourd'hui les hommes ne veulent plus de cette gloire qui naît dans le sang à la lueur des incendies, au fracas des tambours, des mousquets et de l'artillerie.

Et cependant les hommes veulent de la gloire, car elle est leur vie. Qui donc leur en donnera de la gloire? Quel Napoléon pacifique fera bénir son nom par des milliers de voix comme j'entendis glorifier celui du Napoléon guerrier le jour du champ de mai? C'est celui qui, comprenant que le travail et l'association sont les premiers besoins des hommes, les prendra comme par la main pour les conduire dans l'atelier, dans le grand atelier où il y aura place pour chacun, quelles que soient son intelligence et sa force, dans l'atelier où le mérite recevra toujours sa récompense; car chacun y sera classé selon sa vocation et recevra la rétribution qu'auront méritée ses œuvres.

Alors, oh! alors! la gloire sera pure et belle; car elle n'aura coûté de larmes à personne. Les larmes seront douces, car la joie seule en fera couler.

La gloire du passé consistait à bouleverser, à tuer, à détruire ; la gloire de l'avenir sera d'organiser, de créer, de produire.

Le moment est proche où tout ce que je dis sera réalisé. Le Russe, habitant des climats froids, viendra par des routes commodes et belles, plus belles que celles du Simplon, réchauffer ses membres engourdis au brillant soleil de la France; il viendra écouter les accens mélodieux de la voix française, il emportera chez lui de la science et de l'amour, car le Français en a toujours à donner ; et quand un Français voudra aller admirer le ciel pur de la Russie, ses immenses forêts et ses plaines éclatantes de blancheur, et ses montagnes de glace, il y sera reçu comme un bienfaiteur, comme un frère qu'on aime et qu'on est heureux de recevoir.

Toutes ces choses et bien d'autres encore seront faites à la voix des fils de Saint-Simon ; ils sont le noyau de cette famille d'hommes aimans, unis et religieux, qui doivent un jour couvrir la terre de moissons abondantes et de palais magnifiques, créés par le travail du peuple et habités par lui.

C. BÉRANGER, ancien ouvrier horloger, fonctionnaire Saint-Simonien.

Tous les jours de la semaine, de six heures du matin à dix heures du soir, et le dimanche de six heures à midi, les directeurs ou sous-directeurs de propagation du degré des industriels donnent les renseignemens qui leur sont demandés sur la religion Saint-Simonienne, aux domiciles suivans.

Rue de la Tour-d'Auvergne, n° 34.
Rue de la Contrescarpe-Saint-Antoine, n° 70,
Place de l'Hôtel-de-Ville, n° 7,
Place de Sorbonne, au coin de la rue de Cluny.

ÉVERAT, Imprimeur, rue du Cadran, N° 16.

RELIGION SAINT-SIMONIENNE.

CAPITAUX NÉCESSAIRES. — NOUVEL EMPLOI DE L'AMORTISSEMENT.

Quant aux capitaux qui seraient nécessaires pour accomplir l'œuvre industrielle dont nous poursuivons la réalisation, j'ai déjà dit qu'en ce moment les gouvernemens européens dépensaient annuellement quinze cents millions pour tenir sur pied, dans une oisiveté dégradante, les trois millions d'hommes les plus vigoureux, les plus alertes de la population: j'ai dit que la guerre avait fait souscrire à la France, depuis trente ans, quatre milliards cinq cents millions d'emprunts, et à l'Angleterre, depuis soixante ans, près de dix-huit milliards; d'où il résulte clairement que le jour où il y aura des gouvernans persuadés que l'industrie doit être le but de l'activité matérielle des peuples, et résolus par conséquent à faire pour l'industrie tout ce que les gouvernemens passés ou actuels ont fait ou font pour la guerre de conquête ou de défense, rien ne sera plus aisé que de subvenir à tous les frais des entreprises les plus colossales. Sous un régime industriel le crédit en masse acquerrait vite un développement prodigieux, et comme le gouvernement se trouverait alors le principal instigateur de la civilisation, le crédit de l'état surtout serait hors de toute proportion avec le crédit des gouvernemens actuels.

Il y a beaucoup de sources d'ailleurs auxquelles il serait possible de puiser pour couvrir toutes les dépenses qu'entraînerait la régénération industrielle de la société; et ici nous prendrons un exemple important qui sera de nature à préciser la distance qui sépare notre politique actuelle d'*organisation* et d'*association* de notre politique passée de *déplacement*. L'an dernier nous proposions de consacrer la dotation de l'amortissement à l'abolition des impôts des boissons, de la loterie et du sel; et sur ce texte *Emile Pereire* publia alors dans le *Globe* des travaux d'un grand intérêt. Voici l'usage que de notre point de vue actuel nous destinerions à cette dotation considérable:

Le plus grand obstacle à la formation de compagnies industrielles dans le but d'exécuter de grands travaux de communication ou d'exploitation, ou de fonder des banques provinciales ou spéciales, c'est que de telles entreprises, très-utiles au pays qui en est doté, ne sont pendant un laps de temps que d'un très-faible produit pour les bailleurs de fonds. Nous voudrions donc que la dotation de l'amortissement fût distribuée, à titre de primes annuelles de 2 à 3 pour 100 du capital engagé, pendant dix, quinze ou vingt ans, aux associations qui se seraient chargées de quelque grand établissement d'utilité publique, route, canal, mine, usine, etc., et la portée de cette mesure serait considérable, car la dotation de l'amortissement va s'élever à quatre-vingt dix millions qui, à raison de 2 1/2 p. 100, représentent un capital de trois milliards six cent millions.

Ainsi la dotation de l'amortissement entre les mains d'un gouvernement capable qui resterait sourd aux vaines terreurs de l'agiotage, et qui sentirait le rôle que l'industrie est appelée à jouer chez les peuples modernes, suffirait à mettre en train dans un intervalle de quelques mois une masse de grands travaux distribués sur tout le territoire de la France, et montant à TROIS MILLIARDS SIX CENTS MILLIONS.

Il y a bien des événemens qu'on a qualifiés de révolution, et qui ont exercé une influence beaucoup moindre sur la condition de toutes les classes que celle qui suivrait cette pacifique levée de boucliers.

Il serait difficile de concevoir une mesure qui fût une plus puissante garantie d'ordre intérieur et de sécurité publique; car les masses ne sont disposées à l'émeute que lorsqu'elles souffrent; des imaginations égarées qui iraient prêcher la sédition à des populations abondamment pourvues de travail et vivant par conséquent dans l'aisance, n'obtiendraient que la pitié ou le mépris.

Il serait difficile de concevoir aujourd'hui une plus irrécusable ratification de la paix de l'Europe; car lorsqu'à la demande du gouvernement français les banquiers de Paris, de Londres, de Francfort, de Hambourg et de Bâle, auraient commandité l'industrie française de 3 milliards 600 millions, ils se refuseraient certainement à commanditer Nicolas ou tout autre empereur pour guerroyer contre la France. Il y a quelques mois, M. Rothschild ayant commandité le roi Léopold de quelques dizaines de millions, les hommes qui ont le sens des affaires n'ont plus douté du maintien de l'indépendance belge. Que serait-ce s'il s'agissait non d'un état éclos d'hier, mais de la France; non d'un seul banquier très-considérable il est vrai, mais de la généralité des banquiers; non de quelques dizaines de millions, mais de plusieurs milliards?

Ainsi va notre politique toujours se déroulant et s'éclaircissant. Dans nos rapports avec les partis, tous les jours nous sentons mieux la vie propre de chacun. Sous le rapport de la régénération industrielle, tous les jours nous définissons plus nettement le plan des travaux, l'organisation des travailleurs, la nature et le gîte des ressources au moyen desquelles nous en opérerons la réalisation. De plus en plus le monde se saisit de nos doctrines et de nos personnes. La conception morale de notre PÈRE ENFANTIN l'a mis en haleine, car il en a été remué au fond du cœur; il nous court sus, mais ce sera pour nous embrasser. Cependant hors de nous tout n'excite que froideur, tout se dissout. En vérité notre jour arrive à grands pas; et hier soir, voyant dans les salons de notre PÈRE, parmi une assemblée brillante et animée, plus de deux cents polytechniciens de tous les âges, les uns à cheveux blancs, les autres revêtus de leur glorieux uniforme, plusieurs se disaient déjà: « Quelle est donc la destinée de ces hommes qui ont puissance d'attirer » à eux la fleur de la France? D'où vient celui qui est leur lien, envers » lequel ils se font gloire de pratiquer l'obéissance et le dévouement? » où va-t-il? »

MICHEL CHEVALIER, ancien élève de l'école polytechnique.

ÉVERAT, Imprimeur, rue du Cadran, n° 16.

RELIGION SAINT-SIMONIENNE.

Parabole de Saint-Simon,

(ÉCRITE EN 1819.)

Nous supposons que la France perde subitement ses cinquante premiers physiciens, ses cinquante premiers chimistes, ses cinquante premiers physiologistes, ses cinquante premiers mathématiciens, ses cinquantes premiers poètes, ses cinquante premiers peintres, ses cinquante premiers sculpteurs, ses cinquante premiers musiciens, ses cinquante premiers littérateurs;

Ses cinquante premiers mécaniciens, ses cinquante premiers ingénieurs civils et militaires, ses cinquante premiers artilleurs, ses cinquante premiers architectes, ses cinquante premiers médecins, ses cinquante premiers chirurgiens, ses cinquante premiers pharmaciens, ses cinquante premiers marins, ses cinquante premiers horlogers;

Ses cinquante premiers banquiers, ses deux cents premiers négocians, ses six cents premiers cultivateurs, ses cinquante premiers maîtres de forges, ses cinquante premiers fabricans d'armes, ses cinquante premiers tanneurs, ses cinquante premiers teinturiers, ses cinquante premiers mineurs, ses cinquante premiers fabricans de drap, ses cinquante premiers fabricans de coton, ses cinquante premiers fabricans de soieries, ses cinquante premiers fabricans de toile, ses cinquante premiers fabricans de quincaillerie, ses cinquante premiers fabricans de faïence et de porcelaine, ses cinquante premiers fabricans de cristaux et de verrerie, ses cinquante premiers armateurs, ses cinquante premières maisons de roulage, ses cinquante premiers imprimeurs, ses cinquante premiers graveurs, ses cinquante premiers orfévres et autres travailleurs en métaux;

Ses cinquante premiers maçons, ses cinquante premiers charpentiers, ses cinquante premiers menuisiers, ses cinquante premiers maréchaux, ses cinquante premiers serruriers, ses cinquante premiers couteliers, ses cinquante premiers fondeurs, et les cent autres personnes de divers états non désignés, les plus capables dans les sciences, dans les beaux-arts et dans les arts et métiers, faisant en tout les trois mille premiers savans, artistes et artisans de France (1).

Comme ces hommes sont les Français les plus essentiellement producteurs, ceux qui donnent les produits les plus importans, ceux qui dirigent les travaux les plus utiles à la nation, et qui la rendent productive dans les sciences, dans les beaux-arts et dans les arts et métiers, ils sont réellement la fleur de la société française; ils sont de tous les Français les plus utiles à leur pays, ceux qui lui procurent le plus de gloire, qui hâtent le plus sa civilisation ainsi que sa prospérité: la nation deviendrait un corps sans ame à l'instant où elle les perdrait; elle tomberait immé-

(1) On ne désigne ordinairement par artisans que les simples ouvriers. Pour éviter les circonlocutions, nous entendons par cette expression tous ceux qui s'occupent de produits matériels, savoir: les cultivateurs, les fabricans, les commerçans, les banquiers et tous les commis ou ouvriers qu'ils emploient.

diatement dans un état d'infériorité vis-à-vis des nations dont elle est aujourd'hui la rivale, et elle continuerait à rester subalterne à leur égard tant qu'elle n'aurait pas réparé cette perte, tant qu'il ne lui aurait pas repoussé une tête. Il faudrait à la France au moins une génération entière pour réparer ce malheur; car les hommes qui se distinguent dans les travaux d'une utilité positive sont de véritables anomalies, et la nature n'est pas prodigue d'anomalies, surtout de celles de cette espèce.

Passons à une autre supposition. Admettons que la France conserve tous les hommes de génie qu'elle possède dans les sciences, dans les beaux-arts et dans les arts et métiers, mais qu'elle ait le malheur de perdre, le même jour, Monsieur, frère du roi, monseigneur le duc d'Angoulême, monseigneur le duc de Berry, monseigneur le duc d'Orléans, monseigneur le duc de Bourbon, madame la duchesse d'Angoulême, madame la duchesse de Berry, madame la duchesse d'Orléans, madame la duchesse de Bourbon, et mademoiselle de Condé;

Qu'elle perde en même temps tous les grands officiers de la couronne, tous les ministres d'état, avec ou sans département, tous les conseillers d'état, tous les maîtres des requêtes, tous ses maréchaux, tous ses cardinaux, archevêques, évêques, grands-vicaires et chanoines, tous les préfets et sous-préfets, tous les employés dans les ministères, tous les juges, et, en sus de cela, les dix mille propriétaires les plus riches parmi ceux qui vivent noblement.

Cet accident affligerait certainement les Français, parce qu'ils sont bons, parce qu'ils ne sauraient voir avec indifférence la disparition subite d'un aussi grand nombre de leurs compatriotes. Mais cette perte des trente mille individus réputés les plus importans de l'état ne leur causerait de chagrin que sous un rapport purement sentimental, car il n'en résulterait aucun mal politique pour l'état.

D'abord, par la raison qu'il serait très-facile de remplir les places qui seraient devenues vacantes; il existe un grand nombre de Français en état d'exercer les fonctions de frère du Roi aussi bien que Monsieur; beaucoup sont capables d'occuper les places de princes tout aussi convenablement que monseigneur le duc d'Angoulême, que monseigneur le duc d'Orléans, que monseigneur le duc de Bourbon; beaucoup de Françaises seraient aussi bonnes princesses que madame la duchesse d'Angoulême, que madame la duchesse de Berry, que mesdames d'Orléans, de Bourbon et de Condé.

Les antichambres du château sont pleines de courtisans prêts à occuper les places de grands-officiers de la couronne; l'armée possède une grande quantité de militaires aussi bons capitaines que nos maréchaux actuels. Que de commis valent nos ministres d'état! Que d'administrateurs plus en état de bien gérer les affaires des départemens que les préfets et sous-préfets présentement en activité! Que d'avocats aussi bons jurisconsultes que nos juges! Que de curés aussi capables que nos cardinaux, que nos archevêques, que nos évêques, que nos grands-vicaires et que nos chanoines! Quant aux dix mille propriétaires vivant noblement, leurs héritiers n'auraient besoin d'aucun apprentissage pour faire les honneurs de leurs salons aussi bien qu'eux.

La prospérité de la France ne peut avoir lieu que par l'effet et en résultat des progrès des sciences, des beaux-arts et des arts et métiers: or les princes, les grands officiers de la couronne, les évêques, les maréchaux de France, les préfets et les propriétaires oisifs, ne travaillent point directement aux progrès des sciences, des beaux-arts et des arts et métiers; loin d'y contribuer, ils ne peuvent qu'y nuire, puisqu'ils s'efforcent de prolonger la prépondérance exercée jusqu'à ce jour par les théories conjecturales sur les connaissances positives; ils nuisent nécessairement à la prospérité de la nation, en privant comme ils le font, les savans, les artistes et les artisans, du premier degré de considération qui leur appartient légitimement; ils y nuisent, puisqu'ils emploient leurs moyens pécuniaires d'une manière qui n'est pas directement utile aux sciences, aux beaux-arts et aux arts et métiers; ils y nuisent, puisqu'ils prélèvent annuellement sur les impôts payés par la nation une somme de trois à quatre cents millions sous le titre d'appointemens, de pensions, de gratifications, d'indemnités, etc., pour le paiement de leurs travaux, qui lui sont inutiles.

Ces suppositions mettent en évidence le fait le plus important de la politique actuelle; elles placent à un point de vue d'où l'on découvre ce fait dans toute son étendue et d'un seul coup d'œil. Elles prouvent clairement, quoique d'une manière indirecte, que l'organisation sociale est peu perfectionnée; que les hommes se laissent encore exploiter par la violence et par la ruse; et que l'espèce humaine, politiquement parlant, est encore plongée dans l'immoralité.

OPINION DU MORNING-CHRONICLE (journal anglais) SUR LA RELIGION SAINT-SIMONIENNE.

Vous savez qu'une société *religieuse* ou *morale et religieuse*, ou bien *politique*, *morale et religieuse*, a été formée en France sous la dénomination de Saint-Simoniens. Comme le *Quarterly-Review* vous a déjà fait connaître une infinité de faits relatifs à cette secte ou société, et que d'autres écrits périodiques ont donné une esquisse fidèle de ses opinions et de ses intentions, il me paraît tout-à-fait superflu de vous présenter ici une analyse de ses doctrines; du moins je n'ai pas aujourd'hui assez de temps pour cela, et je crois que de votre côté l'espace vous manquerait pour insérer mes réflexions sur ce sujet.

Les Saint-Simoniens sont nombreux; leur nombre augmente journellement; ce sont des gens respectables; sur dix il y en a neuf qui ont reçu une belle éducation; quelques-uns d'entre eux sont riches, d'autres sont pauvres; plusieurs sont hommes d'un mérite extraordinaire; les autres ne sont que de simples partisans du nouveau système. Ils forment une société; leurs fonds sont en commun ainsi que leurs ressources: leur capital n'est point considérable; leur chef est appelé le PÈRE SUPRÊME, et son nom est Enfantin. C'est un homme doué d'éloquence et d'une sagacité profonde, qui possède une grande connaissance de la nature humaine, qui parle bien, écrit bien, converse bien; en un mot, c'est un homme honorable, un vertueux citoyen qui, semblable à votre bon Robert Owen, se croit destiné à régénérer la société humaine. Quant à ses disciples ou *enfans*, il doit être reconnu par tous ceux qui savent quelque chose de leurs manières d'être en particulier et en public, que comme

Saint-Simoniens ils sont sans reproche. Je m'estime heureux de voir qu'ils sont aussi sans peur.

Depuis plusieurs mois cette secte ou société tenait ses réunions pour la célébration de son culte rue Taitbout, dans une grande salle disposée pour des assemblées publiques. Un journal quotidien ayant pour titre *le Globe* a été fondé dans le but de propager leurs doctrines. Ce journal, rédigé avec beaucoup d'honnêteté et de bonne foi, est envoyé gratis dans toute la France et dans les différens pays du continent.

Et voilà pourtant la secte, voilà les hommes contre lesquels on a dirigé dimanche dernier les troupes de ligne, la garde municipale, la garde nationale à cheval et les officiers de la police, ayant à leur tête le procureur du roi, avec ordre de les arrêter, de les disperser, de s'opposer à la célébration de leur culte, comme ils avaient habitude de le faire toutes les semaines ce jour-là ; de mettre les scellés sur leurs papiers, leurs lettres, leurs livres de compte, et de les conduire eux et les leurs à la préfecture de police!

Quand eut lieu cette arrestation, cette dispersion par la force armée d'une réunion tranquille et sans armes, tout Paris fut dans l'alarme. On ne parlait des Saint-Simoniens que comme de conspirateurs, de gens adonnés à la fraude et au vol ; et nous nous attendions à n'apprendre rien moins qu'un complot d'assassinat dirigé contre Louis-Philippe, ou qu'une conspiration pour renverser le gouvernement, ou bien qu'on venait de découvrir qu'il avait été pratiqué des fraudes à l'égard de femmes ignorantes et sans défense, ou bien encore que les bureaux du *Globe* étaient un lieu de recèlement d'objets volés dans des maisons de banque ou dans des boutiques.

Mais que notre étonnement fut grand, combien notre indignation fut inexprimable en apprenant hier au soir que les seules charges élevées contre ces dignes et honorables citoyens ne résultaient que de l'infraction aux réglemens de police qui prohibent les réunions de plus de vingt personnes.

Le journaliste termine son article en rendant compte des interrogations subies par notre PÈRE ENFANTIN, et il fait ressortir combien cette persécution est contraire à la liberté de conscience.

Tous les jours de la semaine, de six heures du matin à dix heures du soir, et le dimanche, de six heures à midi, les directeurs ou sous-directeurs de propagation du degré des industriels donnent les renseignemens qui leur sont demandés sur la religion Saint-Simonienne, aux domiciles suivans :

Rue de la Tour-d'Auvergne, n° 34 ;

Rue de la Contrescarpe-Saint-Antoine, n° 70 ;

Place de l'Hôtel-de-Ville, n° 7 ;

Place de Sorbonne, au coin de la rue de Cluny.

ÉVERAT, Imprimeur, rue du Cadran, n° 16.

RELIGION SAINT-SIMONIENNE.

L'École Polytechnique et les Saint-Simoniens.

Lettre adressée au ministre de la guerre, par HOART, *membre du Collége Saint-Simonien.*

Monsieur le ministre,

Je vous remets mon épée et mes épaulettes, témoignages honorables de votre confiance. Pendant seize ans je les ai portés, en m'en glorifiant, *avec dévotion*, parce que je voyais en eux de glorieux moyens de servir l'humanité; je les dépose, parce qu'une *dévotion* plus large m'enseigne des moyens plus glorieux et plus puissans encore, pour améliorer le sort moral, physique et intellectuel de la classe la plus nombreuse et la plus pauvre:

Je suis SAINT-SIMONIEN.

Mes pères m'ont dit et j'ai senti que j'étais assez fort pour consacrer ma vie entière à la propagation de la foi nouvelle, je vous prie de recevoir ma démission.

HOART,
Élève de l'École polytechnique.
Capitaine d'artillerie.

Au père Bouffart.

Villefranche, 25 février.

Mon père,

Je vous envoie courrier par courrier mon acclamation à la haute démarche que vient de faire notre PÈRE SUPRÊME.

Elle est le complément essentiel et nécessaire de tous les antécédens du Saint-Simonisme. L'appel à la femme était resté quelque chose de mystique et sans puissance tant que notre langage manquait de cette logique qui fait la force de toute bonne théorie.

Ne rougissons pas de dire à la face du monde que la prostitution elle-même est l'indication de l'insuffisance de la loi chrétienne.

Ne rougissons pas de dire que l'adultère du passé est notre fanal pour l'avenir, fanal qui nous éclaire sur les relations de l'homme et de la femme, pour qu'elles cessent d'être mensongères, pour que leur contrat ne soit pas impraticable, pour que leurs promesses mutuelles ne soient plus illusoires.

Ne rougissons pas de dire que celui qui gouvernera les hommes, celui qui aura la haute mission de diriger les volontés, celui qui parviendra entre tous à cette mission de confiance que l'on nomme sacerdoce, celui-là s'armera aussi bien de l'attrait de la *beauté* pour moraliser son inférieur et l'élever à lui que de la puissance de la *logique*.

Je dis à ceux qui s'étonnent de cette haute conception: « Est-il donc » si simple d'inspirer l'entraînement et l'enthousiasme pour pousser à » l'*association universelle*, qu'il faille se réduire aux moyens d'un aus» tère et repoussant janséniste; et conçoit-on un pouvoir janséniste sans

» un gendarme comme complément toujours indispensable de sa puis-
» sance gouvernementale? » L'austérité mystique du clergé de l'Allemagne et la rudesse des caporaux allemands ont une connexité qui doit effrayer toutes les ames aimantes.

Vous le voyez; ma conviction est plus forte que jamais; je suis entièrement à votre disposition. Ce que vous me direz de faire, je le ferai comme un devoir qui pourrait me coûter d'abord, mais dont je suis certain de trouver tôt ou tard la récompense. Encore une fois, je suis tout à vous; il me faut marcher, car je ne saurai vous voir sans mon faible appui sur cette pente difficile. Ce ne seront plus les défenseurs de la constitution politique seulement qui vous harcèleront, ce seront aussi les défenseurs de l'ancien foyer domestique avec toute son étroitesse; que d'hommes seront furieux en apprenant que le bonheur est ailleurs que là où ils s'efforçaient de le parquer? Il y aura une fière bordée d'imprécations à essuyer; j'en veux ma part comme un religieux apôtre.

Faites de ma lettre, comme de ma personne, tout ce qu'il vous plaira.

G. West,

Ancien élève de l'École polytechique, chef du génie à Villefranche (Pyrénées-Orientales).

Au ministre de la guerre.

Paris, 23 février.

Monsieur le maréchal,

Le lieutenant-général, commandant la première division militaire, m'a donné communication de la lettre par laquelle V. E. me nomme à un emploi de mon grade à l'état-major de la deuxième division (Chalons-sur-Marne); je ne puis me rendre à cette destination.

J'ai commencé ma carrière militaire sous les murs de Paris le jour où l'Europe coalisée en menaçait les portes, j'étais alors élève de l'École polytechnique; depuis, j'ai servi avec honneur dans les rangs de l'armée, j'en porte le signe sur ma poitrine. J'avais cru jusqu'à présent que la force des armes pouvait être un moyen puissant d'émancipation pour les peuples, et j'étais fier de porter l'épée; mais maintenant je me conçois une autre mission: je suis Saint-Simonien et je consacre ma vie entière à l'apostolat. Aujourd'hui que notre religion est en butte aux outrages et aux persécutions, notre PÈRE SUPRÊME a besoin de tous ses fils, et l'honneur me commande de rester à ses côtés. Dans un temps où il n'y a plus de croyances ni politique ni religieuse, où le doute est dans tous les esprits, le dégoût dans tous les cœurs, il est bon de montrer au monde qu'il est des hommes qui se sentent la mission de remédier aux maux de la société et qui s'y dévouent. Voilà ma situation, voilà ma foi.

Je prie V. E. d'accepter ma démission.

J'ai l'honneur,

Bruneau,

Capitaine du corps royal d'état-major.

ÉVERAT, Imprimeur, rue du Cadran, n° 16.

RELIGION SAINT-SIMONIENNE.

Anglais et Français.

Le temps n'est pas encore bien loin où nous passions en Angleterre, nous autres Français, pour un peuple de danseurs et de cuisiniers. Vatel ou Vestris; une broche à la main, ou des entrechats aux pieds. Voilà. Pas un bourgeois de Londres qui conçût un Français autrement. Et quand un auteur mettait un Français sur la scène, il fallait que l'acteur chargé du rôle avalât toujours un plat de grenouilles et mangeât du poulet maigre. A quoi le parterre et les loges applaudissaient fort, car tous savaient, de science sûre et certaine, qu'en France l'on ne mange rien que du poulet et des grenouilles.

D'autre part pour nous le peuple anglais était un peuple boxeur: boxeur et gourmand, ne vivant que de rosbiff et de coups de poings: toujours prêt pour l'un et pour l'autre, et disant goddam. Boxer, goddam, rosbiff, nous trouvions dans ces trois mots les trois royaumes, et la matière de cent couplets. Boxer, goddam, rosbiff, c'était la vraie trinité anglaise, les trois grâces, les trois pouvoirs. Toute l'Angleterre était là.

Et néanmoins au milieu de ces préjugés stupides, il perçait des deux côtés un sentiment de justice. En France on rendait honneur à la générosité anglaise, et l'on montrait les mylords semant sous leurs pas argent et guinées, banknotes et lettres de change. En Angleterre on saluait notre valeur chevaleresque, et l'on étourdissait de houras et de bravos dans *Mungo-Park* (pièce à spectacle) un cuisinier français qui, resté seul de l'équipage à bord d'un vaisseau, mettait en fuite une infinité de nègres en les frappant, faute d'armes, à coups de perruque au visage. La perruque faisait fureur.

Aujourd'hui les ridicules dont s'affublaient les deux peuples sont tombés: reste la justice que tous deux se rendaient. Les préjugés n'ont pas survécu davantage aux haines, et les pointes d'épigramme aux pointes de lance et d'épée. La paix complète est enfin conclue. On dirait même que tous deux veulent, par des témoignages multipliés d'intérêt, d'amitié, de sympathie, se faire oublier l'un à l'autre leurs blessures, leurs rivalités d'autrefois. Aussi tous les événemens ont de l'écho d'un pays dans l'autre. La mer semble plutôt les unir que les séparer. Et si les classes pauvres donnent dans l'incendie de Bristol un effroyable enseignement à cette aristocratie, maîtresse orgueilleuse du sol anglais, bientôt Lyon le répète, et les *canuts* affamés montrent à la bourgeoisie un morceau de pain pour drapeau. Si la réforme parlementaire agite tous les esprits d'Édimbourg à Londres et de Londres à Dublin, la même commotion se fait sentir chez nous de Dunkerque à Metz, et de Metz à Perpignan la question de la réforme attache autant que les débats de la Chambre. Et dans un journal chacun lit la rubrique « Angleterre » avant l'article Paris. Et si réforme plus grande encore a lieu chez nous, si le peuple balaye en trois jours trois races de rois, et fait son entrée triomphale aux Tuileries, le drapeau tricolore en tête, oh! alors c'est en Angleterre un tressaillement inoui: le lion britannique fait chorus avec le coq gaulois: Birmingham et Manchester envoient leurs adresses de félicitation à Paris avant Lille et Cambrai: les poètes d'Albion n'ont pas assez d'hymnes, les marchands de la Cité pas assez de rubans et de cocardes pour célébrer notre victoire. Les héros de juillet trouvent des amis aussi chauds dans MM. Hume et Hobhouse que dans Laffitte et Benjamin Constant.

Oh! ce n'est pas pour rien sans doute que nous voyons de nos jours s'amortir et disparaître ces vieilles haines, datant de nos anciennes batailles, et incessamment réchauffées depuis Crécy, Poitiers, Azincourt, jusqu'à Waterloo. Si les nations qui voulaient s'étouffer s'embrassent, c'est qu'il s'est fait une immense révolution dans les cœurs et dans les idées, c'est que l'on sent et l'on comprend actuellement la nécessité de s'entr'aider entre peuples comme entre hommes, car le bonheur de tous est à cette condition. C'est que tout se prépare pour cette autre sainte alliance annoncée aussi bien par la lyre des poètes que par la voix des philosophes, c'est que l'heure n'est plus loin où l'on s'entendra pour changer les régimens guerriers en corporations pacifiques d'industriels, pour fondre le fer des lances en socs de charrues, et le canon des mousquets en rails de chemins de fer.

ÉVERAT, Imprimeur, rue du Cadran, n° 16.

RELIGION SAINT-SIMONIENNE.

La Guerre et l'Industrie. — Grands travaux à établir.

Dans son voyage en Alsace le roi Louis-Philippe a dit un mot qui peint parfaitement la situation du gouvernement vis-à-vis de l'industrie. Les magistrats de Mulhouse lui avaient énuméré les désastres de leur ville et les douleurs de la classe industrielle ; *nos ateliers*, disaient-ils, *sont déserts et nos ouvriers sans pain*. A ce tableau le roi fut profondément touché ; mais sa réponse fut : *Je ne puis que gémir*. Et il disait très-vrai : les habitudes gouvernementales, telles qu'on les comprend généralement, ne lui permettaient guère de témoigner sa sympathie pour les travailleurs ruinés du Haut-Rhin que par des vœux stériles.

Supposons qu'au moment où le roi Louis-Philippe venait de faire cette réponse aux magistrats alsaciens, un courrier arrivé en toute hâte fût entré dans la même salle et lui eût dit : « Sire, les troupes françaises » se gardaient mal dans leurs cantonnemens ; les colonels ne s'entendaient » point, le désordre était parmi les soldats ; quatre-vingt mille Austro-» Sardes ont débouché à l'improviste par Montmélian. Grenoble est pris. » Lyon est bloqué ; l'armée est à la débandade. » Supposons qu'à cette funeste nouvelle le roi eût répondu par ces mots : *Je ne puis que gémir*, qu'en eût-on pensé ? qu'en eût-il pensé lui-même ? Et lorsque les industriels *ne s'entendent pas*, lorsque le *désordre* est dans l'organisation industrielle, lorsqu'une grande catastrophe vient les atteindre à l'*improviste*, lorsqu'ils sont *bloqués* par la faillite, n'a-t-on rien à leur dire que ces mots désespérans ? n'a-t-on rien à *faire* pour les sauver de leur perte ? Si les intérêts industriels sont reconnus supérieurs aux intérêts guerriers, conçoit-on tant de zèle pour la *guerre*, une si maigre sollicitude pour le *travail* ? Et, encore un coup, ce n'est pas au roi que nous adressons un reproche : il n'a pu dire que ce que l'on pensait dans le milieu qui l'environne, il a exprimé le sentiment des gouvernemens actuel sur l'industrie.

Mais du moment où l'on a admis en principe que la paix est le premier besoin des peuples, on ne peut plus gouverner suivant les usages et les règles des gouvernemens de race féodale ou d'institution militaire. Alors on doit avoir pour l'industrie plus que des vœux. Lorsque l'industrie est le fait politique par excellence, il devient naturel de faire pour elle plus qu'on n'a jamais fait pour le service de l'armée. Une administration qui prétend se consacrer aux *intérêts matériels* se donne un éclatant démenti en réservant tout son temps et tous ses écus à des intérêts de conquête et de défense. Aller à Lisbonne a pu être bon ; songer à Saint-Quentin ou à Mulhouse eût été mieux ; et d'ailleurs l'un n'empêchait pas l'autre. Je conçois que pour arrêter un incendie terrible on ait entouré Lyon d'un cordon de 40,000 hommes, dût cette opération stratégique coûter quatre à cinq millions; employer une somme égale ou double à améliorer le sort des Lyonnais par des fondations durables d'écoles, d'ateliers-modèles et de banques, eût dix fois mieux valu, même pour la tranquillité publique. Vous voulez la paix, et vous avez raison; mais ne vous bornez pas à la vouloir mystiquement. Traduisez vos bons sentimens pour l'industrie en *pratiques palpables*. Votre budget est celui d'un peuple guerrier, ayez-en un qui convienne à un peuple de travailleurs pacifiques. Vous vous plaignez de ce que les capitalistes sont craintifs, de ce qu'ils ajournent toute grande entreprise parce qu'ils ont toujours la guerre devant eux; agissez vous-mêmes comme si vous n'aviez de pensées que pour le travail créateur. Il y a dans la masse de la population une agitation inquiétante; donnez issue, du côté du travail, à cette activité qui déborde et qui, restant sans emploi, est une cause de perturbation. Quand les ateliers seront ouverts à deux battans, la place publique ne sera jamais encombrée par l'émeute. C'est un mauvais procédé pour maintenir la paix que de se prémunir contre la guerre par un développement de forces belliqueuses. Celui qui susciterait directement des intérêts pacifiques et qui les ferait grandir s'assurerait un bien meilleur abri.

En temps ordinaire la France dépense deux cents millions pour le budget de la guerre. Avec une somme pareille bien employée au profit de l'industrie, on obtiendrait des résultats gigantesques. En ce moment, pour compléter l'entier établissement du chemin de fer du Havre à Marseille, une somme de cent millions environ serait nécessaire. Si le gouvernement garantissait à une compagnie un revenu de deux ou trois millions pendant trente ans, les entrepreneurs se disputeraient cette immense entreprise. Ce mode d'encouragement appliqué à toutes les grandes lignes de communications, au tracé des canaux, à l'amélioration des rivières, à la mise en valeur des gîtes minéralogiques, à l'établissement d'une distribution d'eaux et d'un système d'égouts que réclame l'hygiène publique dans toutes les grandes villes de France, serait d'une admirable fécondité. L'industrie prendrait un essor inouï, la richesse publique acquerrait un développement prodigieux. Au bout de très peu d'années le crédit public se trouverait tellement affermi par l'adoption d'une marche aussi salutaire, que le gouvernement pourrait demander à l'emprunt la somme nécessaire à ces dépenses. Et d'ailleurs telle deviendrait la prospérité de toutes les classes, qu'un budget qui est écrasant aujourd'hui se trouverait dans peu n'être plus qu'une charge légère.

Michel Chevalier,
ancien élève de l'École polytechnique.

Tous les jours de la semaine, de six heures du matin à dix heures du soir, et le dimanche de six heures à midi, les directeurs ou sous-directeurs de propagation du degré des industriels donnent les renseignemens qui leur sont demandés sur la religion Saint-Simonienne, aux domiciles suivans.

Rue de la Tour-d'Auvergne, n° 34,
Rue de la Contrescarpe-Saint-Antoine, n° 70,
Place de l'Hôtel-de-Ville, n° 7,
Place de Sorbonne, au coin de la rue de Cluny.

ÉVERAT, Imprimeur, rue du Cadran, n° 16.

RELIGION SAINT-SIMONIENNE.

Les Saint-Simoniens. — Ce qu'ils ont fait. — Ce qu'ils veulent.

Il y a des gens au cœur bon et compatissant qui vont par les rues et les places publiques quand il fait bien froid, cherchant ceux qui ont faim pour les alimenter, montant dans les greniers obscurs et malsains où gisent de pauvres femmes et de jeunes enfans demi-nus pour les revêtir. Partout où passent ces personnes, la joie et le sourire remplacent momentanément les larmes et le désespoir, les bénédictions du pauvre les accompagnent dans leur marche; grâces leur soient rendues, ils méritent les éloges des hommes. Celui qui peut épargner une douleur à son frère et lui procurer un plaisir fait une bonne action, il est un homme RELIGIEUX.

Mais le bien qui se fait de cette manière est passager comme l'éclair; car les misères sont grandes et ceux qui le font sont rares.

Nous, Saint-Simoniens, ce n'est pas à l'aumône que nous nous attendons, et cependant nous nous glorifions de nos travaux, car ils sont grands et dans l'intérêt du peuple: voyez plutôt.

Il y a des impôts appelés improprement impôts indirects, car ils pèsent directement sur la classe la plus pauvre et la plus nombreuse qui les paie presque seule; l'argent que produisent ces impôts sert à payer *l'amortissement*, et *l'amortissement* est très-onéreux au peuple. Eh bien! nous Saint-Simoniens, nous avons démontré les premiers qu'il fallait, dans l'intérêt de la classe pauvre, abolir *l'amortissement* et supprimer en même temps les impôts indirects, et nous avons eu grande joie cette année en voyant cent soixante-treize députés voter l'abolition de l'amortissement; l'année prochaine, sans doute, il sera tout-à-fait aboli, et le peuple aura 133 millions de moins à payer. Combien faudrait-il d'aumônes avant de produire une telle somme?

Depuis long-temps nous avons dit: « L'impôt doit être pris sur l'argent qui se gagne avec le moins de fatigue: or l'argent qui s'acquiert par l'héritage est à coup sûr celui qui donne le moins de peine à acquérir, il serait donc très-bon d'établir un impôt sur les successions; celui qui hérite peut facilement donner une part de son héritage, qui n'est que le fruit du travail d'un autre, tandis qu'il est pénible pour le travailleur de se voir enlever le fruit de son propre travail. »

Les premiers nous l'avons dit, et nous avons eu grande joie en voyant la commission de la chambre des députés proposer d'établir sur les successions un impôt qui permît d'alléger les charges du peuple Cette innovation sera adoptée.

Enfin, tandis que d'autres demandaient pour le peuple d'inutiles droits politiques, nous demandions, nous, de l'instruction et du travail.

Oh! peuple laborieux, actif et bon, moi qui te parle ici, je suis plein d'amour pour toi, car j'ai encore aux mains de gros durillons causés par les outils que j'ai maniés si long-temps. Ils ne s'affaceront jamais, pas plus que mon amour pour toi, je suis et je serai toujours du peuple. Long-temps j'ai aimé ceux qui te faisaient l'aumône, et je les aime encore; mais je préfère ceux qui veulent pour toi du travail, car le travail est ta vie, le travail honore celui qui s'y livre, tandis que l'aumône l'avilit.

Peuple, ils ne demandent pas pour toi le droit de voter dans les assemblées électorales, mais ils veulent que tu sois bon, sage et riche. Qui pourrait trouver leurs désirs mauvais, qui pourrait leur dire anathème?

Nous voulons, peuple, que tes fils, qui sont les nôtres, apprennent tout ce que l'homme peut apprendre, afin qu'ils enrichissent le monde par leur science et leur travail.

Et pour réussir dans notre œuvre, nous prêchons à tous la paix, la concorde, le calme.

Car la guerre et l'émeute ne font que détruire et bouleverser : or qu'y a-t-il maintenant à bouleverser, à détruire; depuis long-temps tout ce qui faisait obstacle à son affranchissement n'a plus qu'une ombre d'existence, les jours de ta gloire et de ton bonheur sont proches.

Charles BÉRANGER, ex-ouvrier horloger.

Tous les jours de la semaine, de six heures du matin à dix heures du soir, et le dimanche, de six heures à midi, les directeurs ou sous-directeurs de propagation du degré des industriels donnent les renseignemens qui leur sont demandés sur la religion Saint-Simonienne, aux domiciles suivans :

Rue de la Tour-d'Auvergne, nº 34;

Rue de la Contrescarpe-Saint-Antoine, nº 70;

Place de l'Hôtel-de-Ville, nº 7;

Place de Sorbonne, au coin de la rue de Cluny.

ÉVERAT, Imprimeur, rue du Cadran, nº 16.

RELIGION SAINT-SIMONIENNE.

L'Ouvrier. — Le Propriétaire. — Le Saint-Simonien.

Mon ami Pithoud est un tourneur en cuivre qui a trois enfans, sa femme et sa mère à nourrir. J'étais chez lui dernièrement quand son propriétaire vint lui demander le prix du loyer de son logement; le pauvre garçon avait bien du chagrin; car il ne pouvait pas payer; depuis long-temps il manque souvent d'ouvrage : vous comprenez qu'il n'était pas du tout de bonne humeur, aussi répondit-il nettement au propriétaire que loin de pouvoir lui donner de l'argent, il n'en avait même pas pour donner du pain à sa famille. Ce propriétaire me parut un assez brave homme; mais Pithoud l'avait reçu si brusquement qu'il se fâcha et le menaca de faire vendre ses meubles. Un propos aussi dur amena une scène qui, sans ma présence, aurait pu finir d'une manière fâcheuse; néanmoins, avec de la patience, je parvins à les accorder, et quand la querelle fut apaisée, la conversation s'établit de la manière suivante.

PITHOUD. — Les propriétaires sont bien heureux : si le commerce ne va pas, cela leur est bien égal, ils ont des maisons qui leur rapportent de l'argent et beaucoup, sans leur donner la moindre inquiétude. Que le locataire travaille ou non, il faut qu'il paye son terme, ses meubles sont là qui répondent pour lui; s'il ne peut pas payer, on les vend sur la place du Châtelet, et le pauvre diable va coucher à la belle étoile, ni plus ni moins qu'un chien. Ce n'est pas tout : quand le commerce ne va pas, les riches et les propriétaires en profitent pour *rançonner* l'ouvrier et le faire travailler presque pour rien. Cependant le boulanger et le boucher vendent leur pain et leur viande aussi cher, sans s'inquiéter du reste; il n'y a que l'ouvrier qui soit malheureux sans compensation.

Le propriétaire. — Les ouvriers ne sont pas raisonnables; ils voudraient gagner autant que les maîtres, comme si c'était possible; et puis, vous venez nous dire que nos maisons nous rapportent; sans doute, mais vous ne comptez pas les impôts qu'il faut payer, les réparations qu'il faut faire aux maisons, les *non-valeurs* qui résultent de l'inoccupation des logemens. Vous vous plaignez; mais en vérité, vous n'avez point de dépenses à faire, point ou très-peu d'impôts à payer. D'ailleurs, si tous les ouvriers avaient de la conduite, ils seraient certainement très-heureux; mais ils sont pour la plupart ribotteurs, débauchés, sans prévoyance. Eh bien! il n'y a pas grand mal à ce qu'ils gagnent peu, c'est autant de perdu pour la Courtille et le marchand de vin.

Le propriétaire riait en disant ces paroles, et mon ami Pithoud, qui n'est pas endurant, se disposait à lui répondre; je me hâtai de lui couper la parole, car je le voyais prêt à se fâcher. — Monsieur, dis-je au propriétaire, vous ne connaissez pas les ouvriers; et quand bien même les ouvriers seraient comme vous le dites, des ribotteurs, vous n'auriez pas encore le droit de vous en plaindre; car, dites-moi, que faites-vous pour les rendre meilleurs, vous et vos semblables; les instruisez-vous? les moralisez-vous? vous intéressez-vous à leur sort, cherchez-vous à leur procurer des travaux et des délassemens honnêtes après leur travail? Ils sont sans appui, sans soutien, personne ne les dirige par de bons conseils donnés paternellement; et, tels qu'ils sont, ils vous nourrissent, vous vêtissent, vous enrichissent de toutes les merveilles de l'industrie, sans eux vous ne sauriez vivre, vous leur devez donc des égards, de la reconnaissance, et surtout vous devez les instruire afin qu'ils vous aiment et puissent apprécier votre utilité que, jusqu'ici, il leur a été impossible de sentir.

Le propriétaire convint, par un signe de tête très-expressif, de la justesse de mon observation. Je continuai de parler, et m'adressant à Pithoud : Tu es dans l'erreur, lui dis-je, si tu crois que les riches et les propriétaires profitent de la détresse du commerce et de l'industrie en avilissant le prix du travail. Personne ne profite et tout le monde souffre quand le commerce ne va pas. Vois plutôt toi-même : il y avait dans les années 1824, 1825 et 1826 une activité commerciale prodigieuse; l'argent circulait dans toutes les directions, le prix des journées était très-élevé, celui des loyers suivait en proportion, les négocians et les capitalistes réalisaient d'immenses bénéfices avec lesquels ils se hâtaient de faire exécuter de nouveaux travaux. Ouvriers, propriétaires, tous étaient heureux. Depuis 1827 cette activité a sans cesse été en diminuant; eh bien! le prix des loyers, les bénéfices des maîtres et des capitalistes ont suivi la diminution des salaires d'ouvriers. Dans les années dont je te parle, les logemens coûtaient fort cher, il fallait courir long-temps avant de trouver une boutique à louer; aujourd'hui le prix des loyers est diminué d'un tiers, et le dixième des boutiques de Paris est vacant; tu dois voir que les propriétaires n'ont pas d'intérêt à prolonger cet état de choses.

Malgré les précautions les plus minutieuses, malgré les renseignemens les plus étendus, pris par les propriétaires sur la moralité des individus auxquels ils louent, ils ne sont pas toujours assurés du montant de leurs loyers; toi-même tu manques d'ouvrage, tu ne peux pas payer, et si tous ceux qui habitent cette maison sont dans le même cas que toi, crois-tu que ton propriétaire puisse vivre et remplir ses engagemens? Et le boulanger, le marchand d'étoffes, qui ne vivent que du bénéfice qu'il ont sur ce qu'ils vendent à toi et à tes pareils, et le maître qui ne vit que du bénéfice qu'il prélève sur ton travail et celui de tes camarades, crois-tu qu'ils soient fort heureux quand le commerce languit? Non, mon cher Pithoud: toutes les positions sociales se tiennent. Le bien-être des riches et celui des pauvres sont dépendans l'un de l'autre; et le salaire d'un tourneur comme toi, et même celui d'un fabricant de mottes ou d'allumettes sont liés, et ne peuvent augmenter ou diminuer sans que le contre-coup s'en fasse sentir jusqu'au plus riche banquier.

Ce que vous venez de dire, reprit le propriétaire après que j'eus cessé de parler, est de la plus grande justesse, et je serai bien-aise de causer avec vous plus longuement si vous voulez venir me voir. — J'acceptai son offre en lui disant que j'étais Saint-Simonien. — Saint-Simonien! s'écria-t-il tout étonné, et l'on m'avait dit qu'ils voulaient tout bouleverser, prendre la fortune des riches pour la donner aux pauvres. D'après vos paroles je commence à croire qu'il n'en est rien. — Vous avez raison, lui répondis-je nous voulons au contraire faire sentir aux riches comme aux pauvres que leur intérêt est le même, que la paix et le travail sont necessaires au bonheur commun. Pour cela nous nous adressons aux maîtres et aux ouvriers, aux riches et aux pauvres, comme je viens de le faire aujourd'hui à vous et à mon ami Pithoud.

BÉRANGER, ouvrier horloger.

Tous les jours de la semaine, de six heures du matin à dix heures du soir, et le dimanche de six heures à midi, les directeurs ou sous-directeurs de propagation du degré des industriels donnent les renseignemens qui leur sont demandés sur la religion Saint-Simonienne, aux domiciles suivans.

Rue de la Tour-d'Auvergne, n° 34.
Rue de la Contrescarpe-Saint-Antoine, n° 70,
Place de l'Hôtel-de-Ville, n° 7,
Place de Sorbonne, au coin de la rue de Cluny.

ÉVERAT, Imprimeur, rue du Cadran, n° 16.

RELIGION SAINT-SIMONIENNE.

Comment il serait possible d'améliorer prodigieusement le sort des nations.

Supposons un congrès où seraient réunis les envoyés de toutes les puissances principales de l'Europe et de l'Asie, cherchant de bonne foi à fonder sur le bonheur des peuples dans le monde une paix éternelle, et dans chaque pays un ordre inaltérable ; qu'il décrète, pour unir tous les peuples par des communications rapides et faciles, diverses lignes de chemins de fer, qui, semblables aux veines et aux artères, porteraient partout la vie et l'abondance et répandraient les beaux germes de la civilisation française.

Une de ces lignes, partant de Lisbonne, et traversant les royaumes de Portugal, d'Espagne et de France, en passant par les villes de Madrid, Sarragosse, Toulouse, Bordeaux, Orléans, Paris, Metz, Sarrebruck, irait tourner les Vosges et la forêt Noire pour entrer en Allemagne par Mayence et Francfort.

Puis de là s'élançant et se divisant en plusieurs branches, et chaque branche en plusieurs ramifications, voyons-la gagner ici, après avoir touché Ratisbonne, Linz, Vienne, Presbourg et Belgrade, soit Constantinople par Sophia et Andrinople, soit par Bucharest, Odessa ; plus loin St-Pétersbourg, par Dresde, Breslau, Varsovie, Wilna et Riga, tandis qu'à travers la plaine immense qui commence aux Flandres et s'unit aux steppes de l'Asie, un autre de ses bras s'étendrait jusque sur le Kamschatka.

Suivons aussi celle du Havre à Marseille, par Paris et Lyon, qui semble comme un pont jeté à l'Angleterre pour gagner la Méditerranée; et puis toutes celles qui sillonnant en tous sens l'Italie, l'Allemagne, la Russie et l'Orient, achèveraient d'envelopper tout l'ancien continent d'un réseau fécondant. Admettons enfin qu'on en trace QUINZE MILLE LIEUES.

Et ce n'est pas tout. Concevons encore que les améliorations au régime des communications par eau marchent de front avec l'ouverture des chemins de fer, de sorte que tout puissant cours d'eau soit rendu navigable directement par des travaux opérés dans son lit ou indirectement par le creusement d'un canal latéral.

Concevons que des milliers de bateaux à vapeur sillonnent la Méditerranée dans tous les sens, de Sébastopol à Gibraltar, de Carthagène à Smyrne, de Venise à Alexandrie, que d'autres remontent les grands fleuves qui l'alimentent, et parcourant ses rives dentelées fouillent tous les coins de l'Archipel grec, de l'Adriatique, de la mer Noire, de la Baltique, de la mer Caspienne et des golfes Arabique et Persique.

Concevons que sur tout le territoire méditerranéen l'agriculture soit rendue florissante, et que, particulièrement à cet effet, les nombreux canaux d'irrigation et de dessèchement qu'elle réclame soient ouverts sans plus de retard; que la richesse minérale soit exploitée conformément à un grand plan d'ensemble, que des fabriques de toute sorte façonnent les produits nécessaires au bien-être de l'homme.

Supposons enfin un vaste système de banques qui répande un chyle salutaire dans toutes les veines de ce corps à la dévorante activité, aux articulations innombrables.

Admettons pour un instant que cette création gigantesque soit entièrement réalisée demain, et demandons-nous si, au milieu de tant de prospérité, il pourrait se trouver un cabinet qui, saisi d'une fièvre belliqueuse, songeât sérieusement à arracher les peuples à leur activité féconde pour les lancer dans une carrière de sang et de destruction; si alors il existerait des capitalistes qui, effrayés d'un avenir incertain, resserrassent leurs capitaux, et des populations affamées qu'on pût décider à l'émeute.

FRAIS DE RÉALISATION.

Or tous les chemins de fer formant un développement d'environ 6,000 myriamètres (15,000 lieues de poste); et à raison de 750,000 francs le myriamètre à double voie, coûteraient en somme 4,500 millions de francs (1).

C'est à peu près ce qu'a emprunté la France depuis le commencement de la révolution pour faire la guerre.

---

(1) On peut évaluer la dépense d'un chemin de fer construit avec grande solidité et à double voie, à 800,000 fr. ou 1,000,000 de fr. le myriamètre. Je n'ai compté ici que 750,000 fr., parce que sur beaucoup de points il y aurait avantage à commencer par une construction provisoire, parce qu'une partie des chemins pourrait d'abord n'exister qu'à une voie, et parce que dans beaucoup de pays (et notamment dans l'Allemagne et dans le Nord) on pourrait, en faisant entrer le bois dans la construction, obtenir une économie considérable.

Or si l'on allouait pareille somme à l'amélioration du régime des eaux navigables et à l'établissement de canaux d'irrigation ou de dessèchement dans toutes les contrées méditerranéennes;

Pareille somme à l'établissement d'un système unitaire de banques qui fécondât l'industrie dans toutes ces contrées;

Pareille somme enfin à la fondation d'un ensemble d'écoles, de gymnases, de musées, où toute la jeunesse recevrait, sans distinction de naissance, une éducation morale et professionnelle;

LA DÉPENSE TOTALE S'ÉLÈVERAIT A DIX-HUIT MILLIARDS.

C'est à peu près ce que l'Angleterre a emprunté depuis soixante ans pour faire la guerre.

Les puissances européennes ont en ce moment sous les armes trois millions d'hommes dont l'entretien, avec celui des places fortes et du matériel de guerre, peut être évalué à 15,000 millions de francs (1). Si pendant douze ans cette somme était appliquée à la réalisation du plan que nous venons d'esquisser (et certes il ne faudrait pas un moins long intervalle pour l'amener à complète réalisation), le monde aurait changé de face sans que les peuples eussent augmenté d'un centime leurs budgets.

Et si l'on tenait compte de la masse de produits que pourraient créer ces soldats, qui forment la partie la plus robuste et la plus alerte de la population, et qui retourneraient aux travaux industriels, si les gouvernemens abandonnaient le système d'observation armée dans lequel ils épuisent les nations, pour s'associer en *confédération méditerranéenne*; si l'on tenait compte de l'immense développement que prendrait l'industrie le jour même où un congrès aurait posé les bases de cette confédération; de la sécurité, qui, renaissant aussitôt, ranimerait le crédit éteint depuis juillet, et le porterait en peu d'instans à une hauteur inouïe; on concevrait sans peine qu'en supposant indispensable de demander à l'impôt pour les appliquer à l'œuvre pacifique, les 1,500 millions que dépense annuellement l'Europe pour entretenir ces 3 millions d'hommes dans une oisiveté fort active, la charge serait légère aux populations. Mais il est évident que, pour une destination aussi morale, aussi utile, aussi glorieuse que l'affermissement d'une paix éternelle et l'avénement politique de l'industrie rehaussée de

---

(1) L'entretien d'un fantassin coûte 500 fr.; celui d'un cavalier 750.

cent coudées, les gouvernemens associés trouveraient à emprunter annuellement, aux conditions les plus avantageuses, une somme égale à ces 1,500 millions, et une somme double s'il le fallait.

Je suis convaincu que si on évaluait la dépréciation qu'a subie la richesse du monde depuis les événemens de juillet, le chiffre de cette dépréciation s'élèverait au moins aux deux tiers de la somme totale de 18 milliards qu'exigerait l'exécution entière de notre plan.

Tel est le système politique que nous proposons à tous les hommes qui sont préoccupés de la crise européenne, aux méditations des diplomates et des gouvernans. Quelle que soit la bannière qu'ils aient suivie jusqu'à ce jour, quel que soit le principe qu'ils aient représenté dans les divisions du monde, ils trouveront satisfaction à leurs vœux dans la mise en pratique de notre plan. Tous y trouveront la fin de leurs tâtonnemens et des incertitudes qui depuis dix-huit mois tiennent un congrès assemblé pour ne rien conclure. Dans une œuvre pareille il y a place pour tous les hommes de capacité, que leur chimère ait été le républicanisme ou l'absolutisme ou le juste-milieu; pour M. de Metternich comme pour lord Grey, pour M. Périer comme pour M. de Nesselrode, pour M. de Chateaubriand comme pour lord Wellington. Et c'est précisément pourquoi l'adoption de ce système sera la consécration de la paix du monde.

Michel Chevalier,
ancien élève de l'école polytechnique.

—

Tous les jours de la semaine, de six heures du matin à dix heures du soir, et le dimanche de six heures à midi, les directeurs ou sous directeurs de propagation du degré des industriels donnent les renseignemens qui leur sont demandés sur la religion Saint-Simonienne, aux domiciles suivans:

Rue de la Tour-d'Auvergne, n° 34,
Rue de la Contrescarpe Saint-Antoine, n° 70.
Place de l'Hôtel-de-Ville, n° 7,
Place de Sorbonne, au coin de la rue de Cluny.

ÉVERAT, Imprimeur, rue du Cadran, n° 16.

RELIGION SAINT-SIMONIENNE.

Un bon gouvernement.

Le travail est la source de toute richesse, c'est lui qui loge, habille, nourrit les hommes; c'est pourquoi nous Saint-Simoniens, qui voulons que tous les pauvres deviennent riches sans que les riches deviennent pauvres, indiquons chaque jour au gouvernement les moyens de donner de l'ouvrage à tous ces bras d'hommes actifs qui ne demandent qu'à agir et qui souffrent du besoin depuis long-temps.

Le commerce ne fleurit qu'avec la paix, lorsque la confiance est bien établie, que les hommes peuvent librement voyager sans crainte pour leur sûreté, et qu'ils n'ont point à redouter les retards dans les départs et les arrivages de marchandises.

Il y a des gens qui désirent la guerre, parce qu'ils croient qu'elle fait aller le commerce; d'autres disent qu'il y a trop d'hommes, et que la guerre, en les détruisant, laisse à ceux qui restent plus de facilité pour vivre : il n'y a rien de plus faux qu'une telle opinion, sans parler de ce qu'elle a de brutal et d'inhumain; la terre produit bien assez pour nourrir tout le monde, et il y a moyen de lui faire produire bien davantage en la cultivant mieux. Or pour mieux cultiver, il faut des hommes et beaucoup.

Toutes les fois que deux peuples sont en guerre, ils mettent sur pied chacun une armée nombreuse. Les hommes qui composent ces armées ne font absolument rien d'utile, et ils sont vêtus et nourris aux dépens des travailleurs; il y a plus, ils détruisent souvent les moissons sur leur passage, et quelquefois des villes entières sans profit pour eux ni pour personne.

Lorsque deux armées se rencontrent, si au lieu de s'attaquer avec fureur pour se détruire et ravager les champs, elles prenaient à tâche de faucher les moissons, de les rentrer, ou de bien labourer, ou bien encore de construire une route, un pont ou un canal, de couper une montagne inutile ou nuisible comme il s'en trouve, combien d'ouvrage serait fait pas ces armées sous la conduite de chefs habiles. Cela vaudrait bien des batailles comme celles d'Iéna et d'Austerlitz, on pourrait donner la croix aux soldats qui auraient le plus et le mieux travaillé. Et au lieu de passer dans des villages composés de misérables cahutes, faites avec de la boue et du fumier par la plupart, au lieu de routes boueuses et mal entretenues, on ne verrait partout qu'habitations élégantes auxquelles on arriverait par des chemins superbes comme il y en a beaucoup en Angleterre.

Beaucoup d'ouvriers refuseraient d'abord de faire partie de ces régimens pacifiques, si le gouvernement en formait, parce que la discipline est rebutante par sa sévérité; mais il faut bien se garder de croire que la discipline des travailleurs pacifiques serait la même que celle des militaires; les militaires n'ont à faire qu'un travail fort ennuyeux, et qui leur déplaît souverainement; on a donc été jusqu'ici forcé de les soumettre à des habitudes d'obéissance absolue qui disparaîtraient du moment où le travail de ces hommes, dont le métier a été jusqu'ici de détruire, serait devenu un travail productif. Alors tout le monde voudrait s'enrôler dans ces régimens pacifiques, où il serait d'ailleurs très-facile de rendre le travail attrayant.

Je me souviens qu'en 1815 les grenadiers de la garde impériale allaient aux buttes Chaumont pour faire des fortifications et des redoutes; jamais je n'ai rien vu d'aussi beau que ces hommes sans autres armes que des pioches et des pelles, défilant en ordre au son de la musique; ils étaient joyeux d'aller ainsi à l'ouvrage. Il y avait en même temps des terrassiers, payés à 40 sous par jour; ils ne faisaient pas, à beaucoup près, autant d'ouvrage que les grenadiers, et ils le faisaient moins bien et moins gaiement. D'heure en heure la musique jouait des fanfares. C'était un spectacle magnifique.

Le gouvernement doit, s'il est sage, avoir pour les travailleurs la même sollicitude que pour les militaires, et leur donner des travaux pour les faire vivre; sans cela il ne serait pas gouvernement. Jusqu'ici il n'a pas pu le faire, par suite des embarras qu'il avait et dont il fallait qu'il sortît; il avait à maintenir la paix à l'intérieur et à l'extérieur, il avait à reprimer l'émeute qui détruit la confiance en empêchant les capitaux de circuler. Il est donc excusable, en quelque sorte, de n'avoir pas jusqu'ici fait ouvrir de grands travaux, tels au moins que ceux que Napoléon fit exécuter sous son règne. Mais le moment est venu pour lui de se mettre à l'œuvre.

Il y a des gens qui s'imaginent que le gouvernement fait le mal pour le plaisir de le faire, s'irritent contre lui à l'aspect de la misère générale, et l'accusent de mauvaise volonté ou de trahison. Ceci est une grande erreur, on pourrait tout au plus l'accuser d'incapacité. Le gouvernement a besoin d'être éclairé pour faire le bien; ceux qui gouvernent sont souvent ignorans des besoins du peuple, et quand ce peuple crie et s'agite, ils croient qu'il s'agite par turbulence pure.

Notre mission à nous Saint-Simoniens est d'indiquer ce qu'il faut faire, et nous l'indiquons chaque jour.

Il faut sans tarder consacrer une partie du budget à ouvrir des travaux, non pas comme ceux du Champ-de-Mars, où les hommes enlevaient des brouettées de terre d'un endroit pour les transporter dans un autre sans aucune nécessité, mais comme celui qui est projeté, d'un chemin de fer au moyen duquel on pourrait aller de Marseille au Havre, par Paris, en quatre heures.

Mais, dira-t-on, le gouvernement ne peut rien faire sans y être autorisé par les chambres, et les chambres ne permettraient pas de faire des choses semblables, qui coûteraient d'ailleurs fort cher. A cela je répondrai : 1° qu'il n'y a pas de chambre qui puisse empêcher un gouvernement de faire ce qui est bon, ce qui est dans l'intérêt de tous, quand il en a envie ; 2° qu'il ne s'agit pas, pour dire qu'une chose coûterait trop cher, de compter les sommes à dépenser, mais bien de s'assurer si l'argent dépensé le sera utilement ; car le gouvernement le plus économe n'est pas celui qui dépense le moins, mais bien celui qui dépense le mieux. Or faire des chemins de fer ou des canaux, c'est faciliter les transports, donner par conséquent de l'activité à l'industrie ; il faut donc se hâter de le faire. Ce sera de l'argent mieux employé que tout ce qu'on dépense aujourd'hui.

CHARLES BERANGER,
ouvrier horloger.

Tous les jours de la semaine, de six heures du matin à dix heures du soir, et le dimanche de six heures à midi, les directeurs ou sous directeurs de propagation du degré des industriels donnent les renseignemens qui leur sont demandés sur la religion Saint-Simonienne, aux domiciles suivans :

Rue de la Tour-d'Auvergne, n° 34,
Rue de la Contrescarpe Saint-Antoine, n° 70.
Place de l'Hôtel-de-Ville, n° 7,
Place de Sorbonne, au coin de la rue de Cluny.

ÉVERAT, Imprimeur, rue du Cadran, n° 16.

RELIGION SAINT-SIMONIENNE.

Moyen de donner du travail aux ouvriers et la paix à tout le monde. — Le Chemin de Fer du Havre à Marseille.

Il suffirait au gouvernement, pour qu'à son règne fût attaché éternellement la gloire d'avoir donné l'impulsion à l'organisation du travail industriel, qu'il entreprît de faire exécuter, dans un bref délai, un an ou deux, du Havre à Marseille, par Rouen, Paris et Lyon, une seule route en fer; route qui servirait de base à une réédification de toutes les communications du royaume selon ce nouveau procédé.

Par la première mesure le gouvernement ouvrirait, sur une étendue de deux cent cinquante lieues, une telle masse de travaux de terrassement, de maçonnerie et de forge, qu'il y aurait place pour une foule innombrable d'ouvriers sans ouvrage, pour les prolétaires des campagnes sans ressources. Les avantages prodigieux qui devraient résulter pour la société tout entière d'un pareil travail exécuté en un très-bref délai permettraient d'attirer volontairement et librement la presque totalité de la masse mobile d'ouvriers des quatre-vingt-six départemens, par l'appât d'un salaire élevé et des avances pour les frais de route. Ce travail occuperait plusieurs centaines de milliers d'ouvriers de diverses industries, échelonnés du Havre à Marseille.

La conception, les plans et travaux préparatoires, et enfin l'exécution de cette entreprise, donneraient un ouvrage assuré à un nombre considérable d'arpenteurs, ingénieurs, architectes, entrepreneurs, conducteurs, commis, inspecteurs. Un si grand nombre d'individus, passant tout à coup de la détresse à une rétribution élevée et assurée, ouvrirait à l'instant un débouché aux vins, draps, cotonnades et autres marchandises qui regorgent actuellement dans les magasins. Ces marchandises, en s'écoulant à bon prix, rendraient l'espoir aux cultivateurs et fabricans, et leur feraient reprendre activement leurs travaux; la fourniture des fers donnerait une vie nouvelle à l'exploitation des forges. La confection des appareils à la vapeur mettrait en mouvement tous les ateliers de mécanique inoccupés. La certitude d'avoir à livrer prochainement des masses considérables de charbon redoublerait l'activité de l'extraction des mines; enfin du Havre à Marseille, par le seul séjour d'une pareille masse d'individus, on verrait s'élever une foule de petites industries et de menus métiers. Le trop-plein de beaucoup de professions, comme la médecine, la pharmacie, la chirurgie, se répartirait et trouverait à s'établir sur cette longue ligne de colonies nomades, et l'on verrait des hôpitaux, des théâtres, des villages entiers improvisés, sortir comme par enchantement de dessous terre. Les services étant d'importance très-diverse dans cette colossale entreprise, les bénéfices seraient de toutes proportions; il en résulterait que les objets de luxe, aussi bien que ceux de première nécessité, y trouveraient un facile écoulement.

Enfin, outre l'amélioration du sort misérable d'une grande partie de la classe prolétaire, le débouché ouvert à des produits aujourd'hui entassés à grand'perte dans les entrepôts, les magasins et les ports, et la nouvelle impulsion imprimée à la plupart des industries, cette première mesure offrirait un avantage d'un ordre tout-à-fait nouveau; elle serait dans la politique intérieure et dans la politique extérieure un commencement de réalisation de cet *ordre* et de cette *paix* que le gouvernement a pris pour devise.

En effet, au milieu d'une si grande masse d'ouvriers occupés de travaux différens et aboutissant à un centre commun, on verrait pour la première fois, sur une large échelle, l'excellence de la division du travail et de la combinaison des efforts pour une œuvre à laquelle tous sont associés. Le grand but qui réunirait les travailleurs, l'économie et l'accroissement de jouissances d'une vie nécessairement commune, établirait entre eux une confraternité semblable à celle des mineurs d'Allemagne; et ce serait un exemple vivant qui préparerait à une application beaucoup plus étendue de l'organisation des travaux industriels; car, nous le répétons, l'ordre public dans *la réalité*, c'est l'organisation de l'industrie; ce serait donc un très-grand pas fait dans la réalisation de l'ordre à l'intérieur.

Quant à la politique extérieure, il est certain qu'une pareille entreprise parlerait plus haut en faveur des dispositions pacifiques du gouvernement français qu'un commencement de désarmement, même sincère. C'est une vérité maintenant banale jusque dans les chancelleries des gouvernemens les plus arriérés, que le travail fait la prospérité et la force des empires. Tous sans exception encouragent de toutes leurs forces l'industrie nationale; et quand ils verraient la France appliquer toute son attention, des fonds considérables et un million d'ouvriers, à une entreprise industrielle aussi gigantesque, ils sentiraient quelle supériorité donnerait sur eux à la France son achèvement s'ils restaient oisifs; ils se mettraient donc bientôt à concevoir et à réaliser chacun chez eux quelque œuvre analogue; tous transformeraient leurs emprunts de guerre en crédits industriels, et leurs soldats en ouvriers.

D'une autre part, cette communication rapide, établie entre le Havre et Marseille, serait une protestation éloquente du désir des Français de faire alliance intime et définitive avec l'Angleterre; ce serait un acte de foi en cette prochaine alliance. L'industrie et le commerce anglais verraient dans ce grand travail un moyen beaucoup plus rapide et plus naturel de communiquer avec l'Orient. Des sociétés anglaises se formeraient indubitablement dans le but de couper l'isthme de Suez par un travail semblable. La France deviendrait la grande route de l'Inde. Des rapports aussi fréquens, aussi multipliés, aussi intimes que ceux qui s'établiraient entre les industries anglaises et françaises, mêleraient les intérêts des deux peuples, qui sentiraient de plus en plus, PAR LA PRATIQUE, les avantages d'une association complète, et marcheraient dès lors rapidement vers le moment où les deux pays n'en feront plus qu'un. Sous ce rapport un nouveau pas réel aurait été fait vers la pacification définitive de l'Europe. Car qui pourrait parler de troubler le repos de l'Europe du jour où l'Angleterre et la France, sérieusement unies, voudraient la paix?

Ainsi, par cette première mesure industrielle le gouvernement entrerait immédiatement dans une pratique solide de l'ordre au dedans et de la paix au dehors.

CHARLES DUVEYRIER.

Tous les jours de la semaine, de six heures du matin à dix heures du soir, et le dimanche de six heures à midi, les directeurs ou sous-directeurs de propagation du degré des industriels donnent les renseignemens qui leur sont demandés sur la religion Saint-Simonienne, aux domiciles suivans.

Rue de la Tour-d'Auvergne, nº 34.
Rue de la Contrescarpe-Saint-Antoine, nº 70,
Place de l'Hôtel-de-Ville, nº 7,
Place de Sorbonne, au coin de la rue de Cluny.

ÉVERAT, Imprimeur, rue du Cadran, nº 16.

RELIGION SAINT-SIMONIENNE.

Comment le peuple peut s'élever.

Il m'est arrivé quelquefois, lorsque je parlais à certaines personnes de la situation déplorable dans laquelle se trouve la classe des travailleurs, de m'entendre répondre de la meilleure foi du monde et avec un grand sang-froid : « Oh! monsieur, vous exagérez horriblement; le peuple est loin d'être » aussi malheureux que vous le dites; qu'est-ce qui lui manque donc tant au peuple? s'il veut se donner la peine de » travailler, qui peut l'empêcher de gagner son pain, de » s'élever à la richesse, aux dignités? N'a-t-on pas vu, ne » voit-on pas tous les jours des hommes du peuple devenir » opulens? Et grâce à notre charte constitutionnelle, admirable invention du siècle des lumières, tous les Français » ne sont-ils pas égaux devant la loi, et également susceptibles des emplois civils et militaires? Quel est l'homme du » peuple, actif, laborieux et économe, qui ne peut parvenir » à être électeur, éligible, et par suite député, ministre? » Mais, mon Dieu, vous avez beau rire, je vous dis qu'il en » est ainsi, et nous avons des exemples frappans, des preuves » vivantes de ce que j'avance; voyez MM. Lafitte, Casimir » Périer, Delessert, etc... Eh bien! ce que ceux-là ou leurs » pères ont fait, les autres ne peuvent-ils pas le faire?... »

J'aimerais bien, et ce serait une chose curieuse, j'aimerais voir un de ces grands prôneurs de chartes, et autres marchandises de même calibre, prononcer le superbe discours, dont j'ai tâché de donner une esquisse incomplète devant une assemblée qui serait composée, par exemple, de tous les ouvriers du faubourg Saint-Antoine. Il me semble voir tous ces pauvres ouvriers, après avoir entendu quelques phrases de cette harangue, qui aurait tout l'air d'une mystification, de demander les uns aux autres : « Est-ce qu'il se moque de nous l'orateur? » J'en vois moi-même un, le plus décidé, se lever au milieu d'eux et au milieu d'une éloquente tirade sur les vertus et qualités incomparables de l'incomparable charte sous laquelle nous avons le bonheur de vivre, interrompre brusquement notre improvisateur. « Monsieur, pardon si je » vous interromps; vous êtes savant, trop savant même pour » nous qui n'avons pas eu le bonheur d'aller au collége, et » qui savons à peine lire et écrire, de sorte que nous n'avons » rien compris à la moitié des belles choses que vous venez » de dire; vous nous avez assuré que la charte était une su- » perbe chose; c'est possible; vous devez le savoir : pour » nous, nous avons trop peu de rapports avec elle pour la » connaître, et il y a les trois quarts d'entre nous, je vous » l'assure, qui naissent et meurent sans savoir ce que c'est. » Mais vous avez voulu nous prouver aussi que nous étions » heureux et contens, ou du moins qu'il ne dépendait que » de nous de l'être; vous nous avez dit que nous pouvions, » si nous voulions travailler, devenir riches, rouler carosse » et manger des truffes, et même, comme passe-temps, être » députés ou ministres. Oh! pour moi, j'ai bien compris, » et, ma foi, si votre figure n'était pas la bonté et la simpli- » cité même (pardon de l'expression), je croirais volontiers » que vous avez voulu vous moquer de nous; tenez, voyez- » vous, tous ces braves gens-là, ils travaillent tous, quand » ils peuvent, bien entendu toute la journée, les uns depuis » cinq ans, dix ans, vingt ans même; eh bien! il vous est facile » de voir que la richesse ne les étouffe pas, pas plus que moi

» qui vous parle, votre serviteur. Pas un de nous ne mange » des truffes et ne roule carosse, bien heureux quand nous » avons du pain à donner à notre femme et à nos bambins, » et que quelque bonne maladie ne nous empêche pas de nous » traîner nous-mêmes. Pas un de nous n'a eu encore le » bonheur d'être ministre, pas même député : çà viendra plus » tard peut-être; pour moi, je n'y compte pas; je resterai » toute ma vie ce que j'ai été, pauvre diable, et, quoi que » vous en disiez, je crois bien que c'est là le sort du grand » nombre. Vous dites qu'il y en a qui s'élèvent; c'est pos- » sible, mais ils sont rares, et c'est pour cela que vous en » faites tant de bruit. »

Et pourtant il y a quelque chose de très-vrai au fond de ce que disait notre ami le bourgeois. Certes l'élévation de quelques hommes du peuple par leur propre travail, à un rang aussi élevé que M. Laffitte, par exemple, est un fait excessivement remarquable, surtout quand on le compare à ce qui en était il y a à peine une quarantaine d'années avant notre première révolution. Alors toute place appartenait de droit aux nobles et seulement aux nobles; et si quelqu'un s'était avisé de prédire qu'avant un demi-siècle on verrait successivement deux premiers ministres sortir du sein du peuple, de la classe des industriels, alors si méprisée, on l'aurait traité de fou, et on l'aurait prié d'aller se faire soigner.

Eh bien! quelle conséquence tirerons-nous de ce fait remarquable? En concluerons-nous que le peuple a conquis tous ses droits, qu'il n'a plus rien à désirer, qu'il est heureux? Dieu nous en préserve; ce serait une mauvaise plaisanterie.

Ce que nous voyons dans ce fait, c'est la preuve d'un grand progrès accompli, et surtout le présage de jours meilleurs pour le peuple.

Le progrès consiste en ce que, depuis l'époque dont je parlais tout-à-l'heure, les privilèges de la naissance ont perdu beaucoup de leur valeur, que l'industrie et le travail commencent à être honorés, que les barrières qui séparaient les diverses classes de la société commencent à tomber.

Et le temps n'est pas bien éloigné où il n'y aura dans la société qu'une seule classe, celle des *travailleurs*, qui comprendra tous les industriels, depuis le banquier à millions, comme Rothschild, jusqu'au terrassier; tous les savans depuis M. Geoffroy-Saint-Hilaire jusqu'au petit maître d'école; tous les poètes et artistes, depuis Béranger jusqu'au *Marquis* joueur de gobelets, où chacun sera d'autant plus aimé, considéré et enrichi, qu'il rendra plus de services à la société par son travail.

Tous nos efforts tendent à rapprocher le plus possible l'avénement de cette époque.

Le peuple, de son côté, n'a qu'un moyen de s'en rendre digne, c'est de prouver sa moralité; c'est de tenir de plus en plus une conduite toute de modération et de paix; car il ne pourra rien obtenir de durable qu'autant que les bourgeois y donneront leur libre consentement.

CAMAYOU.

Tous les jours de la semaine, de six heures du matin à dix heures du soir, et le dimanche de six heures à midi, les directeurs ou sous-directeurs de propagation du degré des industriels donnent les renseignemens qui leur sont demandés sur la religion Saint-Simonienne, aux domiciles suivans :

Rue de la Tour-d'Auvergne, n° 34,
Rue de la Contrescarpe-Saint-Antoine, n° 70,
Place de l'Hôtel-de-Ville, n° 7,
Place de Sorbonne, au coin de la rue de Cluny.

ÉVERAT, Imprimeur, rue du Cadran. N° 16.

RELIGION SAINT-SIMONIENNE.

Du bon et du mauvais prêtre catholique. — Du prêtre Saint-Simonien.

« Que veulent d'autres nains tout noirs
« Dont mon nez craint les encensoirs,
« En mon nom lançant l'anathème.
« Ils font de la vie un carême.
« Dans des sermons fort beaux ma foi,
« Mais qui sont de l'hébreu pour moi.
(Béranger.)

« Le dimanche point ne défends
« La joie à ces pauvres enfans.
« J'aime alors qu'on s'en donne,
« Du chœur où seul je suis souvent,
« Je les entends rire en buvant
« Chez la mère Simonne,
« Et j'y cours même, s'il le faut,
« Les prier de chanter moins haut.
(Le même.)

Si l'on demandait à un homme du peuple quel était le bon prêtre sous le règne de Louis XIV, il répondrait : « Fénelon, qui cherchait avec le paysan la vache que celui-ci avait perdue, qui pansait lui-même des blessés après la bataille de Denain, qui s'efforçait de rendre un prince héréditaire digne de régner, en lui apprenant la pratique et l'amour de ce monde. Mais si on le demandait à M. de Bonald, à M. De Maistre, les catons du catholicisme, gémissant de voir s'en altérer l'orthodoxie, s'écriant douloureusement : « *Les rois, les dieux s'en vont ;* » si on le demandait au pape lui-même, il répondrait : C'était Bossuet, qui eût dit au paysan cherchant sa vache : « *Cette perte est une croix que Dieu vous envoie pour vous éprouver ;* » qui prêchait les macérations de la chair et le jeûne, qui enseignait aux rois le néant des grandeurs.

Le dogme vieilli du catholicisme est tellement peu en harmonie aujourd'hui avec les nouveaux besoins de l'humanité, qu'il suffit au peuple de voir la robe noire du prêtre, sa tête tonsurée ayant cheveux longs et plats derrière, sa lèvre dédaigneuse, son front humilié, portant l'empreinte de la rigide observation des austérités chrétiennes et du mépris des richesses, pour être plein d'un sentiment de répulsion; il éprouve, ce peuple dont le cœur aime déjà instinctivement DIEU dans tout ce qui est, que maintes choses que le prêtre réprouvera en lui doivent être sanctifiées; il sait que si sa confiance allait s'épancher auprès de ce directeur sévère, il n'en recevrait miséricorde qu'au prix de rudes pénitences, et de la promesse de s'imposer la privation de ses besoins les plus irrésistibles et les plus légitimes. Il sent que DIEU n'est plus avec ceux qui ne savent plus bénir un sentiment d'amour, avec ceux qui n'enseignent à ceux qui souffrent que la résignation, à ceux qui veulent aimer le détachement des affections terrestres, avec ceux qui ne lui prescrivent, pour qu'il soit préservé du mal, pour qu'il acquière le bien, que la récitation de stériles et insipides litanies dans une langue morte.

Le prêtre catholique orthodoxe ne sait plus améliorer le sort de la classe la plus nombreuse et la plus pauvre; il ne sait plus éclairer ceux qui sont dans les ténèbres, consoler ceux qui sont affligés, rassasier ceux qui ont faim; à celui qui est ignorant, il ne donne que cette parole: « *bienheureux les pauvres d'esprit;* » à celui qui lui demande comment il faut semer pour pouvoir beaucoup recueillir, il répond: Priez, et renoncez à Satan, à ses pompes et à ses œuvres, car la matière est damnée.

Mais si l'on voit un prêtre au teint fleuri et animé, les yeux brillans, le nez envermillonné, ayant le ventre à la Cambacérès, et par-dessus sa robe noire une redingotte de couleur claire, pour rompre le deuil de son costume, avec un sourire toujours épanouissant sa bouche vermeille, et rapetissant ses yeux petillans, vous pouvez dire d'avance : Voilà un gros réjoui que ses fidèles appellent un bon prêtre, et cela parce qu'il sait estimer la bonne chère et le bon vin, sourire aux amours naissans, présageant des noces et des baptêmes, parce qu'il sait reconnaître tout ce que valent les jouissances morales ou matérielles aussi bien que celles de l'esprit, parce qu'il sait en aimer la jouissance et pour lui et pour tous. Né le plus souvent d'un fermier ou d'un simple paysan, ou cultivant lui-même un petit bout de jardin, il sait s'intéresser à l'agriculture et donner des conseils sages aux cultivateurs, pour l'embellissement et la fertilisation de leurs terres; il va les voir, eux, leurs femmes, leurs enfans, quand ils sont malades, ou le plus souvent pour diriger leur hygiène et prévenir leurs maladies, et il est aussi le médecin du cœur, car il *relie* ceux qui sont divisés, et facilite le rapprochement de ceux qui s'aiment. Puis le dimanche il assiste à la danse, et, bien loin de casser le violon du ménétrier pour empêcher le plaisir de ses ouailles, c'est lui qui les appelle à danser. Il aime tout ces enfans que son cœur lui a donnés; il aime à se réjouir de leur joie, il ne se sent bien vivre qu'au milieu de leurs bruyantes et joyeuses assemblées, qu'en les visitant dans leurs travaux. Aussi il faut le voir chevauchant dans la campagne, sur une douce et bénévole monture, sur un cheval blanc aux os saillans, aux poils longs, à la crinière, à la queue jaune et flottante. Regardez-le comme une boule ronde recouverte d'un vêtement violet, surmontée d'une tête à face épanouie et rubiconde, coiffée d'un large chapeau rond renversé en arrière, les jambes pendantes, le bout des pieds baissés de chaque côté, avec des souliers à large boucles d'argent; il va par les prés, par les champs, appelant par son nom chaque paysan, chaque paysanne au milieu de leurs blés, de leurs vignes; riant à tous les enfans, les caressant du regard et de la voix; se mêlant bonnement à leurs jeux, ayant toujours pour eux du bonbon dans ses poches. Aussi, comme il est aimé, chéri, révéré! chaque homme, chaque femme, à son passage, depuis l'enfance jusqu'à la vieillesse, tous s'inclinent et le saluent, et il est ainsi aimé, chéri, vénéré, parce qu'il fait en dépit de son bréviaire ce que ferait un prêtre Saint-Simonien.

Mais il n'est Saint-Simonien qu'en fraude, qu'en se relâchant de la sévérité qui lui est commandée, en cherchant à obtenir du ciel des accommodemens. Que serait-ce si, pour lui, toutes ces choses étaient saintes, si elles lui étaient prescrites comme pratiques religieuses, s'il savait que désormais l'homme-prêtre ne peut aimer DIEU, le connaître, et le servir comme DIEU veut être aimé et servi, qu'à la condition de sanctifier et de développer tout ce qui fait le bonheur légitime de l'homme sur la terre? Comme ce prêtre serait alors grand et puissant, lui dont la philantropie n'est produite que par un sentiment instinctif de son cœur, et se trouve en lutte avec ce qu'il appelle religion, lui qui n'aime que son semblable dans les hommes! Il s'abandonnerait alors avec joie, avec ivresse, à l'impulsion de son ame, il serait glorieux de ses œuvres, et sentirait DIEU en lui.

MACHEREAU, fils de portier,
Membre du deuxième degré de la hiérarchie Saint-Simonienne.

Tous les jours de la semaine, de six heures du matin à dix heures du soir, et le dimanche de six heures à midi, les directeurs ou sous-directeurs de propagation du degré des industriels donnent les renseignemens qui leur sont demandés sur la religion Saint-Simonienne, aux domiciles suivans.
Rue de la Tour-d'Auvergne, n° 34,
Rue de la Contrescarpe-Saint-Antoine, n° 70,
Place de l'Hôtel-de-Ville, n° 7,
Place de Sorbonne, au coin de la rue de Cluny.

ÉVERAT, Imprimeur, rue du Cadran, n° 16.

RELIGION SAINT-SIMONIENNE.

L'Hôtel-Dieu.

Une foule assez nombreuse assiégeait les portes de l'Hôtel-Dieu, et semblait attendre avec impatience le moment de leur ouverture. Un groupe d'hommes, de femmes, de jeunes filles, se concertait sur les moyens de dérober à la vigilance des gardiens les chétifs secours destinés à une mère, à une épouse, à un ami, ou à un frère. Cette vue me rappela que plusieurs fois, moi, enfant du peuple, j'avais eu l'occasion de visiter aussi mes amis malades, et que même dans un hôpital militaire, étendu sur un lit de douleur, je m'étais vu bien près du moment où tout pour moi devait être fini. Alors j'aurais pu mourir sans regret, une foule d'existences plus précieuses que la mienne s'éteignaient autour de moi ; aujourd'hui je sens tout le prix d'une vie que la foi Saint-Simonienne m'enseigne à dévouer au bonheur de l'humanité. Enfin la grille s'ouvrit, et je me mêlai à la foule, bien que je n'eusse personne à visiter dans ce triste séjour. Une recherche minutieuse vint tromper bien des espérances, et la plupart des provisions cachées avec tant de soins furent découvertes, et ne purent être introduites. Je ne veux point blâmer cette mesure nécessaire et prise dans l'intérêt même des malades; mais ne pourrait-elle revêtir des formes un peu moins brusques, ne pourrait-on pas tenir une liste de convalescens auxquels il serait permis de recevoir ce que la tendresse de leurs parens leur destine, et qui, échappés aux dangers d'une maladie cruelle, éprouvent jusqu'au moment de leur sortie les tourmens de la faim ?

J'errais au hasard dans ces vastes salles où toute une population décimée par la faim et la misère vient trouver le terme de ses maux; pauvre peuple!.... Au temps où tu avais un Dieu, une foi, une religion, tu supportais la misère avec résignation ; un prêtre au chevet de ton lit, te montrait ouvertes les portes du céleste séjour, prêt à te recevoir; mais aujourd'hui tu ne crois plus, rien ne vient t'aider à franchir ce funeste passage. Si tu ne crains plus l'enfer, tu n'as plus l'espoir d'un paradis, tu dédaignes les consolations des ministres d'une religion qui n'a plus puissance d'améliorer ton sort, et qui, t'abandonnant toute ta vie, ne te retrouve à tes derniers momens que pour t'offrir le choix d'un ciel où peu sont appelés; ou d'un enfer ou, suivant toutes les conséquences du dogme chrétien, l'immense majorité des hommes doit souffrir des supplices éternels!.... Fidèle et trop cruelle image de la vie présente, où une faible minorité est appelée à jouir, par le hasard de la naissance, de tous les biens que la nature prodigue, tandis que le reste ne trouve qu'à grande peine à satisfaire les premiers et les plus indispensables besoins.

La foule s'était dispersée dans les salles, et chacun auprès du malade qu'il venait visiter se livrait aux épanchemens de son cœur. Agité de sombres pensées, je me promenais dans la salle St-Charles; je passai deux fois devant un lit ou était couché un jeune homme dont la pâleur attestait la souffrance; il était seul, nul n'était venu le voir, lui porter quelques consolations. Son mouchoir qu'il laissa tomber me fournit l'occasion de m'approcher de lui: je m'empressai de le ramasser, il me remercia par un signe de tête accompagné d'un sourire qui m'encouragea à lui adresser la parole. « Vous êtes sans doute étranger, lui dis-je, puisque personne n'est venu vous voir?

«Personne, me dit-il, ne s'intéresse à moi; quoique né à Paris, depuis long-temps j'ai cessé de rechercher la société des hommes; ils m'ont fait assez de mal pour que je sois forcé de les fuir; je ne me plains pas de leur abandon. Une seule personne pourrait ici me faire quelque plaisir; mais l'état où elle se trouve fait que je suis forcé de ne pas souhaiter sa présence. » Je le pressai de questions, et enfin il me dit: Vous me paraissez bon et sensible, écoutez mon histoire.

« Orphelin dès l'âge de douze ans, forcé de vivre du fruit de mon travail, j'avais une sœur plus jeune que moi d'un an. L'état de ciseleur que je parvins non sans peine à apprendre, me mit à même de pouvoir vivre et même de continuer des études que la mort de mes parens avaient interrompues. De son côté ma sœur, placée chez une lingère, gagnait honorablement sa vie. Nous demeurions ensemble, jamais nous ne sortions qu'ensemble. Ma sœur aimait la danse, le spectacle, elle était belle, j'en étais fier, et je lui procurais ces plaisirs autant qu'il était en mon pouvoir; mais elle cherchait autant qu'elle pouvait à s'élever au-dessus des personnes de son état. Elle était parvenue à m'inspirer aussi le goût des belles manières; nous faisions tous nos efforts pour paraître au-dessus des personnes de notre condition. Un travail assidu et beaucoup de privations nous mettaient à même de satisfaire cette folle ambition ; du reste ma sœur avait toujours mené une conduite régulière.

« Un jour nous avions pour les Italiens un billet de première loge. Funeste billet ! j'ai toujours pensé qu'il nous avait été offert à dessein. Un jeune homme occupait déjà une place dans cette loge quand nous arrivâmes ; il se hâta de nous en faire les honneurs, affecta pour ma sœur les plus grands égards et les manières les plus respectueuses, s'occupa beaucoup de moi, me fit force complimens sur ma tournure et mes manières, et parvint à m'inspirer la plus grande confiance. Tout conspirait pour ma ruine ; une pluie abondante tombait à la sortie du théâtre, il nous offrit sa voiture, j'eus l'imprudence d'accepter. Pendant deux jours, ma sœur ne fit que m'entretenir des manières aimables du jeune homme qui s'était conduit envers nous avec tant de délicatesse. Enchanté comme elle de son air noble et gracieux, le cœur plein des louanges qu'il m'avait adressées, je ne songeai guères à concevoir des alarmes ! Tout d'un coup ma sœur cessa de m'en parler, je lui en fis des reproches, qu'elle reçut avec une indifférence qu'alors je ne croyais pas affectée. Deux jours après, rentrant chez moi, le portier me dit que ma sœur n'était pas rentrée, et me remet une lettre avec un rouleau assez pesant. Un funeste pressentiment vint m'agiter ; j'ouvris la lettre, elle m'annonçait le départ de ma sœur, m'assurait qu'elle ne m'oublierait point, et m'en offrait pour premier gage ce rouleau contenant 50 pièces d'or. Anéanti à cette lecture, je ne repris ma raison que pour jurer de faire tout pour retrouver ma sœur ; j'y employai, mais sans succès, tout l'argent qu'elle m'avait laissé.

« Forcé de renoncer à d'inutiles recherches, je me remis au travail ; pendant trois ans je n'entendis plus parler de ma sœur, lorsqu'un soir passant rue St-Honoré, pensif comme je l'étais souvent depuis mon malheur, une de ces malheureuses et tristes victimes de la débauche et de l'immoralité des hommes m'arrête par le bras ; je me retourne, c'était ma sœur !.... Frappé comme d'un coup de foudre, avant que je fusse remis elle était disparue. Un groupe de ses compagues s'était formé autour de moi, et ne répondait à mes demandes multipliées que par des rires moqueurs et de grossières plaisanteries ; je m'emportai, menaçai, et même en maltraitai quelques unes. Plusieurs de ces hommes, dont le métier est de prendre fait et cause pour ces malheureuses, et qui ne vivent que de ce honteux patronage, m'entourent, me maltraitent ; je me défends avec fureur, la garde arrive, les lâches qui m'avaient attaqué s'esquivent : resté seul, je suis saisi comme perturbateur et conduit à la préfecture ; j'y restai trois jours au milieu des voleurs. Cette infâme voisinage me fit provisoirement souffrir encore plus que les coups que j'avais reçus. Enfin je fus mis en liberté, en attendant, me dit-on, que mon affaire fût instruite. Rentré chez moi, une fièvre violente me saisit, mes faibles ressources furent bientôt épuisées, et des voisins me firent transporter ici, où j'espère que la mort viendra bientôt mettre un terme à mes chagrins. »

Il cessa de parler; des larmes amères coulèrent de ses yeux. « Infortuné, lui dis-je, vous voulez mourir; croyez-vous donc que votre mission sur la terre soit remplie? L'attentat dont vous avez été victime se renouvelle chaque jour. Au nom et sous l'autorité des lois, une foule de jeunes filles sont jetées comme pâture à la brutalité des riches débauchés; mais des hommes ont paru, ont signalé le mal et proposé le remède. Les Saint-Simoniens se sont levés, et sans craindre les accusations et les clameurs que soulèvent leur généreuse entreprise, ils appellent à eux tous les hommes qui ont du cœur et qui gémissent des souffrances des femmes. »

Vous me nommez les Saint Simoniens, me repondit-il, j'en ai entendu parler, j'ai lu quelques-uns de leurs ouvrages; mais trop préoccupé, je n'ai pu continuer l'étude que j'avais commencée. D'ailleurs on m'a assuré que le gouvernement avait défendu leurs réunions, et que même la justice instruisait contre eux. Tel est donc le sort de tous ceux qui veulent le bonheur des peuples, la persécution les attend; tandis que le riche, avec son or et quelques précautions, peut porter le trouble et la douleur dans le sein des familles, désunir les époux, séduire les jeunes filles, et couvert d'un manteau qui sauve les apparences, dégoûtant d'immoralité, venir, en qualité de jurés, prononcer si tel ou tel fait est ou n'est pas un attentat à la pudeur. Mais vous êtes donc St-Simonien? « Oui, lui dis-je, et c'est à ce titre que je vous conjure de vivre. Un homme comme vous paraissez l'être et qui a souffert comme vous, doit comprendre ce qu'il y a de grand et de généreux dans les hommes qui dévouent leur vie à l'affranchissement de la femme. Vous savez par expérience comment tant de pauvres filles, qui eussent fait la joie et le bonheur d'un époux, d'une famille, peuvent être séduites et traînées jusque dans la boue des carrefours. Courage donc, mon cher ami, et que votre première visite, quand vous vous porterez bien, soit pour moi. Voici mon adresse:

Émile HASPOTT, sous-directeur de la seconde section
du degré des industriels St-Simoniens, ex-forgeron,
Rue Contrescarpe, N° 70.

ÉVERAT, Imprimeur, rue du Cadran, n° 16.

RELIGION SAINT-SIMONIENNE.

Les Prêteurs à la petite semaine. — Les Banquiers. — Les Banques Saint-Simoniennes.

Ce qui souvent empêche un ouvrier de former un établissement, c'est le manque absolu de fonds, sans lesquels il est impossible de rien entreprendre. Soyez capable et laborieux, cela ne suffit pas; il faut encore avoir de l'argent, et pour avoir de l'argent il faut avoir du crédit : c'est donc à fonder des institutions de crédit que doit aujourd'hui s'attacher le gouvernement, afin de faire cesser le malaise qui accable les travailleurs.

Voici qui peut donner une idée de ce que c'est que le crédit. Il y a des gens qui prêtent à la petite semaine aux marchands ambulans et aux ouvriers malaisés. Ces prêteurs ont leur utilité; cependant ils manquent de bonne foi, ils exigent pour prix de leurs services un intérêt énorme, et ils exploitent leurs cliens de la plus ignoble manière : les uns prennent dix pour cent par semaine, ce sont les plus honnêtes; d'autres prêtant le matin cinq francs à de pauvres colporteurs exigent que le soir il leur en soit rendu six. Aussi on a qualifié ce trafic de l'épithète d'infâme, et ce n'est pas sans raison.

Ces gens disent pour se justifier que ceux auxquels ils prêtent n'ont pas de conduite, et que leur enlever de l'argent qui s'engloutirait infailliblement dans la boutique du liquoriste ou du marchand de vin, ce n'est pas leur faire tort; mais il est facile de démontrer combien cette raison est mauvaise pour leur justification; leur action, qui en apparence ne blesse les intérêts que de ceux auxquels ils prêtent, est en réalité funeste aux intérêts de tous, car c'est toujours en définitive le consommateur qui paie les charges imposées au travailleur.

En voici la preuve. Je suppose une marchande d'oranges qui doit chaque soir payer vingt sols *d'escompte ;* avec quarante sols qui lui sont nécessaires pour vivre, cela fait trois francs. Elle vend quarante oranges, et gagne sur chacune six liards. Voilà bien sa somme trouvée ; mais il est clair que si elle n'avait pas cette prime de vingt sols à prélever sur sa vente, le consommateur aurait eu pour six blancs l'orange qu'il a payée trois sols. Or ceci n'a pas lieu seulement pour les oranges, c'est ce qui arrive toutes les fois que le travailleur a des intérêts trop élevés à payer.

Les usuriers dont il est question ici font un tort considérable aux consommateurs, mais celui qu'ils font à la société par leur immoralité n'est pas moins grave. Dans le commerce il y a des hommes de loi, des huissiers dont la fonction est d'assurer aux commerçans le paiement des sommes qui leur sont dues, mais ces prêteurs ne peuvent avoir recours à leur ministère, car la justice est sévère envers eux et quand ils sont découverts, elle les frappe rigoureusement : aussi quand ils ont des débiteurs récalcitrans, ils emploient la violence pour se faire payer; ils ont à leurs ordres des hommes accoutumés à se battre et à mépriser les lois, qui pour un peu d'argent se chargent de faire rentrer les fonds prêtés, et pour cela tous les moyens leur sont bons. On ne saurait trop se hâter de faire cesser de tels désordres.

Dans le haut commerce voici comment les choses se passent.

Quand un manufacturier reçoit une forte commande, il a besoin d'argent pour l'achat des matières premières, pour payer ses ouvriers, etc. Il va trouver alors un banquier, lui expose son affaire ; et le banquier, suivant qu'il juge l'affaire bonne ou mauvaise, lui refuse ou lui accorde des capitaux. Dans ce dernier cas, il prélève à son profit une prime de six francs pour cent francs par an. Malheureusement les banquiers n'entendent pas grand'chose au travail; il en résulte que fort souvent ils refusent leur concours à des entreprises qui seraient très-productives, pour en favoriser de mauvaises, et perdent ainsi une partie de leurs avances, faute de lumières pour apprécier l'urgence des travaux et la capacité des travailleurs.

C'est à l'aide des banquiers que se font les grandes entreprises industrielles, et sans eux elles ne pourraient avoir lieu, parce que les propriétaires qui possèdent les capitaux ne connaissant pas les travailleurs et n'en étant pas connus, il serait bien difficile qu'ils se rencontrassent; au lieu que l'un et l'autre connaissent le banquier, et vont s'adresser à lui, l'un pour offrir de l'argent, l'autre pour en emprunter. Le capitaliste est dispensé de la peine de chercher à placer ses capitaux, et le travailleur n'a pas besoin de courir et de perdre son temps pour en trouver.

Voici un autre avantage des *banques*.

Quand un manufacturier a besoin de cent mille francs, il les trouve en une heure chez un banquier, tandis qu'il ne pourrait jamais les trouver chez un propriétaire; il faudrait qu'il s'adressât au moins à trois ou quatre, et qu'il attendît long-temps pour que tous pussent réunir leurs fonds afin de lui compléter sa somme, et durant ce temps les ouvriers de ce manufacturier seraient réduits à chômer. Or on sait bien que cela leur est impossible.

Tous les travaux s'exécutent de cette manière. Entre le banquier qui prête des centaines de mille francs à six pour cent par an, et l'usurier qui prête à vingt pour cent par jour, il y a un grand nombre de prêteurs intermédiaires qui se livrent à des opérations financières plus ou moins considérables; mais il est bon de remarquer que plus on arrive à des sommes élevées et plus la bonne foi préside aux opérations, plus l'intérêt est faible, plus le travailleur est facilité; et au contraire plus les sommes sont faibles et plus les opérations sont entachées de mauvaise foi, plus l'intérêt est élevé, plus le travailleur est exploité. Dans l'un et l'autre cas, les prêteurs sont exposés à de grandes chances de perte, puisqu'ils ne savent et ne peuvent pas apprécier la moralité et la capacité de ceux auxquels ils ont affaire. De là le défaut de confiance qui rend la position de tous si critique. D'ailleurs tous sont exploités, tous sont en guerre ouverte ou cachée; le propriétaire exploite ou cherche à exploiter le banquier; le banquier en fait autant à l'industriel, qui, exploité par la concurrence, se ruine et ruine le propriétaire et le banquier.

Il est certain d'après cela que tous ont intérêt à ce que l'état actuel des choses soit promptement modifié.

Nous, Saint-Simoniens, qui voulons que chaque homme trouve l'emploi de ses bras et de son temps, nous voulons aussi qu'il soit formé des banques où tous les travailleurs puissent trouver des capitaux suivant leurs besoins et à un intérêt raisonnable lorsqu'ils auront prouvé qu'ils sont capables de les mettre en valeur et qu'ils sont d'honnêtes gens bien décidés à faire de bonnes affaires ; pour cela il faut que ceux qui seront chargés de distribuer ces capitaux sachent ce que c'est que le travail, aiment les travailleurs, les aident de leurs conseils, les soutiennent de leur force ; en un mot, il faut qu'ils soient les plus capables et les plus moraux.

Car lorsque le travail sera dirigé par la capacité et la moralité, il n'y aura plus cette concurrence aveugle qui engendre et la faillite et l'émeute; l'intrigant ne viendra pas prendre la place ou ravir l'invention de l'homme honnête et habile : tous seront successivement CLASSÉS SUIVANT LEUR VOCATION ; or le CLASSEMENT SUIVANT LA VOCATION est un des principes fondamentaux de l'organisation sociale que nous, Saint-Simoniens, annonçons au monde, et c'est le seul moyen de donner à tous la plus grande LIBERTÉ possible, et le seul moyen aussi de constituer une AUTORITÉ AIMANTE ET AIMÉE.

BÉRANGER, ancien ouvrier en horlogerie,
fonctionnaire Saint-Simonien.

Tous les jours de la semaine, de six heures du matin à dix heures du soir, et le dimanche de six heures à midi, les directeurs ou sous-directeurs de propagation du degré des industriels donnent les renseignemens qui leur sont demandés sur la religion Saint-Simonienne, aux domiciles suivans :

Rue de la Tour-d'Auvergne, nº 34,
Rue de la Contrescarpe-Saint-Antoine, nº 70,
Place de l'Hôtel-de-Ville, nº 7,
Place de Sorbonne, au coin de la rue de Cluny.

ÉVERAT, Imprimeur, rue du Cadran, nº 16.

RELIGION SAINT-SIMONIENNE.

Du Saint-Simonisme.

La *Gazette d'Augsbourg*, le plus important des journaux d'Allemagne, publie sur le Saint-Simonisme la lettre suivante, écrite par un Allemand des bords du Rhin.

Je ne pouvais manquer, pendant mon séjour à Paris, de m'enquérir des Saint-Simoniens et de lier des relations personnelles avec plusieurs d'entre eux : malheureusement le temps que j'ai passé dans cette capitale était précisément celui de la fermeture de leurs salles d'enseignement, de sorte que je n'ai pu assister à aucune de leurs prédications. Ce n'est que depuis mon retour en Allemagne que j'ai commencé à étudier leur système, leurs plans et leurs moyens d'application, dans les différens livres qu'ils m'ont communiqués, et surtout dans *le Globe* qu'on m'envoie tous les jours gratuitement. Ainsi ce que je pourrais vous apprendre en qualité de témoin oculaire se réduit à très peu de chose, et les sources où j'ai puisé la plus grande partie de mes opinions sur eux vous sont accessibles ainsi qu'à moi. Cependant je suis prêt à vous communiquer les impressions que cette lecture m'a laissées, et à vous exposer mes vues sur les résultats probables de cette grande entreprise.

Depuis long-temps j'avais entendu parler du comte de Saint-Simon comme d'un penseur éminent et l'un des plus grands philantropes de l'époque; je crois même l'avoir vu une fois personnellement. De tous côtés j'entendais louer ses efforts et ses conceptions avec l'accent du respect le plus profond. Ce n'est qu'après sa mort qu'on commença à rattacher à son nom une certaine idée de secte. Cela me déplut dès le premier abord, et il fallut toute la nouveauté et toute l'importance des théories industrielles et économistes qui furent remises par ses disciples, pour continuer de fixer mon attention sur l'école naissante. Des vœux philantropiques et des espérances généreuses, exprimés avec toute la puissance d'une imagination féconde, m'inspirèrent un vif intérêt, et je cherchai à étouffer, en faveur de ces germes louables, l'impression fâcheuse que produisaient sur moi certaines formes surannées; mais lorsque ces formes prévalurent définitivement et prirent le caractère d'une religion nouvelle, lorsque avec des élémens disparates on tenta de réaliser une hiérarchie nouvelle, la chose cessa de convenir à mes goûts, et je ne voulus plus m'en occuper. Cependant, malgré moi, et, à ce qu'il paraît, à mon insu, je continuais à prendre un secret intérêt au sort de la nouvelle école, et plus d'un numéro du *Globe*, que le hasard me fit tomber sous les mains, produisit sur mon esprit et sur mon cœur une impression profonde.

Tel était l'état où je me trouvais lorsque je vins à Paris, où les qualités intellectuelles et morales des Saint-Simoniens que je vis m'inspirèrent un grand respect : c'est alors que je me proposai de faire une étude approfondie de leur doctrine. Je lus et relus, et je lis encore aujourd'hui ; mes lectures m'ont plongé dans des méditations sérieuses. Je ne suis pas en mesure de rendre un compte définitif de la nouvelle doctrine ; tout ce que je puis dire, c'est qu'un monde entier d'idées nouvelles s'est ouvert devant mes yeux, et je vois en surgir une apparition historique qui ne peut être comparée qu'avec les événemens les plus grandioses dont le monde a été témoin. Le Saint-Simonisme est réellement une religion nouvelle, qui promet de réaliser d'une manière stable ce bien-être que l'humanité cherche en vain depuis si long-temps. Il embrasse à la fois le monde intellectuel, représenté par le christianisme, et le monde sensuel ou du paganisme ; il se propose de les unir et de les harmoniser ; ses moyens sont purs et nobles, tout-à-fait étrangers à la violence et à la force brutale, ils consistent dans l'amour, la science, la conviction. On est stupéfait en contemplant la richesse des idées qui ont découlé de cette source féconde ; tout ce qui aux époques antérieures de l'humanité s'est développé d'une manière isolée et hostile se transforme ici pour devenir l'un des membres d'un vaste et magnifique organisme ; philosophie, piété, philantropie, génie d'artiste, sciences exactes, activité industrielle, éducation, tout ici se donne la main et se soutient mutuellement. Ici se trouvent réunis et combinés, toujours avec une immense portée scientifique, souvent avec une harmonie qui frappe d'évidence, tous les élémens du monde moderne, la démonstration spéculative, la science historique, le calcul économique, l'hymne du poète et le langage inspiré du prophète. Il y a ici une réunion puissante d'idées et de talens qui ont déjà porté des fruits et en porteront de bien plus grands encore, réunion telle que les annales de l'histoire ancienne et moderne ne la présentent nulle part. Aussi la doctrine n'est-elle plus une spéculation imaginaire, elle est devenue une réalité ; et si SAINT-SIMON s'est écrié en mourant : « Le monde est à moi puisque j'ai trouvé un disciple, » l'état actuel de la société Saint-Simonienne est de nature à lui inspirer une grande confiance en l'avenir ; car elle compte, suivant les nouvelles les plus récentes, plus de six cents membres admis, et plus de deux mille ouvriers qui sont dirigés par elle, et qui, par le fait seul de leur croyance Saint-Simonienne, exercent une influence morale immense sur la classe industrielle et ouvrière. Jusqu'ici on n'a pu adresser aucun reproche fondé aux efforts pratiques des Saint-Simoniens et aux moyens qu'ils ont employés ; seulement on est effrayé à l'aspect de leurs principes, de la grandeur et de l'originalité de leurs formes. Mais convenons-en, la position actuelle de la société et les orages par lesquels elle a passé depuis quarante ans ne sont pas de si petite importance que des remèdes légers et bénins puissent y porter remède ; et comme on nous crie de tous côtés que la réalité actuelle est si radicalement mauvaise et si profondément corrompue, il faut apparemment que le remède soit quelque chose de grand et de nouveau. L'abolition de la propriété héréditaire, dont l'existence est regardée par les Saint-Simoniens comme l'obstacle principal à tout progrès ultérieur, comme la sanctification éternelle de l'égoïsme, paraît d'abord une idée monstrueuse, contraire à toutes les idées reçues et à tous les sentimens que l'éducation a implantés en nous. Cependant il ne faut pas concevoir la chose d'une manière si absolue. Les Saint-Simoniens ne dépouillent personne de sa propriété ; ils ont encore affaire aujourd'hui à des hommes pauvres, et ils ont organisé pour eux des maisons d'association et des services industriels où chacun est récompensé suivant sa capacité et son travail, et où, suivant leurs principes, les avantages sociaux ne passent point après la mort aux descendans de celui qui les a possédés, mais à celui qui le remplace dans ses fonctions. Un autre principe devant lequel on recule au premier abord est l'extirpation définitive du christianisme. A cette occasion j'avouerai que, suivant moi, le Saint-Simonisme n'est destiné à se constituer d'une manière stable que dans les pays où le christianisme a succombé sous les coups de l'incrédulité et du libre arbitre. Malheureusement chacun sait que c'est là le cas en France, et que la même disposition a jeté des racines profondes dans les classes éclairées et non éclairées de toute la population européenne. Mais, sous ce rapport encore, le Saint-Simonisme réveille plutôt qu'il ne les détruit les sentimens et les idées du christianisme, car les Saint-Simoniens sont pénétrés de la sublimité divine de la mission de Jésus-Christ, et j'ai vu plus de vingt jeunes Français qui, d'antagonismes moqueurs du christianisme, sont devenus, grâce à l'influence des Saint-Simoniens, des admirateurs profonds et sincères de cette noble religion. La nouvelle doctrine a également touché aux relations matrimoniales, qu'elle veut transformer complétement, et personne ne niera que sous ce rapport le monde actuel est une triste arène de vices, de mensonges et d'ignobles immoralités. Cependant je ne prononcerai pas de jugement sur cette partie de la doctrine Saint-Simonienne, parce qu'il me semble qu'elle en est encore maintenant au milieu de son premier développement. Qu'adviendra-t-il de tous ces commencemens si grandioses? Jusqu'où sont-ils destinés à s'étendre? C'est ce que je ne sais pas. En tout cas ils s'étendront aussi loin qu'il sera possible, et il me paraît que cette possibilité est très-grande. Que deviendra l'ordre social dans lequel nous vivons? C'est ce que je sais tout aussi peu. Seulement je crois qu'il se maintiendra encore pendant un temps, et qu'il n'empruntera immédiatement au Saint-Simonisme que quelques améliorations importantes ; ce qui pourra donner à ce dernier une grande force morale et une position honorable vis-à-vis de l'état social qu'il prétend transformer. La politique surtout nous paraît devoir emprunter au Saint-Simonisme des avantages immenses. Depuis quarante ans l'Europe est en proie aux révolutions et aux émeutes ; les peuples et les états sont divisés en partis ; les monarchies, grandes et petites, veulent devenir des états représentatifs, et ceux-ci aspirent à se changer en républiques ; car aux yeux de tous les publicistes éclairés, le système représentatif, système fondé sur la défiance et sur l'absence d'unité, a cessé d'être le *nec plus ultra* des conceptions politiques. Au milieu de ce mouvement de destruction il est impossible de trouver une véritable halte, une solution réelle des problèmes sociaux ailleurs que dans la doctrine de Saint-Simon, qui oppose à tous ces maux un remède radical, et qui déjà, comme il est facile de le voir dans le mouvement politique de Paris, a exercé une influence conciliatrice sur les hommes avancés des différens partis. Les Saint-Simoniens reconnaissent et admettent l'autorité, même celle qui aujourd'hui les persécute ; ceci est un fait, et tous les gouvernemens devraient leur en savoir gré. Un autre fait non moins incontestable, c'est que les Saint-Simoniens agissent sur les esprits avec une puissance qu'on rencontre rarement dans le monde. Leur foi, leur confiance en l'avenir, leur dévouement, l'activité et l'amour dont ils sont pénétrés, méritent d'exciter l'admiration; et toutes ces qualités prouvent évidemment que leurs efforts se rattachent à quelque chose d'élevé et de profondément vrai. Une illusion, un produit de l'imagination ou du mensonge, n'auraient pas eu puissance de tenir ralliée pendant deux mois la dixième partie de pareils hommes. Et quand même leur école tomberait, quand même leur association se dissoudrait sous le poids des dissensions intérieures, quand même plusieurs de ses principaux membres seraient dominés par la vanité et le désir de régner, la vérité et la nouveauté de leurs idées n'en continuerait pas moins à porter leurs fruits, et même l'existence momentanée de cette noble association resterait dans l'histoire comme l'événement le plus remarquable des temps modernes; car si le Saint-Simonisme est une illusion, c'est certainement l'illusion la plus sublime, la plus profonde et la plus puissante qui ait jamais apparu dans le monde. Du reste, j'avoue que jusqu'à présent je n'ai pas trouvé le moindre motif de suspecter la sincérité des intentions de ceux qui se sont placés à la tête de cette colossale entreprise. Ce que je serais plutôt disposé à craindre, c'est que ces hommes ne se confiassent trop à leurs propres forces et ne fussent un beau jour obligés de reconnaître qu'ils n'étaient pas à la hauteur de cette œuvre inouïe.

Vous voyez qu'en somme, quoique je n'aie pas une petite opinion de la valeur et des progrès possibles de la doctrine Saint-Simonienne, je suis loin d'être moi-même Saint-Simonien; il me semble même impossible que je puisse jamais le devenir. Mais cette apparition extraordinaire attire mon attention par un charme irrésistible; et c'est avec enthousiasme que je vais poursuivre mes études sur ce système dont je suis curieux d'observer le résultat pratique. Si vous y consacrez, comme moi, le temps de vos loisirs, je vous préviens que vous avez à y faire un profit immense. Il faut plaindre ceux auxquels la vue de ce système n'inspirerait qu'une réprobation sèche et superficielle. Contemplez donc avec moi ce spectacle grandiose, et dispensez-moi de le juger jusqu'à ce que nous ayons vu ses développemens ultérieurs.

Tous les jours de la semaine, de six heures du matin à dix heures du soir, et le dimanche, de six heures à midi, les directeurs ou sous-directeurs de propagation du degré des industriels donnent les renseignemens qui leur sont demandés sur la religion Saint-Simonienne, aux domiciles suivans :

Rue de la Tour-d'Auvergne, n° 34;
Rue de la Contrescarpe-Saint-Antoine, n° 70;
Place de l'Hôtel-de-Ville, n° 7;
Place de Sorbonne, au coin de la rue de Cluny.

ÉVERAT, Imprimeur, rue du Cadran, n° 16.

RELIGION SAINT-SIMONIENNE.

Nécessités des formules politiques. — Les nôtres.

Ce n'est pas tout que de sentir la nature de chaque peuple, et d'apprécier sainement la vertu propre à chaque parti. Il ne s'agit pas seulement de les *juger* impartialement, il faut assigner à leur ardente activité un but qu'ils puissent *poursuivre* et en vue duquel ils puissent s'ASSOCIER.

Ce qui fait le vice de la politique de tous les partis, c'est qu'aucun d'eux n'a une *œuvre* précise à indiquer aux populations. Tous font de l'idéologie, et de la plus vaporeuse, de la plus mystique. Ils ont la bouche pleine des mots d'amélioration, de conservation, d'ordre; de liberté, de légalité, d'autorité; mais tout cela est incomplet, tout cela est creux; car ils n'ont pas la notion d'une œuvre, d'un fait, d'une destination sociale par rapport à qui doivent être définis tous les termes sur lesquels ils discutent sans fin avec tant de persévérance et de finesse.

De même ce qui fait le vice de la politique des gouvernemens, c'est qu'aucun d'eux n'a conscience d'une *œuvre générale* en vue de laquelle on puisse coordonner les peuples. Ils repoussent la guerre et l'émeute; mais, ne sachant indiquer à leurs gouvernés aucun but de la taille des nations européennes, ils laissent sans écoulement d'ardentes passions qui dégénèrent ainsi en goûts anarchiques et en fièvre belliqueuse.

Or nous, grâce à Dieu, nous n'en sommes plus à renouveler, en fait de *politique générale*, le rêve de l'abbé de Saint-Pierre. Nous avons plus qu'un vague SENTIMENT; nous possédons une CONCEPTION avec sa *formule* et sa *figure;* nous pouvons tracer notre carte méditerranéenne, comprenant l'Europe entière, une partie de l'Afrique et de l'Asie. Qui aujourd'hui en dehors de nous a une politique seulement européenne découlant ainsi d'une pensée unique? Qui pourrait traduire ainsi ses principes politiques par une carte de géographie? Considérant les peuples méditerranéens dans leur ensemble, nous avons à leur proposer une *œuvre* gigantesque, c'est l'établissement d'un système de chemins de fer dont nous avons esquissé le principal réseau, qui changera toutes leurs relations, et triplera leur vie en les rapprochant prodigieusement les uns des autres: travail superbe en qui se résume une complète régénération industrielle, et dont l'exécution est nécessairement liée à une reconstitution pacifique et successive de tout l'ordre social, afin que le monde, organisé jusqu'ici pour la guerre, c'est-à-dire pour la destruction et la violence, s'organise définitivement pour le travail, c'est-à-dire pour la production et la paix.

En fait de *politique* plus spécialement *française*, nous avons de même une pensée nette : c'est la transformation de l'armée en un vaste système d'éducation professionnelle pour la masse de la population. Les régimens avec leurs costumes, leur musique, leur religion du drapeau, deviendraient alors de grandes écoles d'arts et métiers, où les travailleurs trouveraient un fonds précieux de sentimens d'honneur et d'habitudes de ponctualité. Le plan d'organisation de l'armée figurerait l'encyclopédie de l'industrie, et provisoirement les travaux créateurs n'excluraient pas les exercices militaires, pas plus que les études scientifiques de l'École polytechnique n'excluent maintenant l'apprentissage de la manœuvre ; ainsi l'impôt du sang serait changé en une initiation féconde ; ainsi le travail serait organisé et ennobli ; ainsi parmi les travailleurs il y aura association de SENTIMENS, d'*idées* et d'*efforts*, c'est-à-dire RELIGION.

Voilà notre conception de politique *générale* et de politique *intérieure*, notre plan d'organisation du *travail* et des *travailleurs*. Nous avons déjà commencé à élaborer et à développer ces idées premières, qui sont encore mal dégrossies ; nous continuerons infatigablement ces travaux en rattachant à notre premier anneau, sauf modification, toutes les institutions existantes, de manière à faire passer doucement la société de sa condition actuelle à l'ordre que nous lui apportons.

MICHEL CHEVALIER,
Ancien élève de l'École polytechnique.

Tous les jours de la semaine, de six heures du matin à dix heures du soir, et le dimanche de six heures à midi, les directeurs ou sous-directeurs de propagation du degré des industriels donnent les renseignemens qui leur sont demandés sur la religion Saint-Simonienne, aux domiciles suivans.

Rue de la Tour-d'Auvergne, n° 34.
Rue de la Contrescarpe-Saint-Antoine, n° 70,
Place de l'Hôtel-de-Ville, n° 7,
Place de Sorbonne, au coin de la rue de Cluny.

ÉVERAT, Imprimeur, rue du Cadran, N° 16.

RELIGION SAINT-SIMONIENNE.

Nos Chances.

Nous savons nettement où nous voulons aller, et nous sommes assurément les seuls au monde dans ce cas; car les légitimistes, dont les projets sont moins vagues que ceux des autres partis, s'ils tentaient de formuler l'organisation sociale qui serait en harmonie avec leurs principes, aboutiraient droit à la féodalité, dont certainement ils n'ont nulle envie. Or lorsque des hommes de cœur, pleins de volonté, de foi et d'activité, étroitement unis les uns aux autres autour d'un chef en qui ils avaient confiance absolue, se sont trouvés mis en face d'une société en désarroi, bien résolus à la pousser en avant vers une destination dont ils avaient conscience, il n'est jamais arrivé qu'ils aient échoué, et leur succès a été d'autant plus rapide que la société qu'ils venaient restaurer était plus désordonnée et plus souffrante.

Du moment où notre double projet de politique *générale* et *intérieure* aura été assez étudié, élaboré et perfectionné pour être immédiatement réalisé, de ce jour notre avénement politique sera imminent. Et en effet tout ce que nous avons enseigné d'immédiatement praticable depuis dix-huit mois est aussitôt devenu du domaine public, et s'est introduit dans la pratique sociale.

Les premiers, après les événemens de juillet, au milieu des cris de guerre, nous avons affirmé, nous avons répété presque chaque jour que l'acte diplomatique le plus important à accomplir c'était l'alliance de la France et de l'Angleterre. En ce moment cette alliance est dans les désirs de la partie la plus éclairée des deux nations et elle est à peu près conclue. Nous laissons à M. de Talleyrand la gloire d'avoir fait prévaloir cette pensée à la conférence de Londres: nous revendiquons pour nous celle de l'avoir fait passer dans la presse et de l'avoir popularisée.

Pendant quelques mois nous avons mis à nu l'amortissement, nous l'avons analysé avec une imperturbable constance; et voici qu'à la discussion du budget, pour la première fois l'utilité de l'amortissement a été mise sérieusement en question à la tribune: cent soixante-treize voix se sont élevées contre lui, il disparaîtra à la session prochaine.

Dans le *Globe* de 1831 nous avons réclamé avec non moins de persévérance l'établissement d'un impôt progressif sur les successions; par l'organe de M. Humann, la commission des recettes a déclaré adopter ce principe. Elle ne l'a appliqué qu'avec une réserve excessive; mais le principe est posé, et le Français est de tous les peuples le meilleur logicien.

Il n'y avait pas quinze jours que nous avions démontré les avantages immenses que la France et la civilisation retireraient d'un chemin de fer du Havre à Marseille, et déjà M. d'Argout annonçait à la tribune que la concession lui en avait été demandée.

Que ceci serve de pronostic à ceux qui douteraient de ce qui doit arriver dès que nos principales idées politiques auront été assez mûries pour être mises en œuvre. Ceux qui déjà nous connaissent savent que notre puissance MORALE va toujours précédant notre influence *politique;* ils ont vu comment l'autorité personnelle de notre PÈRE SUPRÊME et de ses fils a toujours été grandissant, si bien que nous avons toujours obtenu les moyens de réaliser nos projets dès qu'ils ont été réalisables. Ceux-là ont à rendre autour d'eux témoignage de nous et de notre avenir, jusqu'à ce que tous nous connaissent, nous aient vu, nous aient touché; ce qui ne saurait plus tarder, car nous ne voulons pas d'un apostolat d'isolement, de mystère ou de ténèbres.

LES TROIS DUCS.

Il est en Europe trois jeunes hommes sur qui roule la politique française et par suite celle de l'Europe, Henri V, Napoléon II et le duc d'Orléans. Chacun d'eux est la personnification d'un des trois partis qui divisent la France, car il faut un nom à un parti. et Napoléon II est le seul mot d'ordre possible de la république. Un accord entre ces trois jeunes hommes serait un admirable symbole de la paix du monde. C'est ainsi qu'un homme qui a passé parmi nous comme un météore pour s'éclipser momentanément dans l'atmosphère poudreuse d'une obscure chicane, OLINDE RODRIGUES, en ses jours de grandeur, aimait à formuler sa politique. Une transaction librement consentie entre ces trois têtes royales, sous notre inspiration, serait le signal d'une ère nouvelle, car du jour où les représentans des trois partis qui comprennent tous les autres, les trois prétendans par *droit de naissance* au plus grand de tous les *héritages*, se seraient donné le baiser fraternel et auraient déposé leur *privilège*, le temps de la lutte serait passé, celui du travail luirait enfin pour le bonheur des nations, une nouvelle hiérarchie serait constituée, une dynastie nouvelle serait consacrée.

Or c'est bien vers ce but que nous marchons, et ce ne pourra être en vain que lorsque nous nous présenterons à ces princes avec une parole de conciliation, nous les trouverons tous les trois à cet âge où l'on a la poitrine gonflée par les sentimens généreux et où l'on n'a pas encore devant les yeux ce prisme fatal de l'égoïsme qui transforme le dévouement en folie; ce ne peut être en vain qu'ils voient écrit partout que le sol tremble, que le pouvoir est glissant, et que les rois s'en vont!

MICHEL CHEVALIER,
Ancien élève de l'École polytechnique.

ÉVERAT, Imprimeur, rue du Cadran, n° 16.

RELIGION SAINT-SIMONIENNE.

LE CHOLÉRA-MORBUS.

Un horrible fléau est descendu sur Paris. Issu de la misère, il menace l'opulence d'une horrible mort. Dans les classes élevées, les uns fuient, comme si partout il n'y avait pas la misère hideuse, et que la misère n'engendrât pas le choléra; d'autres, plus nombreux, restent pour conjurer le mal, et, parmi ceux-ci, on distingue au premier rang le roi Louis-Philippe et les siens. Tandis que tous les autres rois ont déserté leurs capitales à l'approche du fléau, il n'a pas hésité, lui, à demeurer à son poste, et il a envoyé son fils aîné consoler par sa présence les infortunés que le fléau avait atteints. C'est un fait qui n'a pas été assez signalé par la presse. Il ne s'agissait certainement pas des pestiférés de Jaffa; mais après l'exemple qu'ont donné les têtes couronnées du reste de l'Europe, il y avait dans ce fait notable courage. Il faut être juste envers tout le monde, même envers les princes et les fils aînés de rois du juste-milieu. Si Henri V à Londres et Napoléon II à Vienne eussent fait ce que vient de faire à Paris le duc d'Orléans, il y a des journaux, il y en a plusieurs qui eussent crié merveille à tue-tête.

A part ce qu'il y a de digne d'éloges dans la conduite personnelle de Louis-Philippe et de sa famille, le gouvernement français n'a pas mieux compris que les autres gouvernemens européens le rôle à jouer en face du choléra; et il est plus répréhensible que les autres, parce qu'il avait à profiter de l'expérience multiple qu'il avait eue sous les yeux

Il n'a rien fait pour *prévenir* le mal qui s'avançait imperturbablement; il n'a songé qu'à le *réprimer* quand il a eu envahi la France. Vainement le choléra a fait une halte en Angleterre avant de mettre le pied sur le sol français, afin de convier le gouvernement à chasser la misère dont il fait sa pâture : on n'est pas sorti de la vieille politique constitutionnelle ; on a rabâché la restauration.

Le choléra à Londres, cela voulait dire : « La population française est misérable ; elle manque de travail ; la faillite poursuit les maîtres, la faim » harcèle les ouvriers. Les uns sont dévorés d'inquiétude ; la privation démoralise les seconds. Mettez-y un terme, et à cette fin provoquez à l'intérieur un grand mouvement industriel. C'est d'ailleurs la meilleure » garantie de paix universelle qui puisse subsister. Hâtez-vous donc ; convoquez les capitalistes, faites un appel aux banquiers de tous pays. Vous les » déciderez certainement à mettre en circulation telle masse de capitaux que » vous voudrez, si vous leur promettez une prime de deux à trois pour cent d'intérêt pendant dix, quinze ou vingt ans. La dotation de la caisse d'amortissement, appliquée à cet usage, vous donnerait le moyen de lancer ainsi » dans l'industrie près de QUATRE MILLIARDS. Cette somme, consacrée » immédiatement à l'établissement d'un système de chemins de fer, d'un système de canaux et d'un système de banques, par exemple, produirait en » France une excitation morale de confiance et d'espoir, qui serait le meilleur de tous les préservatifs contre le choléra. Ce serait la fin de la misère » qui entretient le choléra, ce serait la substitution de l'ordre à un désordre » industriel plus meurtrier que le choléra. »

Le choléra à Londres, cela voulait dire pour le gouvernement français : « L'hygiène publique est détestable. L'espèce humaine dépérit, s'atrophie. » Le temps est venu où les peuples doivent, sous peine d'une mort hideuse, » soigner leur *corps* à l'égal de leur *esprit;* où la sollicitude des gouvernans » doit embrasser aussi bien le développement *matériel* de la race humaine » que son développement *rationel*, et s'occuper autant du vêtement des gouvernés, de leur nourriture, de leur gymnastique, de leur *chair* enfin sous » toutes les formes, qu'il s'occupe ou qu'il est censé s'occuper de leur *intelligence.* »

Le choléra à Londres, cela voulait dire encore pour le gouvernement français : « La France se perd dans le dédale de la légalité ; les projets les plus » sages avortent, vu les exigences de l'ordre légal. A Paris des travaux d'assainissement et d'embellissement de la plus haute dimension, tels que l'établissement d'une distribution d'eaux abondantes, la construction d'un » système d'égouts, le percement d'une rue du Louvre à la Bastille, tout cela » est impraticable sous l'empire de la législation existante. Tout grand travail de communications est par la même raison impossible ; car, grâce à » l'ordre légal, le premier venu a le droit d'en suspendre l'exécution pendant » quatre ans. Il faut modifier les lois ou sauter par-dessus. Quelques cer-

» velles étroites crieront : *Au coup d'état!* Mais il n'y a de coup d'état dangereux que celui qui est contre le progrès. L'homme qui relevera l'industrie de sa détresse sera un grand homme, eût-il agi par coup d'état. A l'œuvre donc, malgré les formalités de l'expropriation. Indemnisez largement les propriétaires, mais expropriez-les largement sans égard pour la chicane. Qu'immédiatement en cent endroits de Paris les travailleurs commencent ; qu'aux barrières les chemins de fer sortent de terre. Que ce soit comme au Champ-de-Mars en 89, que tous prennent à honneur de manier la pelle ou la pioche, la truelle ou le marteau. Que le roi et les hauts fonctionnaires donnent l'exemple. Que des fêtes publiques signalent cet essor créateur, que la musique et tous les arts excitent les travailleurs et leur inspirent un saint enthousiasme ; et la population ne donnera pas prise au mal. »

Mais le gouvernement ni ses adversaires de toute opinion n'ont rien compris à l'approche du fléau. On a continué à bavarder sans rien conclure, sur le budget, sur Ancône, sur Grenoble, et on a établi un lazaret à Calais ; comme si l'on ignorait que jamais ces sales demeures n'ont arrêté aucun fléau.

Le choléra est arrivé à Paris. En peu de jours, il est devenu effrayant. Tout Paris s'est ému ; mais on n'a rêvé que médicamens, que pansemens, qu'hôpitaux, que postes de secours. On s'est donné un mouvement infini pour les malades, et l'on a bien fait ; mais quant à ceux qui se portent encore bien, c'est-à-dire quant à l'immense majorité, on n'en a nul souci, ou du moins on n'a su que leur distribuer de très-faibles aumônes très-temporaires, sans songer que ce qu'il importait c'était de les mettre en position de n'avoir pas besoin d'aumônes ! On leur a distribué, comme infaillible remède, du camphre, du chlorure de chaux ; comme si le chlorure de chaux guérissait des souffrances mortelles et des privations qui suivent la banqueroute et la concurrence ; comme si le camphre était un spécifique pour obtenir du travail !

Les corps savans ont été consultés, chacun a apporté sa recette pour guérir les malades. Un nuage de mémoires a crevé sur l'Académie des sciences et l'a inondée. Pendant ce temps, les malades ne mouraient pas moins, et les bien-portans tombaient malades. Tout à coup un célèbre docteur a proposé qu'on analysât l'air de Paris. Pour quiconque est au courant des opérations chimiques, c'est une mystification.

Les femmes des classes élevées ont pris à tâche de ne pas faire rougir leurs maris de l'étroitesse de leurs vues. Elles se sont mises à fabriquer des gilets de flanelle et des chaussons de laine. Les journaux annoncent fastueusement que l'*atelier* de madame la baronne de....., composé de mesdames les marquises de....., de mesdames les duchesses de....., et de mesdemoiselles de....., a envoyé à la mairie de son arrondissement plusieurs douzaines de paires de bas, de gilets, de chaussons et de ceintures. C'est pitoyable. Si ces dames allaient voir ce qu'est un atelier véritable, ce que sont les malheureux et les malheureuses qui y sont entassés, qui s'y épuisent, qui s'y corrompent, il leur viendrait probablement à l'esprit qu'il y a mieux à faire pour les femmes privilégiées que de jouer au *travail*. C'est insulter aux *travailleurs* que d'appeler *atelier* un boudoir doré où l'on vient consumer à coudre avec distraction et afféterie une activité qu'on devrait et qu'on pourrait employer à une large amélioration du sort des hommes et des femmes des classes inférieures. La femme des classes élevées porte un joug qui lui pèse, elle est lasse d'être la propriété de l'homme, d'être, comme dit le Code, *en puissance* de mari; mais elle ne s'émancipera qu'à la condition d'émanciper elle-même le fils et la fille du peuple. — Qui croient-elles donc émanciper par ce jeu d'esclave qui consiste à découper des gilets de flanelle et à tricoter des chaussons?

Ainsi il y a eu dans la société tout entière qui nous entoure une effrayante unité d'impéritie et d'aveuglement. Que leur faut-il donc, grand DIEU! pour qu'ils comprennent que ta volonté sainte est le PROGRÈS DU PEUPLE? Tu leur as donné le triple enseignement de Lyon, il a passé sans qu'ils y aient rien compris; tu leur as donné celui de Grenoble, et ils l'ont à peine signalé comme un pâle météore à l'horizon. Si le choléra ne suffisait pas à leur révéler ta loi, au milieu de quels éclairs et de quels tonnerres faudrait-il donc que tu te montrasses à ces obstinés?

MICHEL CHEVALIER,
Ancien élève de l'école polytechnique.

Tous les jours de la semaine, de six heures du matin à dix heures du soir, et le dimanche de six heures à midi, les directeurs ou sous directeurs de propagation du degré des industriels donnent les renseignemens qui leur sont demandés sur la religion Saint-Simonienne, aux domiciles suivans:

Rue de la Tour-d'Auvergne, n° 34,
Rue de la Contrescarpe Saint-Antoine, n° 70.
Place de l'Hôtel-de-Ville, n° 7,
Place de Sorbonne, au coin de la rue de Cluny.

IMPRIMERIE D'EVERAT,
rue du Cadran, n° 16.

RELIGION SAINT-SIMONIENNE.

MESURES PRISES CONTRE LE CHOLÉRA-MORBUS. — MESURES A PRENDRE POUR ASSURER L'EXISTENCE DES TRAVAILLEURS.

Aussitôt qu'il fut constaté que plusieurs personnes à Paris avaient été attaquées du choléra-morbus, la commission sanitaire mit la plus grande activité à disposer des secours pour ceux que la maladie pourrait frapper encore. Ces secours sont une excellente chose, et je n'ai certainement pas l'intention d'y trouver à reprendre. Je voudrais seulement que la sollicitude que le gouvernement a pour les malades s'étendît un peu sur ceux qui jouissent d'une bonne santé, en vue de leur éviter des maladies.

Une partie des travailleurs de Paris vit dans de misérables demeures privées d'air et où la lumière ne pénètre qu'à peine ; les rues habitées par eux sont sales, boueuses, étroites, infectes ; une telle disposition, jointe au défaut d'alimens sains et abondans, suffit pour faire naître une foule de maux bien plus faciles à prévenir par des mesures sagement combinées, qu'à faire disparaître lorsqu'ils sont arrivés.

Le gouvernement français est un gouvernement pacifique, et il a raison de l'être, car la paix est le premier besoin des peuples : le commerce et l'industrie, sources de la richesse des nations, ne fleurissent que par la paix, et la guerre et l'émeute lui portent des coups mortels. Mais, malgré son amour pour la paix, le gouvernement n'a pas jusqu'ici su comprendre que, pour l'assurer définitivement, il doit se mettre à la tête des travailleurs et les conduire là où il y a du travail à exécuter et de la richesse à acquérir, et c'est parce qu'il ne le comprend pas que nous le lui disons chaque jour en lui indiquant précisément ce qui est à faire pour obtenir ce résultat.

Lorsqu'un particulier veut entreprendre une opération industrielle un peu considérable, il a mille obstacles à vaincre ; d'abord la concurrence l'assiége sans cesse, et menace de lui ravir le fruit de son travail ; ensuite fort souvent les lumières lui manquent pour exécuter ou faire exécuter ses plans ; enfin ses ressources pécuniaires lui permettent rarement de mener à bonne fin ses projets. Le gouvernement n'a rien de semblable à redouter, la concurrence ne peut l'atteindre, les hommes de talent dans tous les genres sont sous sa main, et il a à sa disposition un immense budget, qu'il est le maître de faire augmenter encore, et dont le tout le monde s'empresserait avec joie de payer sa part du moment où il serait employé à faire fleurir les arts et le commerce.

Le ministre de la guerre, lorsque le choléra s'est déclaré, a décidé que les militaires cesseraient les exercices du matin ; il a voulu que des vêtemens de laine leur fussent donnés, les gens qui vendent des liqueurs dans les casernes en ont été expulsés, la rentrée au quartier a été avancée d'une heure, enfin il a été décidé qu'une certaine quantité de vin ou de rhum serait chaque jour distribuée aux soldats ; tout cela afin que leur vie fût assurée contre toutes les chances de la maladie. Certes tout cela est très bien, mais il y aurait quelque chose de mieux encore, ce serait que le gouvernement fît pour tous les travailleurs ce que le ministre de la guerre a fait pour les soldats en garnison à Paris; ce serait d'assurer leur existence par la création de grands travaux. Un chemin de fer qui couperait la France dans tous les sens, de manière à ce qu'on pût la traverser en vingt-quatre heures, la construction du canal projeté de Paris au Hâvre, le percement de grandes rues dans les villes les plus populeuses, enfin une abondante distribution d'eau dans toutes les grandes villes de France, seraient d'excellens moyens d'assurer la santé et la tranquillité publiques.

Notre tâche, à nous Saint-Simoniens, est d'apporter aux hommes le bonheur, la paix et le calme, et nous en poursuivons l'accomplissement avec persévérance. Nous voulons le bonheur de la France et de tous les peuples, c'est pour cela que nous demandons que du travail soit donné aux hommes.

Nous voulons en outre que la sollicitude du gouvernement s'étende sur chaque travailleur comme elle prévoit aujourd'hui les besoins du moindre soldat de l'armée.

Ch. Béranger,

Ancien ouvrier en horlogerie, fonctionnaire Saint-Simonien.

DE L'ÉMANCIPATION SUCCESSIVE DES PEUPLES.

Courage! peuple, courage! ton affranchissement s'opère, quelque lent qu'il soit. Chaque jour, tu conquiers un de tes titres d'homme, bien durement il est vrai. Mais tu marches, vois-tu, et quel long chemin n'as-tu pas fait déjà? que d'abîmes n'as-tu pas franchis, sans t'y engloutir? que de barrières n'as-tu pas brisées?

Peuple, te voilà devenu presque roi. — Presque roi! cela ressemble, dis-tu, à une dérision amère. En tout cas c'est le roi des Juifs, la tête couronnée d'épines et abreuvé d'outrages. — Eh bien! rayons donc ce vain titre de roi, de *peuple souverain*, qui te choque à bon droit comme une cruelle plaisanterie. Et pourtant, ô peuple, combien tu es différent de ce que tu étais jadis! Vois en effet ce que furent tes pères, il y a seulement deux mille ans. Le plus dur esclavage pesait sur eux: soumis à tous les caprices d'un maître souvent cruel, toujours indifférent à leurs souffrances, on les vendait au marché sans plus de cérémonie qu'un vil bétail. Mutilés dans leur corps, abandonnés quand ils étaient devenus vieux, massacrés par milliers sous le nom de gladiateurs, pour les divertissemens d'un empereur, de Trajan, qui pourtant était réputé vertueux. Tel était leur sort, tel il devait être sous une religion qui consacrait en principe cette division de la société: *libres* et *esclaves*. La philosophie, dans le même temps, ne se montrait pas plus humaine.

Il fallut, pour faire cesser cet horrible état de choses, que du fond d'une petite province obscure, la Judée, un homme qu'on peut à juste titre appeler divin, car seul ou le premier entre tous il a parlé sur la terre le langage du ciel: il fallut qu'un homme vînt, après de longues et touchantes méditations sur l'humanité et sur Dieu, proclamer hardiment que tous étaient égaux et frères. Le christianisme a été un des plus utiles instrumens de ta délivrance; et c'est de cette religion puissante dont tu ne vois maintenant que les débris et sous laquelle tes maîtres apprirent naguères pour ton bonheur à courber leur front superbe, que sont venues toutes ces idées d'égalité sur lesquelles tu vis depuis des siècles. Peuple, tu raisonnes aujourd'hui mieux qu aucun des sept sages de la Grèce; tu as sur la nature de Dieu et des hommes des notions bien plus vraies, bien plus étendues.

Le christianisme a donc surtout contribué à briser les chaînes de l'esclavage; mais de cet état à celui dont tu jouis maintenant le passage ne s'est pas fait d'un seul bond; il faut signaler une situation intermédiaire qui a bien eu ses douleurs aussi, oppression physique, abrutissement moral, profonde misère, mais qui au moins était immensément en progrès sur l'esclavage. A l'esclave en effet succède le serf. Le serf appartenait à son seigneur, il est vrai; mais il ne pouvait être arraché au sol qu'il cultivait; le rachat de sa personne lui était possible; et, sous l'influence des opinions chrétiennes, les rois eux-mêmes se piquaient parfois de lui octroyer tantôt un droit, tantôt un autre, moyennant de beaux deniers comptans, néanmoins: de là l'affranchissement graduel des communes, il y a huit ou dix siècles.

Tel a été le progrès des temps, progrès originairement dû à la religion et à ses ardens apôtres, puis continuée par les philosophes. A chacun suivant ses œuvres! disons no s Les philosophes, incapable, il est vrai, de produire aucune de ces conceptions fécondes qui contiennent les germes d'un monde meilleur et tout nouveau, ont rendu pourtant d'immenses services. Les philosophes, plutôt hommes d'esprit que de cœur, ont été éminemment utiles en développant à leur tour toutes les conséquences de principes posés par d'autres. Si Jésus a proclamé la fraternité universelle des hommes, quand l'enthousiasme de ses successeurs a cessé, faute de comprendre les besoins nouveaux, ç'a été aux philosophes alors à prendre fait et cause pour l'humanité, et déjà dès l'avant-dernier siècle leur voix accusatrice, alors que se taisait celle des prêtres, parlait hautement d'égalité, et revendiquait pour le peuple les droits qui découlent de l'évangile.

Écoute! Il n'y a pas deux cents ans encore, le peuple, affranchi du servage, croupissait dans un état d'abrutissement et de misère à peine imaginable. Qu'on en juge par ce passage d'un philosophe du temps. La Bruyère, observateur exact et désintéressé et dont le dire ne peut être suspect.

« On voit, rapporte-il, certains animaux farouches, des mâles et des femelles, répandus dans la campagne, noirs, livides, nus et tout brûlés par le soleil, attachés à la terre qu'ils fouillent avec une opiniâtreté invincible. Ils ont comme une voix articulée, et, quand ils se lèvent sur leurs pieds, ils montrent une face humaine, et en effet ils sont des hommes; ils se retirent la nuit dans des tannières où ils vivent de pain noir, d'eau et de racines. Ils épargnent aux autres hommes la peine de semer, de labourer et de recueillir pour vivre, et méritent ainsi de ne pas manquer de ce pain qu'ils ont semé. »

Ainsi, peuple voilà la troisième phase de ta transformation successive: d'esclave, tu deviens serf; serf, de salarié ou prolétaire. Le prolétariat, telle est la plaie profonde, vivace de la société actuelle. Peuple, prends courage, déjà tu n'es plus tel que t'a peint Labruyère. Non-seulement tu as une face humaine; mais tu es beau, tu es élégant, quand le Mont-de-Piété ne t'a pas enlevé ta dernière dépouille. Ta compagne, la reconnaîtrais-tu dans cette *femelle* noire, livide et nue dont tu viens de voir le portrait? Non. Ta femme est blanche et nette, et plus cossue, peut-être, qu'aucune princesse du temps jadis. Et tes filles, oh! tes filles, comme elles sont gracieuses et jolies! Combien leurs voix fraîches et caressantes rappellent peu le souvenir de cet accent grossier que leur avait imprimé l'esclavage! Pauvres filles, avec ces grâces et tant de gentillesse, avec la délicate fraîcheur de votre voix et les naïves tendresses de votre léger babil, pauvres filles du peuple, hélas! hélas! que devenez-vous trop souvent?

Peuple, peuple, comme prolétaire, tu es parvenu à l'apogée de ta gloire; tu n'as plus qu'à descendre, si une carrière nouvelle ouverte devant toi ne permet à ton activité un élan plus favorable : peuple, tes philosophes, tes journalistes te parleront long-temps encore d'égalité, de vote universel. Mais un ver caché te ronge les entrailles; la concurrence va te tuer. Tous, prolétaires que vous êtes, vous voyez-vous attachés à une même poursuite où le plus fort devance le plus faible et l'écrase? Peuple, ce travail où tu te rues est une bizarre et scandaleuse adjudication où la peine est aux enchères et le profit au rabais.

Contemple autour de toi cet immense amas de ruines où gisent pêle-mêle fortune, honneur, santé et joie. Peuple, il semble que la fin des temps arrive; au moins est-ce bien le jour de la désolation et du désespoir. O mon Dieu! qui te sera donc en aide? qui viendra t'arrêter sur le bord du précipice vers lequel tu t'avances en aveugle?

Qu'on ne me parle plus de ces hommes d'esprit qui épuisent, à t'assurer de vains droits, leur vaine éloquence. Des droits! le premier est celui de vivre; or peux-tu vivre quand la concurrence te dispute ton pain de chaque jour?

Ami, les grandes pensées viennent du cœur, et c'est par le cœur qu'on est religieux, qu'on est dévoué jusqu'au sacrifice même de sa vie?

Écoute, Dieu a toujours en réserve, pour les temps fixés par sa providence, quelque dessein merveilleux, quelque homme puissant par le cœur tout prêt à le faire éclore. Ce dessein, c'est l'association universelle des travailleurs; l'homme qui l'a conçu, ça été Saint-Simon, le révélateur nouveau.

Association des travailleurs pour l'amélioration morale, intellectuelle et physique de leur sort, classement suivant la vocation, rétribution suivant les œuvres, voilà ce que nous voulons, nous enfans de Saint-Simon, voilà ce que nous proclamons. Peuple, la providence secondera nos efforts. Dieu, je te le dis en vérité, Dieu trouve en nous les légitimes interprètes de sa loi: car sa loi à ton égard, c'est ton émancipation progressive et complète. Or le joug du salaire pèse encore sur toi. Peuple, aie bon courage! Tu as vu par l'histoire du passé ce que te réserve l'avenir.

A. Surbled.

ÉVERAT, Imprimeur, rue du Cadran, n° 16.

RELIGION SAINT-SIMONIENNE.

LA FEMME DU PEUPLE.

Jeune fille insouciante, quoiqu'assujétie à un travail pénible par une nécessité toujours renaissante; avide de bonheur comme une demoiselle riche, et plus facile à distraire qu'elle dans le seul jour de repos que tu puisses dérober au travail; c'est avec l'espoir d'un sort meilleur, d'un avenir plus assuré, d'un présent supporté de moitié par l'homme qui te plaisait plus que les autres, que tu as fait le serment d'être sa femme, de lui appartenir tout entière à toujours. Et Dieu sait seul quels efforts tu as faits pour te conserver pure, et te donner sans tache à ton mari; car tu es jolie, tu aimes la toilette et les colifichets; et ton travail suffit à peine à tes besoins. Oh! quelles terribles tentations tu as repoussées, quand les idées de richesse, de bien-être, de repos sans travail se sont offertes à toi si faciles à réaliser; quand un beau jeune homme venait par l'appât de son amour les exciter, les embellir, leur donner un air de légitimité : tu les as repoussés, et plus d'une de tes compagnes cependant s'y laissaient prendre. Mais tu savais où mène l'appât du plaisir, du bonheur; ta mère t'avait montré le soir, quand revenant de ton atelier elle te serrait le bras sur lequel elle s'appuyait, elle t'avait montré glissant le long des rues, s'enfonçant dans les allées obscures, d'autres jeunes filles effrontément parées, fantômes travestis en nymphes, provoquant d'un rire forcé, ou par des gestes révoltans pour tes yeux, les sens flétris des passans; elle t'avait dit : « Celles-ci subissent le supplice imposé aux faiblesses des jeunes filles. Et tu avais frémi de tout ton corps à l'idée de traîner un jour une existence semblable..... » Tu t'es conservée pour ton mari que tu ne connaissais pas encore : tu as ajourné pour le mariage toutes ces riantes pensées, qui si souvent, si constamment ont fait battre ton jeune cœur. Te voilà mariée.... Une année à peine s'est écoulée depuis ce jour dont le souvenir te fait tressaillir, et déjà ta pauvre part d'illusions est tout usée; le passé te paraît meilleur que le présent, qui déjà te pèse; l'avenir, quand tu y penses, te fait peur.

Que s'est-il donc passé?

Hélas! ce qui se passe dans tous les ménages du peuple.

Et cependant ton mari est bon ouvrier, douze heures sur les vingt-quatre il est à la besogne et travaille avec courage; et le jour de votre contrat, vous aviez bien douze cents francs d'économies à vous deux, sans compter un bon trousseau de linge et de bonnes nippes; et l'oncle du futur lui avait payé d'avance pour cadeau de noces un terme de votre loyer. — Mais il a fallu acheter des meubles, des ustensiles et des outils; il a fallu travailler à crédit pour amener des pratiques au nouvel établissement et se faire un fonds de réputation dans le quartier, et en attendant fortune, les économies du compagnon et de l'ouvrière ont fait vivre le jeune ménage, ce qui les a vigoureusement échancrées, sans compter que la jeune femme a été obligée de renoncer à la plupart de ses anciens chalands, car les soins du ménage et la fatigue de la grossesse l'ont bientôt mise hors d'état d'être exacte; et une ouvrière inexacte est bientôt abandonnée, il n'en manque pas d'autres prêtes à fournir le bourgeois à la minute. C'est donc sur les bras d'un homme seul que repose presque tout entier le sort de cette jeune famille qui va croître et s'augmenter imprudemment. Pauvre couple, je vous plains, et toi femme plus peut-être que ton mari, car ta sensibilité est plus délicate, et tes fatigues, tes privations vont aller croissant, pendant que son amour va diminuer, parce que tu perdras rapidement tes charmes et ta bonne humeur. L'inquiétude et le souci aigrissent bien vite les caractères, et une fois la glace rompue, qui la raccommodera? Oh! si l'aisance, le bien-être pouvaient mettre le pied chez vous, au prix même d'un travail opiniâtre, vous seriez bientôt raccommodés; mais le courant fatal vous entraîne, pour vous il n'y a pas de providence, vous connaîtrez bientôt la misère. Les frais de tes couches et le temps de ton rétablissement achèvent vos économies déjà si souvent diminuées par des avances et des frais indispensables. Maintenant il te faut nourrir ton enfant nuit et jour et vaquer comme devant aux nécessités du ménage; c'est beaucoup pour tes forces, tout ton temps est pris. Il te faut renoncer à rien gagner désormais du travail de tes mains, renoncer à tes dernières pratiques..... Vous voyez... une année s'est écoulée à peine depuis le jour de son mariage, et déjà sa pauvre part d'illusions est tout usée; le passé lui paraît meilleur que le présent, qui déjà lui pèse, l'avenir, quand elle y pense, lui fait peur.

Elle a raison d'avoir peur; car maintenant vienne la concurrence qui vous enlève dans un jour des pratiques péniblement et chèrement acquises, viennent les émeutes qui épouvantent le bourgeois et l'empêchent de faire travailler, vienne une morte saison, vienne un second enfant, et par-dessus tout vienne une longue maladie à l'homme dont les bras font vivre, lui, la mère et les enfans... O mon Dieu! qui peut rassurer la jeune femme contre une seule de ces calamités? qui fournira du pain pour elle et ses enfans, pendant ces terribles assauts? qui viendra à son secours quand elle aura besoin d'aide? Le Mont-de-Piété. Voilà le secours que la société offre à ses membres! mais l'on sait à quel prix le Mont-de-Piété dispense ses pernicieuses consolations. Le ménage le mieux monté a bientôt vidé son armoire quand la nécessité l'a poussé une fois à faire un pas au Mont-de-Piété. Comme l'enfer des chrétiens, ce gouffre avale sans cesse et ne rend jamais. Emprunter à cet établissement hypocritement masqué du nom de pieux, c'est signer l'engagement de mourir à l'hôpital. Hôpital et Mont-de-Piété, voilà tout ce que la philantropie gouvernementale, héritière de la charité chrétienne, a pu fonder pour secourir les parias de la société où nous vivons. A moins qu'on y ajoute la loterie.

Va, pauvre femme, tu ne mourras pas à l'hôpital; tu es jeune encore, tu verras des jours meilleurs. Il est dans le monde des hommes qui souffrent profondément des douleurs des faibles, qui comprennent tout ce que renferme d'amertume la vie de la femme du peuple, qui plus encore que son mari est broyée par la misère; car hélas, l'homme est le plus fort, et quand le découragement l'a pris, quand les cris de sa famille souffrante ont long-temps obsédé son oreille, quand il a vu que ses efforts n'ont pu vaincre tant de maux, il devient sourd, il devient dur, et pour sa femme plus encore que pour lui le mariage est une galère car rien n'est plus démoralisant que la misère. Le jour n'est pas loin où chaque couple aura son travail sans le disputer et l'arracher par ruse ou par force à ses voisins: le jour n'est pas loin où le travail de chacun lui assurera des moyens d'existence, où le présent et l'avenir de ses enfans ne sera pas pour lui une inquiétude sans cesse croissante; où une retraite pour ses vieux jours lui sera garantie. Toutes ces choses paraissent merveilleuses, mais seront faciles quand les riches comme les pauvres voudront écouter la parole nouvelle que notre père Enfantin nous apprend à parler au monde, au lieu de se menacer et de se traiter en ennemis. Car les hommes ne doivent un jour former qu'une seule famille, dont tous les membres comprendront que la paix est le seul état qui mène l'homme au bien. Alors on sera bien étonné quand par fois on parlera de dissention dans les ménages, et l'on demandera aux anciens s'il est vrai qu'il y eut un temps où les hommes battaient leurs femmes.

DELAGOUTTE, fonctionnaire Saint-Simonien.

LES CHIFFONNIERS.

La police de Paris vient de prendre une mesure dont la nécessité était sentie depuis long-temps: des voitures nombreuses parcourant de bonne heure les rues de la ville enlèvent les immondices déposés à la porte des maisons, ce qui permet aux piétons d'y circuler librement et sans entrer jusqu'aux mollets dans la boue. Il en résulte pour les habitans de la capitale un avantage notable sous le rapport sanitaire; cependant cette mesure, toute sage qu'elle est, a été amèrement blâmée par beaucoup de personnes: les chiffonniers, dont les moyens d'existence se trouvaient complétement détruits, se sont irrités, attroupés, ont détruits les voitures de nettoiement; le rappel a battu, et la hideuse émeute est encore venue se montrer sur les places publiques; c'est que le bien ne peut jamais être fait à moitié sans qu'une foule d'existences se trouvent compromises. Certainement il n'entre pas dans ma pensée de blâmer l'administration pour ce qu'elle a fait, mais je suis fâché qu'elle ait négligé d'assurer du travail à ceux auxquels elle ravissait celui qui les faisait vivre.

Il y a des travaux plus pénibles et plus rebutans que ceux des chiffonniers; tels sont ceux des récureurs d'égouts et de puits, ceux des vidangeurs, le balayage des rues, etc., et ce sera un beau jour pour la société que celui où la mécanique débarrassera l'homme de ces fonctions pénibles et dégoûtantes; mais s'il fallait que les travailleurs dont elles assurent l'existence en fussent privés brusquement, sans que d'autres travaux leur fussent offerts, je souhaiterais de bon cœur que la mécanique laissât chacun en paix remplir sa fonction.

Ce qui arrive pour les chiffonniers se reproduit souvent: c'est une preuve évidente de la vicieuse constitution de l'ordre social, qui laisse une foule d'existences sans emploi, et par conséquent sans utilité pour la société. D'un côté sont des pierres, du bois, du fer, du plâtre; de l'autre, des hommes habitant de chétives masures, obscures, malsaines, et où le froid pénètre par des lézardes nombreuses; d'un côté, des terres en friche, des marais, des landes que le travail rendrait fertiles: de l'autre, des hommes manquant de travaux et de pain; d'un côté, du

coton, de la laine, du chanvre, du cuir pourrissant et se perdant d
des magasins pour la ruine de ceux qui les possèdent : de l'autre,
hommes sans habits, sans chemises, sans souliers; enfin, d'un c
des maisons sans locataires, dont les propriétaires sont réduits à
condition presque aussi douloureuse que celle de l'ouvrier, et de l'aut
des hommes sans asile, forcés de demeurer à la belle étoile, traq
comme des bêtes fauves, et emprisonnés comme vagabonds quand
sont arrêtés.

Oh! qui comptera toutes les douleurs qui agitent cette socié
qui les guérira, qui donnera à tous travail, bonheur et richesse?
sont-ce pas ceux qui chaque jour s'occupent de découvrir dans la c
stitution de l'ordre social ce qu'il y a de bon et ce qu'il y a de mauva
et ces hommes où les trouve-t-on en plus grand nombre que par
les enfans de Saint-Simon!

Personne n'est heureux du malheur des autres, personne ne voit a
plaisir un tel état de choses; mais nul, excepté nous, ne sait ce qui d
mettre un terme aux souffrances des hommes : le roi lui-même l'a d
lorsqu'on lui représentait quelles étaient les souffrances des travaille
« Je ne puis que gémir : » telle fut sa réponse. Un roi doit être le P
de ceux qu'il gouverne. or, quelle doit être la douleur d'un PÈRE
ne peut que gémir sur les souffrances de ses enfans sans pouvoir
soulager!

Cependant rien de ce qui constitue la richesse ne manque à
France; ce qui lui manque, c'est une organisation industrielle forte
vigoureuse; ce qu'il faut. c'est que chaque homme en s'adressant à
frère, et lui disant j'ai besoin de travail, en reçoive immédiatem
une réponse satisfaisante; c'est à cela que doit s'attacher le gouver
ment s'il veut être fort, aimé et respecté de tous.

Un régiment en garnison reçoit chaque jour du pain, des vêteme
du fourrage autant qu'il lui est nécessaire : s'il quitte une ville pour a
dans une autre. des logemens lui sont préparés sur la route; en ar
vant à sa destination, il trouve des lits, du pain, du fourrage, com
il en trouvait dans la ville qu'il a quitté. Cette sollicitude du gouver
ment pour les militaires est louable, mais il faut qu'il l'étende à tous
hommes s'il veut être paternel. autrement il pourrait bien être le p
des militaires, mais à coup sûr il ne serait pas le père des travaille

CH. BÉRANGER, ancien ouvrier en horlogerie,
fonctionnaire Saint-Simonien.

—

Tous les jours de la semaine, de six heures du matin à dix heures
soir, et le dimanche, de six heures à midi, les directeurs ou sous-dir
teurs de propagation du degré des industriels donnent les renseig
mens qui leur sont demandés sur la religion Saint-Simonienne,
domiciles suivans :

Rue de la Tour-d'Auvergne, n° 34;
Rue de la Contrescarpe-Saint-Antoine, n° 70;
Place de l'Hôtel-de-Ville. n° 7;
Place de Sorbonne, au coin de la rue de Cluny.

ÉVERAT, Imprimeur, rue du Cadran, n° 16.

RELIGION SAINT-SIMONIENNE.

LE CHOLÉRA. — ASSAINISSEMENT DE PARIS.

Voici donc le choléra dans la capitale de France! Depuis deux ans, à travers deux parties du monde, il a fait sa route d'une remarquable manière.

Les Indes sont le berceau du choléra: pour ces belles et tristes contrées; le choléra n'est pas un fléau passager, renaissant à distance de siècles. Hôte aussi vieux que toutes traditions, des misérables cultivateurs des rivières du Gange, de l'Indus, du Brahmapouter, le choléra, comme le tigre, prend parmi eux ses victimes sans résistance, incessamment engendré par les vastes débordemens de ces fleuves, les plus beaux du monde peut-être, et que l'Indien adore, ne sachant pas contenir dans leur lit ces eaux vagabondes qui lui apportent la mort. C'est de là que le choléra nous est venu; c'est de ce pays d'esclavage et de fétichisme qu'il s'est levé, afin d'apprendre en son temps aux peuples qui ne savent de l'Inde que ses richesses, sa fécondité, son riz et ses cachemires, ce que c'est que ce fléau compagnon du fétichisme et de l'esclavage.

Et c'est le long des fleuves qu'il a voyagé d'abord, le long des fleuves habités par des populations qui ne veulent plus les adorer et ne savent pas encore les contenir. Le Volga, le Dnieper, puis la Vistule, l'ont conduit au sein de ces nations sur lesquelles pèsent le servage et le christianisme le plus arriéré. Mais déjà parmi ces peuples, parce que la classe la plus nombreuse y possède de Dieu et de l'homme une notion plus élevée, plus large que sur les bords des fleuves indiens, et qu'elle y est moins misérable, le choléra emporte moins de victimes, et se manifeste par des symptômes moins effrayans, par des douleurs moins énergiques. En vain, et comme pour le défier, des armées luttent au sein du fléau; les médecins de France et d'Allemagne s'attaquent au monstre corps à corps, et dans les hôpitaux encombrés d'Ostrolenka et de Varsovie, mêlant le sang des cholériques à leur sang, ils apprennent à ces populations guerrières, et qui n'avaient d'admiration que pour le courage du sabre et de la lance, ce que c'est que le courage calme et pacifique, le courage de l'avenir. Ces enseignemens ne seront pas perdus.

Puis sur les terres d'Allemagne bondit çà et là le fléau, vagabond à travers ces nations qui en sont au libre examen en matière de croyances religieuses, et à la liberté individuelle en matière politique. Là plus de fleuves à débordemens, plus de ces vastes champs abandonnés de la main de l'homme. Le choléra ne voyage plus le long des marais et des inondations; il suit le commerce, les navires, et touche presque du même coup Dantzig, Hambourg et Sunderland.

Mais, ainsi conduit par l'homme, le choléra semble comme reculer devant son maître; au lieu de ces populations de l'Asie qui devant lui courbent la tête, de plus en plus il se voit bravé, combattu en Europe, et de plus en plus sa marche devient incertaine, et sa fureur moins redoutable. Cependant, par un dernier bond imprévu, inouï, il vient de passer de Londres à Paris, de la capitale du pays qui peut encore supporter la taxe des pauvres, sur la capitale où les prolétaires de juillet combattirent et refusèrent le prix de leur sang.

LE CHOLÉRA A PARIS.

Cette apparition si rapide, si inattendue, du fléau, est de nature à frapper vivement l'imagination du peuple de Paris. Qu'on n'oublie pas que l'hygiène de cette ville est très-inférieure à celle de Londres, et que les ravages du choléra y doivent être certainement plus grands que dans cette dernière cité, où d'ailleurs il a été presque inoffensif. Londres n'offre rien d'aussi malsain, d'aussi misérable qu'une partie des quartiers qui avoisinent la Seine.

Toutefois, s'il est vrai que l'état hygiénique de Paris soit une cause de progrès pour le mal, il faut se rappeler aussi que nul peuple n'est plus susceptible d'enthousiasme, de gaieté, de courage, que le peuple de Paris lorsqu'une haute pensée l'anime. Qu'un grand but soit assigné à son activité, qu'il soit appelé à de vastes travaux; qu'il sente chez ceux qui le gouvernent de la fermeté, de l'énergie, une volonté inébranlable d'améliorer son sort; qu'un vaste programme d'entreprises utiles, fécondes, lui soit déroulé, et on ne le verra plus sur les places, morne, silencieux, se demander d'où vient le choléra, quelle main lui envoie ce fléau si imprévu, et quelle main sera assez puissante pour l'arrêter. Ce peuple qui s'enivrait à l'odeur de la poudre, que le sifflement des balles soulevait il y a dix-huit mois tout frémissant d'ardeur, et qui aujourd'hui tremble même devant un danger dont il ignore la nature et la cause; ce peuple qui aime les grandes choses, ce peuple si artiste et si brave, donnez-lui, donnez-lui une grande œuvre à faire, et vous le verrez devant le choléra ce qu'il fut devant les balles des Suisses, ce que la *légion parisienne*, cette légion des *petits hommes* pâles et maigres, fut à la promenade de l'Atlas et de Belidah; vous le verrez héroïque et dévoué, bravant le péril, gaîment et de sang-froid accomplissant la tâche qui lui aura été donnée avec une incroyable activité, et une indifférence non moins incroyable de ce fléau que grossissent à ses yeux les moyens mêmes que l'on emploie pour le combattre.

De tant d'instructions médicales qui lui sont répandues, affichées de toutes parts sur les moyens de se préserver du choléra, que peut conclure le peuple en effet, si ce n'est que les riches seuls peuvent employer ces moyens que la misère lui interdit? De cet ordre du jour du ministre de la guerre faisant distribuer aux troupes en garnison à Paris des rations plus abondantes et des vêtemens plus chauds, que peut conclure le peuple, si ce n'est qu'une nourriture plus saine et de meilleurs vêtemens sont nécessaires contre le fléau qui pèse sur lui? et quels moyens lui offre-t-on de s'acheter des vêtemens et de se procurer plus de nourriture!

Et ce n'est pas l'aumône qu'ici je demande pour le peuple.

Je le répète, ce qu'il faut aujourd'hui au peuple ce sont de grands travaux qui puissent à la fois fortement agir sur son imagination, satisfaire son amour du grand, son désir du beau, et calmer en même temps sa misère. La France et Paris doivent aujourd'hui un grand exemple au monde et une magnifique réponse à l'Asie. Que l'Inde apprenne de nous comment se combat le fléau qui pèse sur elle si impitoyable, et qu'elle nous a envoyé; qu'elle apprenne que, pour en préserver le peuple de la première ville d'Europe, on l'a appelé à réaliser de superbes travaux; et le jour où l'Inde saura comment a fait la France ne sera pas loin du jour où l'Inde voudra l'imiter.

Or ces projets, d'une incontestable utilité, dont l'exécution même est une puissante garantie contre le fléau, et dont la nature est telle qu'ils puissent fortement agir sur l'esprit du peuple de Paris; ces projets existent depuis long-temps, ils ont été l'objet de longues études; pour les exécuter aujourd'hui, il ne s'agit plus que de vouloir.

EAUX DE PARIS.

En première ligne est ce projet d'une distribution générale d'eau dans Paris, sur lequel nous avons déjà donné dans le *Globe* des renseignemens étendus.

De l'eau pour le peuple de Paris! de l'eau sur les places, dans les rues, les maisons, à tous les étages; des fontaines jaillissant de tous côtés, et répandant dans l'atmosphère une salutaire fraîcheur! De vastes bains non-seulement pour les riches, mais pour le peuple! des bains gratuits où il puisse venir se reposer de son travail, et retremper ses membres alourdis par la fatigue, inondés par la sueur! Voilà le meilleur, le plus beau, le plus sûr de tous les préservatifs contre une épidémie, fût-elle dix fois plus active, plus redoutable, que ne peut l'être le choléra.

L'exécution de ce projet permettrait aussi de doter la ville d'un système général d'égouts. La pose des tuyaux conducteurs de l'eau à distribuer nécessite dans toutes les rues des travaux de terrassement qu'il est tout naturel et très-économique de combiner avec les travaux et les terrassemens nécessaires pour l'établissement des égouts. Cette seconde entreprise est d'ailleurs la conséquence immédiate de la première. Jeter à la surface de la ville une grande abondance d'eau fraiche et pure pour tous les besoins de l'hygiène et de la consommation, et, immédiatement après l'usage, absorber cette eau dans des voies souterraines qui l'entraînent hors de l'influence si rapidement désorganisatrice de la chaleur et de l'atmosphère; tel doit être, pour être complet, le système de distribution d'eau dans une ville.

Des propositions très-avantageuses ont été faites à la ville de Paris pour l'exécution simultanée des deux entreprises; qu'elle se hâte donc de mettre un terme à des difficultés véritablement misérables dont on a surchargé jusqu'ici les négociations avec les compagnies.

RUE DU LOUVRE A LA BASTILLE.

Ce vaste percement à travers les quartiers les plus malsains, les rues les plus étroites, les maisons les plus mal bâties de Paris, est depuis long-temps projeté. Les plans en furent soumis à l'empereur; la campagne de Russie empêcha de les mettre à exécution.

Cette magnifique rue, parallèle à la Seine, ouvrirait un débouché qui, tous les jours, devient plus nécessaire pour la circulation si active de ces quartiers; elle y jeterait de l'air et de la lumière; elle passerait à peu de distance de cette rue de la Mortellerie qui a fourni au choléra ses premières et ses plus nombreuses victimes.

L'imperfection notable, patente de la loi actuelle d'expropriation, a depuis la restauration empêché l'exécution de cette entreprise. La ville de Paris, toutes les fois qu'elle a essayé des travaux de cette nature, a subi de la part des tribunaux une application exorbitante de cette loi; l'intérêt de la propriété l'a si étrangement emporté sur l'intérêt public dans l'esprit des juges complétement en dehors du mouvement et des besoins de la société, par l'abstraction constante où les jette la loi morte et les cinq codes, que la ville doit reculer épouvantée devant tout projet important d'élargissement ou de percement de rues.

Mais si, au lieu de chercher à *exproprier* les propriétaires, la ville cherchait à les *associer*, et savait leur montrer l'immense intérêt que tous auraient à l'exécution de l'entreprise; toutes difficultés seraient levées, ou du moins les cas d'expropriation seraient tellement réduits, que rien ne s'opposerait plus à la réalisation de ce projet, l'un des plus utiles sans aucun doute qui puissent être conçus dans l'intérêt de la population parisienne.

ASSAINISSEMENT DES QUARTIERS AVOISINANT LA SEINE.

Les quartiers qui avoisinent la rivière ne peuvent être assainis que par la destruction de la presque totalité des maisons dont se composent la Cité, les quais et toutes les petites rues adjacentes. Mais pour opérer ce changement, il faudrait que la ville prît enfin la résolution de ne plus permettre de stationnement de bateaux sur la rivière, et d'ordonner que le stationnement, et par conséquent toute la manutention des marchandises, eût lieu sur le canal Saint-Martin, au bassin de la Villette, à la gare de Grenelle, à Bercy, à la gare Saint-Ouen; en un mot, sur les ports nouvellement construits dans et hors Paris. Si cette mesure était prise enfin, toute la population des ports, cette population, la plus pauvre, la plus faible de Paris, serait conduite à chercher de nouvelles habitations, et une bonne partie même quitterait l'intérieur de la ville pour aller habiter la banlieue, où elle trouverait pour le même prix que celui qu'elle paie aujourd'hui des logemens plus sains et mieux aérés. Cette détermination, prise par l'autorité municipale, permettrait d'ailleurs d'enceindre entièrement la rivière de quais, et de supprimer les ports qui sont tous aussi malsains qu'incommodes. La rivière alors, dans l'intérieur de Paris, serait complétement dégagée de tout encombrement de bateaux ; on pourrait songer enfin à en embellir les bords, ainsi que les essais faits autour des bains Vigier attestent qu'on peut le faire, et les quais deviendraient la promenade la plus saine et la plus agréable de Paris.

Mais lors même que cette entreprise devrait être l'objet d'un sacrifice important, certes l'utilité en est assez démontrée aujourd'hui. Le choléra va rendre populaire la statistique de mortalité de tous les quartiers de Paris, et tous sauront, par suite de l'attention qu'excite l'épidémie, ce que l'autorité savait depuis long-temps, et ce que son incurie ou son impuissance ont laissé dans l'oubli, savoir, une énorme disproportion dans la mortalité des quartiers avoisinant la rivière, par rapport aux quartiers dont les rues sont plus larges, et les appartemens plus aérés. Quand ce fait sera bien connu de tous, la ville ou l'état sans doute alors ne reculera pas devant les sacrifices à faire pour faire disparaître ces quartiers, véritables foyers d'une épidémie permanente. Mais, je le répète, des combinaisons peuvent être adoptées qui réduisent de beaucoup l'importance de ces sacrifices.

Et maintenant qu'on suppose que tout ou partie des travaux dont nous venons de parler fût arrêté par l'autorité, et que la nouvelle en fût portée au peuple; qu'on lui fît comprendre non-seulement l'utilité immédiate qu'il en recueillerait, mais encore l'enseignement qui doit en résulter pour toutes les nations, pour celles même qui, bien que les plus éloignées, ont déjà *admiré* la France pour sa *gloire militaire*, et ne tarderaient pas à la *bénir* pour avoir la première compris la *gloire pacifique!* De quel enthousiasme ne pourrait-on pas animer ce peuple si bon, si généreux! Avec quelle ardeur ne le verrait-on pas courir à ces travaux, alors même qu'on aurait su y attacher pour lui utilité et gloire!

N'est-ce pas pitié qu'à ce peuple sur qui vient de tomber un fléau inattendu, nul encore n'ait eu puissance de faire entendre une voix qui le console, l'élève, l'inspire! De prescriptions médicales, de lavages de ces rues où jamais ne pénétra le soleil, de visites des toits sous lesquels il couche, il en a déjà bien assez, grand Dieu! Mais de travail, mais de gloire, il en a besoin : que lui en promet-on? Mais d'avenir, mais de morale, mais de religion, il en a soif! Que peuvent lui en dire les hommes qui le gouvernent? Quels temples lui ont donc été ouverts afin qu'il pût y entendre ses chefs parlant à DIEU du choléra? Que sait-il de cette communion de tant de peuples par tant de douleurs? Qui sait lui montrer là le doigt de Dieu, la volonté de la Providence? Ah! quelle est cette société qui, lorsque l'épidémie lève la tête, n'a à lui opposer que des réglemens médicaux, et ne songe plus qu'à *traiter la chair* alors qu'il faudrait en même temps et puissamment *agir sur l'esprit!*

Stéphane Flachat,

Membre du Collége de la Religion Saint-Simonienne, Chef de fonction du degré des Industriels.

Tous les jours de la semaine, de six heures du matin à dix heures du soir, et le dimanche de six heures à midi, les directeurs ou sous-directeurs de propagation du degré des industriels donnent les renseignemens qui leur sont demandés sur la religion Saint-Simonienne, aux domiciles suivans:

Rue de la Tour-d'Auvergne, n° 34,
Rue de la Contrescarpe-Saint-Antoine, n° 70,
Place de l'Hôtel-de-Ville, n° 7,
Place de Sorbonne, au coin de la rue de Cluny.

ÉVERAT, imp. rue du Cadran, n° 16.

RELIGION SAINT-SIMONIENNE.

LE CHOLÉRA A PARIS.

Cette apparition si rapide, si inattendue du fléau, est de nature à frapper vivement l'imagination du peuple de Paris. Qu'on n'oublie pas que l'hygiène de cette ville est très-inférieure à celle de Londres, et que les ravages du choléra y doivent être certainement plus grands que dans cette dernière cité, où d'ailleurs il a été presque inoffensif. Londres n'offre rien d'aussi malsain, d'aussi misérable qu'une partie des quartiers qui avoisinent la Seine.

Toutefois, s'il est vrai que l'état hygiénique de Paris soit une cause de progrès pour le mal, il faut se rappeler aussi que nul peuple n'est plus susceptible d'enthousiasme, de gaieté, de courage, que le peuple de Paris lorsqu'une haute pensée l'anime. Qu'un grand but soit assigné à son activité, qu'il soit appelé à de vastes travaux ; qu'il sente chez ceux qui le gouvernent de la fermeté, de l'énergie, une volonté inébranlable d'améliorer son sort ; qu'un vaste programme d'entreprises utiles, fécondes, lui soit déroulé, et on ne le verra plus sur les places, morne, silencieux, se demander d'où vient le choléra, quelle main lui envoie ce fléau si imprévu, et quelle main sera assez puissante pour l'arrêter. Ce peuple qui s'enivrait à l'odeur de la poudre, que le sifflement des balles soulevait il y a dix-huit mois tout frémissant d'ardeur, et qui aujourd'hui tremble même devant un danger dont il ignore la nature et la cause; ce peuple qui aime les grandes choses, ce peuple si artiste et si brave, donnez-lui, donnez-lui une grande œuvre à faire, et vous le verrez devant le choléra ce qu'il fut devant les balles des Suisses, ce que la légion parisienne, cette légion des *petits hommes* pâles et maigres, fut à la promenade de l'Atlas et de Belidah ; vous le verrez héroïque et dévoué, bravant le péril, gaiment et de sang-froid accomplissant la tâche qui lui aura été donnée avec une incroyable activité, et une indifférence non moins incroyable de ce fléau que grossissent à ses yeux les moyens mêmes que l'on emploie pour le combattre.

De tant d'instructions médicales qui lui sont répandues, affichées de de toutes parts, sur les moyens de se préserver du choléra, que peut conclure le peuple en effet, si ce n'est que les riches seuls peuvent employer ces moyens que la misère lui interdit? De cet ordre du jour du ministre de la guerre faisant distribuer aux troupes en garnison à Paris des rations plus abondantes et des vêtemens plus chauds, que peut conclure le peuple, si ce n'est qu'une nourriture plus saine et de meilleurs vêtemens sont nécessaires contre le fléau qui pèse sur lui? et quels moyens lui offre-t-on de s'acheter des vêtemens et de se procurer plus de nourriture?

Et ce n'est pas l'aumône qu'ici je demande pour le peuple.

Je le répète, ce qu'il faut aujourd'hui au peuple ce sont de grands travaux qui puissent à la fois fortement agir sur son imagination, satisfaire son amour du grand, son désir du beau, et calmer en même temps sa misère. La France et Paris doivent aujourd'hui un grand exemple au monde et une magnifique réponse à l'Asie. Que l'Inde apprenne de nous comment se combat le fléau qui pèse sur elle si impitoyable, et qu'elle nous a envoyé : qu'elle apprenne, que pour en préserver le peuple de la première ville d'Europe, on l'a appelé à réaliser de superbes travaux ; et le jour où l'Inde saura comment a fait la France ne sera pas loin du jour où l'Inde voudra l'imiter.

Or ces projets, d'une incontestable utilité, dont l'exécution même est une puissante garantie contre le fléau, et dont la nature est telle qu'ils peuvent fortement agir sur l'esprit du peuple de Paris ; ces projets existent depuis long-temps, ils ont été l'objet de longues études ; pour les exécuter aujourd'hui il ne s'agit plus que de vouloir.

EAUX DE PARIS.

En première ligne est ce projet d'une distribution générale d'eau dans Paris, sur lequel nous avons déjà donné dans le *Globe* des renseignemens étendus.

De l'eau pour le peuple de Paris ! de l'eau sur les places, dans les rues, les maisons, à tous les étages ; des fontaines jaillissant de tous côtés, et répandant dans l'atmosphère une salutaire fraîcheur ! De vastes bains non-seulement pour les riches, mais pour le peuple ! des bains gratuits où il puisse venir se reposer de son travail, et retremper ses membres alourdis par la fatigue, inondés par la sueur ! Voilà le meilleur, le plus beau, le plus sûr de tous les préservatifs contre une épidémie, fût-elle dix fois plus active, plus redoutable, que ne peut l'être le choléra.

L'exécution de ce projet permettrait aussi de doter la ville d'un système général d'égouts. La pose des tuyaux conducteurs de l'eau à distribuer nécessite dans toutes les rues des travaux de terrassement qu'il est tout naturel et très-économique de combiner avec les travaux et les terrassemens nécessaires pour l'établissement des égouts. Cette seconde entreprise est d'ailleurs la conséquence immédiate de la première. Jeter à la surface de la ville une grande abondance d'eau fraîche et pure pour tous les besoins de l'hygiène et de la consommation, et, immédiatement après l'usage, absorber cette eau dans des voies souterraines qui l'entraînent hors de l'influence si rapidement désorganisatrice de la chaleur et de l'atmosphère ; tel doit être, pour être complet, le système de distribution d'eau dans une ville.

Des propositions très-avantageuses ont été faites à la ville de Paris pour l'exécution simultanée des deux entreprises. Si la ville ne se croit pas capable d'exécuter rapidement, et par elle-même, ces deux projets, si elle pense devoir en confier l'exécution à une compagnie (et malgré tout ce que ce système offre d'imparfait, c'est encore celui qui devrait aujourd'hui obtenir la préférence) ; qu'elle se hâte donc de mettre un terme à des difficultés véritablement misérables dont on a surchargé jusqu'ici les négociations avec les compagnies.

RUE DU LOUVRE A LA BASTILLE.

Ce vaste percement à travers les quartiers les plus malsains, les rues les plus étroites, les maisons les plus mal bâties de Paris, est depuis long-temps projeté. Les plans en furent soumis à l'empereur, la campagne de Russie empêcha de les mettre à exécution.

Cette magnifique rue, parallèle à la Seine, ouvrirait un débouché qui tous les jours devient plus nécessaire pour la circulation si active de ces quartiers ; elle y jetterait de l'air et de la lumière ; elle passerait à peu de distance de cette rue de la Mortellerie qui a fourni au choléra ses premières et ses plus nombreuses victimes.

L'imperfection notable, patente de la loi actuelle d'expropriation a depuis la restauration empêché l'exécution de cette entreprise. La ville de Paris, toutes les fois qu'elle a essayé des travaux de cette nature, a subi de la part des tribunaux une application exorbitante de cette loi ; l'intérêt de la propriété l'a si étrangement emporté sur l'intérêt public dans l'esprit de juges complétement en dehors du mouvement et des besoins de la société, par l'abstraction constante où les jette la loi morte et les cinq codes, que la ville doit reculer épouvantée devant tout projet important d'élargissement ou de percement de rues. L'élargissement du boulevard St-Martin, si long-temps empêché par un seul propriétaire qui, après avoir obtenu jugement contre la ville, célébra sa victoire par une large inscription dont il entoura les vieux murs de sa maison, atteste les difficultés que dans l'état actuel des choses rencontrent des entreprises de la nature de celle que nous signalons ici.

Mais si, au lieu de chercher à *exproprier* les propriétaires, la ville cherchait à les *associer*, et savait leur montrer l'immense intérêt que tous auraient à l'exécution de l'entreprise; toutes difficultés seraient levées, ou du moins les cas d'expropriation seraient tellement réduits, que rien ne s'opposerait plus à la réalisation de ce projet, l'un des plus utiles sans aucun doute qui puissent être conçus dans l'intérêt de la population parisienne.

Nous ferons connaître très-prochainement nos vues sur les moyens d'opérer une association entre les propriétaires intéressés à cette grande entreprise.

ASSAINISSEMENT DES QUARTIERS AVOISINANT LA SEINE.

Les quartiers qui avoisinent la rivière ne peuvent être assainis que par la destruction de la presque totalité des maisons dont se composent la Cité, les quais et toutes les petites rues adjacentes. Mais pour opérer ce changement il faudrait que la ville prît enfin la résolution de ne plus permettre de stationnement de bateaux sur la rivière, et d'ordonner que le stationnement, et par conséquent toute la manutention des marchandises eût lieu sur le canal Saint-Martin, au bassin de la Villette, à la gare de Grenelle, à Bercy, à la gare Saint-Ouen ; en un mot, sur les ports nouvellement construits dans ou hors Paris. Si cette mesure était prise enfin, toute la population des ports, cette population la plus pauvre, la plus faible de Paris, serait conduite à chercher de nouvelles habitations, et une bonne partie même quitterait l'intérieur de la ville pour aller habiter la banlieue, où elle trouverait pour le même prix que celui qu'elle paie aujourd'hui des logemens plus sains et mieux aérés. Cette détermination prise par l'autorité municipale permettrait d'ailleurs d'enceindre entièrement la rivière de quais, et de supprimer les ports qui sont tous aussi malsains qu'incommodes. La rivière alors, dans l'intérieur de Paris, serait complétement dégagée de tout encombrement de bateaux; on pourrait songer enfin à en embellir les bords, ainsi que les essais faits autour des bains Vigier attestent qu'on peut le faire, et les quais deviendraient la promenade la plus saine et la plus agréable de Paris.

Je montrerai très-prochainement comment d'ailleurs la ville pourrait, avec une dépense peu importante, abattre tous les quartiers avoisinant la rivière, et les remplacer par des constructions aussi saines qu'agréables, en même temps qu'elles seraient d'un rapport supérieur à ce qui existe aujourd'hui.

Mais lors même que cette entreprise devrait être l'objet d'un sacrifice important, certes l'utilité en est assez démontrée aujourd'hui. Le choléra va rendre populaire la statistique de mortalité de tous les quartiers de Paris, et bientôt tous sauront, par suite de l'attention qu'excite l'épidémie, ce que l'autorité savait depuis long-temps, et ce que son incurie ou son impuissance ont laissé dans l'oubli : savoir, une énorme disproportion dans la mortalité des quartiers avoisinant la rivière, par rapport aux quartiers dont les rues sont plus larges, et les appartemens plus aérés. Quand ce fait sera bien connu de tous, la ville ou l'état sans doute alors ne reculera pas devant les sacrifices à faire pour faire disparaître ces quartiers, véritables foyers d'une épidémie permanente. Mais, je le répète, des combinaisons peuvent être adoptées qui réduisent de beaucoup l'importance de ces sacrifices.

Et maintenant qu'on suppose que tout ou partie des travaux dont nous venons de parler fût arrêté par l'autorité, et que la nouvelle en fût portée au peuple ; qu'on lui fît comprendre non-seulement l'utilité immédiate qu'il en recueillerait, mais encore l'enseignement qui doit en résulter pour toutes les nations, pour celles mêmes qui, bien que les plus éloignées, ont déjà admiré la France pour sa gloire militaire, et ne tarderaient pas à la bénir pour avoir la première compris la gloire pacifique! De quel enthousiasme ne pourrait-on pas animer ce peuple si bon, si généreux! Avec quelle ardeur ne le verrait-on pas courir à ces travaux, alors qu'on aurait su y attacher pour lui l'utilité et gloire!

N'est-ce pas pitié qu'à ce peuple sur qui vient tomber un fléau inattendu, nul encore n'ait eu puissance de faire entendre une voix qui le console, l'élève, l'inspire! De prescriptions médicales, de lavages de ces rues où jamais ne pénétra le soleil, de visites des toits sous lesquels il couche, il en a déjà bien assez, grand Dieu! Mais de travail, mais de gloire, il en a besoin : que lui en promet-on? Mais d'avenir, mais de morale, mais de religion, il en a soif! Que peuvent lui en dire les hommes qui le gouvernent? Quels temples lui ont donc été ouverts afin qu'il pût y entendre ses chefs parlant à DIEU du choléra? Que sait-il de cette communion de tant de peuples par tant de douleurs? Qui sait lui montrer là le doigt de Dieu, la volonté de la Providence? Ah! quelle est cette société qui, lorsque l'épidémie lève la tête, n'a à lui opposer que des règlemens médicaux, et ne sait plus que *traiter la chair* alors qu'il faudrait si puissamment *agir sur l'esprit!*

STÉPHANE FLACHAT.

Tous les jours de la semaine, de six heures du matin à dix heures du soir, et le dimanche de six heures à midi, les directeurs ou sous-directeurs de propagation du degré des industriels donnent les renseignemens qui leur sont demandés sur la religion Saint-Simonienne, aux domiciles suivans.

Rue de la Tour-d'Auvergne, n° 34,
Rue de la Contrescarpe-Saint-Antoine, n° 70,
Place de l'Hôtel-de-Ville, n° 7,
Place de Sorbonne, au coin de la rue de Cluny.

ÉVERAT, Imprimeur, rue du Cadran, n° 16.

RELIGION SAINT-SIMONIENNE.

LE CHOLÉRA. — NAPOLÉON. — L'ORDRE LÉGAL.

Depuis l'apparition du *choléra-morbus* dans la capitale, des hôpitaux temporaires ont été créés, des secours de tout genre ont été préparés pour les malades, des commissions de médecins se sont formées, enfin diverses mesures propres à *arrêter* les progrès de la maladie ont été prises. Cette sollicitude de l'autorité est louable, les efforts isolés de quelques particuliers pour la seconder méritent également des éloges; mais, ce qui est déplorable, c'est que l'activité du gouvernement se manifeste seulement quand il y a du *mal à réprimer* et jamais ou presque jamais quand il y a du *bien à faire;* son rôle est purement passif; toutes les fois qu'il faudrait prévenir le mal, il se borne à préparer des remèdes pour le temps où il sera venu. Le peuple est malheureux, ceci est un fait incontestable; sans travail assuré, souvent il manque des choses les plus nécessaires à la vie; mécontent du présent, inquiet pour l'avenir, la maladie doit inévitablement exercer sur lui une fâcheuse influence, et tout ce qui tend à l'affaiblir est bon et doit être encouragé.

Mais il y avait un moyen fort simple d'empêcher le choléra de pénétrer en France, c'était de s'attaquer à la misère qui écrase la population agricole et manufacturière des villes et des campagnes; les habitations de la classe ouvrière, situées dans des quartiers infects, les rues étroites, boueuses, dans lesquelles le soleil jamais ne pénètre, où jamais ne coule une eau abondante et limpide, voilà des causes permanentes, non seulement de choléra-morbus, mais encore de toutes les maladies qui affligent les hommes. Si on les joint à l'inquiétude que le peuple éprouve constamment sur ses moyens d'existence, on trouvera de nouveaux motifs d'établir des hôpitaux dans tous les quartiers et même dans toutes les rues des villes. Est-ce donc à dire qu'il vaut mieux créer des hôpitaux que de maintenir par le travail l'aisance et la santé dans le peuple? est-ce bien raisonner que de se borner à lui donner des secours insuffisans et mesquins qui appauvrissent l'état, tandis qu'on a sous la main de quoi donner à tous du travail et enrichir tout le monde?

Pourquoi le nom de Napoléon est-il si grand parmi le peuple, si ce n'est parce qu'il a pris soin de l'inscrire sur des milliers de travaux et de monumens qui attestent sa profonde sollicitude pour le peuple? Avec Napoléon le peuple ne connaissait pas l'inaction, le repos forcé dans lequel les hommes dépérissent misérablement; on ne peut faire un pas en France sans qu'un pont, une route, un canal, exécutés par lui ou commencés par ses ordres, viennent frapper les regards; et cependant cet homme, qui s'occupait si activement de l'embellissement de la France et du bonheur de ses habitans, avait à lutter contre toute l'Europe. Sa main traçait des plans gigantesques, élevait la colonne, couvrait de canaux le sol de la France, coupait les montagnes pour y tracer des routes, construisait Cherbourg, bâtissait des quais, ouvrait des rues dans toutes les cités, en construisait de nouvelles, allait chercher l'onde sur les lieux les plus élevés pour la faire tomber en flots argentés sur les places publiques des villes.

Et cette main portait le sceptre sous lequel s'inclinèrent vingt têtes de rois, cette main tenait l'épée que vingt peuples réunis n'en purent faire tomber qu'après que le froid rigoureux de la Russie l'eut paralysée. Qu'eût donc fait Napoléon libre des soucis de la guerre qu'il eut à soutenir durant quinze ans? A sa voix toute la France aurait changé de face, il eût vérifié cette parole de l'Evangile : « Toute vallée sera comblée, toute montagne et toute colline sera abaissée, les choses tortues seront redressées, et les chemins raboteux seront aplanis (1). »

Il est fâcheux que le gouvernement français, qui n'a point l'embarras d'une guerre à soutenir, ne sente pas que demeurer inactif au milieu de tant d'hommes qui ne demandent qu'à agir, et auxquels il faudrait donner du travail, c'est manquer à la mission que Dieu lui a confiée.

Des travaux d'assainissement dans Paris, d'abord où le besoin s'en fait sentir le plus vivement, et ensuite par toute la France où la population s'agite en vains efforts pour échapper à la misère qui la tue chaque jour à coups d'épingle, seraient un remède bien plus efficace contre le choléra-morbus que toutes les fondations d'hôpitaux temporaires et toutes les distributions de chlorure du monde.

A vrai dire, le ministère est fort embarrassé pour ouvrir des travaux; le respect qu'il professe pour *l'ordre légal* est un obstacle insurmontable à ce qu'il puisse exécuter quelque chose d'un peu grand. En effet, lorsqu'une route, un canal, une rue doivent être ouverts, il faut composer avec les propriétaires des maisons ou des terrains par lesquels devront passer la rue, le canal ou la route, et les formalités à remplir entraînent des délais si considérables, les sacrifices qu'imposent parfois à l'état les indemnités réclamées par les possesseurs deviendraient si onéreux, que des projets de travaux très utiles sont abandonnés ou ajournés indéfiniment, au grand dommage de la société et de ceux mêmes que leur ignorance et leur incapacité poussent à entraver des opérations dont ils seraient les premiers à recueillir les fruits.

Un autre embarras pour le gouvernement est celui qui résulte de la nécessité où il est d'obtenir l'agrément des chambres quand il veut faire quoi que ce soit; fort souvent les députés, hommes fort peu experts, pour la plupart, en matière de tra-

---

(1) Saint Luc, Chap. III.

vaux et d'utilité publique, refusent leur concours à des mesures fort sages et fort bonnes en elles-mêmes : ainsi, lorsque fut présentée une loi destinée à faciliter les expropriations pour cause d'utilité publique, cette loi fut rejetée tout net par les députés, et, pour la première fois depuis bien long-temps, les défenseurs du peuple se montrèrent moins favorables à ses intérêts que les ministres du roi. De même, lorsque le ministère présenta sur les grains une loi qui devait abaisser à 13 sous le prix du pain la chambre des députés la repoussa.

Il faut être juste envers tous, et convenir que le ministère a été peu secondé dans ses bonnes intentions quand il en a eu; je dois encore dire que, pour ouvrir des travaux, les fonds doivent lui être accordés par les chambres si l'on veut s'enfermer dans les termes de la légalité : or, si les chambres refusent ces fonds, faudra-t-il, par respect pour la légalité, que le peuple demeure dans l'état misérable où il est maintenant? Non, sans doute, *l'ordre légal* est quelque chose de très-beau, mais il est quelque chose de plus beau encore et surtout de plus pressant, c'est de ne pas laisser périr la société quand on a entre les mains tout ce qu'il faut pour la sauver.

Ch. Béranger, ancien ouvrier horloger,
fonctionnaire Saint-Simonien.

Tous les jours de la semaine, de six heures du matin à dix heures du soir, et le dimanche, de six heures à midi, les directeurs ou sous-directeurs de propagation du degré des industriels donnent les renseignemens qui leur sont demandés sur la religion Saint-Simonienne, aux domiciles suivans :

Rue de la Tour-d'Auvergne, n° 34;
Rue de la Contrescarpe-Saint-Antoine, n° 70;
Place de l'Hôtel-de-Ville, n° 7;
Place de Sorbonne, au coin de la rue de Cluny.

ÉVERAT, Imprimeur, rue du Cadran, n° 16.

RELIGION SAINT-SIMONIENNE.

AU ROI.

Sire,

Vous êtes au milieu de circonstances graves que vous n'aviez pas prévues, vous portez alternativement vos regards inquiets sur la France et sur les nations voisines; de toutes parts vous ne découvrez que malaise, qu'embarras, qu'incertitude pour vous comme pour le pays auquel vous avez cependant immolé ce que vous aviez de plus cher, la quiétude de l'opulence privée, et les joies paisibles du foyer domestique. Au-dehors vous voyez une méfiance railleuse, et la guerre qui menace; au dedans, la méfiance encore, l'irritation et l'émeute. Vous interrogez vos conseillers, vous les pressez d'améliorer quelque peu le sort de ce peuple que vous aimez et qui un instant espéra en vous, et vos conseillers, frappés d'impuissance, s'en vont explorant l'arsenal de la restauration; ils n'y trouvent que des armes rouillées ou usées, ils n'y ramassent que la poussière de ces débris que, dans leur audacieuse mais brillante rêverie, les Villèle et les Peyronnet avaient pris pour les colonnes éternelles de l'ordre social. Le terme est atteint, Sire, de toutes ces tentatives sans fruit, de tous ces tâtonnemens sans résultat, de toute cette activité sans vie; car un nouveau fléau vient d'ajouter ses ravages aux ravages de la misère, et la souffrance déborde. Le temps est venu où des hommes qui ont mission de tenir à tous et à vous-même, Sire, un langage à la fois conciliant et sévère, vont vous faire entendre les prophéties qui devraient sortir de la bouche de vos conseillers. Le premier j'en assume la responsabilité, et, prenant pour un instant le rôle de votre ministre des travaux publics, je vais vous parler en homme dont le cœur palpite à toutes les douleurs du peuple, parce qu'il les a touchées une à une, en homme qui a volonté de les tarir, et qui sent en lui une autre puissance que la puissance nécessaire pour débiter de vaines paroles ou former de stériles vœux.

PROJET DE RAPPORT DU MINISTRE DES TRAVAUX PUBLICS AU ROI LOUIS-PHILIPPE.

Sire,

Lorsque la France a voulu faire un roi, elle a jeté les yeux sur vous. Des hommes qui avaient sur les lèvres des paroles d'épanchement et de confiance ont remis en vos mains un sceptre mutilé par la méfiance; eux seuls vous ont soutenu pour monter en peu de jours les degrés d'un trône brisé qu'il ne s'agissait plus de *restaurer*, mais de RECONSTRUIRE; en cet instant vous aviez foi à la légalité. Vous étiez entouré d'avocats, une charte venait d'être discutée et votée, vous l'aviez acceptée, j'allais dire subie. L'assemblée qui vous la présentait était composée d'hommes sincères, car en dorant la couronne, qu'ils avaient faite d'épines, ils se regardaient comme les sauveurs de la France; c'est avec sincérité aussi que vous avez juré d'exécuter fidèlement les clauses de ce contrat improvisé. En tout ceci vous avez obéi à vos croyances, et nul ne saurait vous en blâmer. Vous avez cru de très-bonne foi que Charles X avait été précipité pour avoir apostasié la charte; vous avez cru que la France avait soif de légalité; vous avez cru que le jour où un roi, non plus de France, mais des Français (la différence est grande), entouré des gladiateurs de la restauration, voudrait avec la loyauté d'un honnête homme exécuter franchement le marché écrit; que ce jour-là la France calme, glorieuse, respectée, goûterait au milieu des douceurs de la paix toutes les joies d'une prospérité croissante se développant à l'ombre de son panache constitutionnel. Vous l'avez cru; que croyez-vous aujourd'hui? Aujourd'hui que tant de faits éloquens sont venus saper votre foi, et donner à vos espérances le nom d'illusions; aujourd'hui que la France, fatiguée du bavardage impuissant des chambres, n'attend plus un bonheur voté et sent que ses destinées sont ailleurs que dans un scrutin; aujourd'hui que la nourricière des peuples, l'industrie, écrasée par la concureence, languit épuisée, et tombe après mille efforts convulsifs pour se raviver; aujourd'hui enfin que votre capitale est réduite à disputer ses enfans au fléau de l'Asie, et livre tardivement à la misère dévorante un combat inégal; que croyez-vous? Vous ne croyez plus rien.

Sire,

Lorsque j'ai reçu la haute mission que vous m'avez confiée, moi aussi j'avais foi à ce balancement des pouvoirs et à leur harmonieuse union dans un roi réduit à l'impuissance de mal faire. Je ne m'étais pas demandé alors si cette impuissance n'entraînait pas avec elle l'impuissance de bien faire. J'avais vu avec joie la royauté garrottée et la loi souveraine ; je m'étais réjoui de voir enfin un grand peuple traitant ses propres intérêts par lui-même ou par ses mandataires, dressant un trône comme une *nécessité*, et pouvant dire chaque jour à celui qu'elle y avait assis : « Qui t'a fait roi ? »

Comme vous j'ai cru, comme vous j'ai espéré.

La tourmente des premiers temps m'a trouvé inébranlable dans ma foi. On disait que la France était semée d'agitateurs ; tantôt c'était la république avec son cortége de négations et criant toujours *à bas* quelqu'un ou quelque chose ; tantôt c'était la monarchie avec ses vieilles affirmations et son imperturbable croyance aux revenans ; et après avoir bien regardé tout ce que l'on montrait, bien écouté tout ce que l'on disait, je suis demeuré convaincu que la France ne voulait ni la république, mot mystérieux dont elle craint la révélation et soupçonne le sens, ni la monarchie qu'elle connaît et qu'elle a chassée. Mais, dans cet examen consciencieux et nouveau pour moi, quel a été mon étonnement lorsque j'ai porté mes regards sur nous-mêmes, et que du poste élévé dont votre confiance m'a investi j'ai contemplé nos institutions et les fruits qu'elles ont portés. Lorsque j'ai vu, sous ce régime bâtard qui n'est ni la république ni la monarchie, la France livrée à mille douleurs sur lesquelles vous ne pouvez que gémir, inquiète sur son présent, sans boussole pour son avenir, cherchant encore un bonheur qu'elle avait cru payer de son sang aux jours des barricades, et lasse peut-être d'espérer. C'est alors qu'une longue lutte s'est engagée en moi entre la voix des faits et la voix retentissante de croyances enracinées par quinze années de promesses ; c'est alors aussi qu'une nouvelle lumière a lui pour moi. Je vous dois, Sire, les premières inspirations d'une conviction récente mais profonde ; je vous les livre comme l'unique moyen de recevoir les bénédictions d'un peuple qui n'attend pas seulement de simples aumônes, mais qui cherche des yeux un étendard autour duquel il retrouve l'enthousiasme et la vie.

Sire,

La France veut la paix, et pourtant la même ardeur qu'elle épancha naguère sur les champs de bataille bouillonne encore dans son sein. Nous avons vu cette ardeur déborder en émeutes dans nos rues et sur nos places publiques ; nous l'avons vue, exaltée par la misère, servir le désespoir de plusieurs milliers d'hommes affamés qui réclamaient de *vivre* EN TRAVAILLANT, et ce grand enseignement avait *été* perdu pour nous.

Sire, ce que j'ai appris de nouveau, c'est que la voix du peuple était bien en ce jour la voix de Dieu, et les mesures que je viens vous proposer aujourd'hui sont une réponse vraiment royale à la pétition sublime écrite sur le drapeau lyonnais. Oui, Sire, travailler et non combattre, produire et non détruire, tel est le grand secret de la politique du *jour*. Que d'immenses travaux soient donc ordonnés, non demain mais aujourd'hui même : que des armées de *travailleurs* soient levées avec la même audace qu'en d'autres jours de deuil la Convention fit sortir de terre quatorze armées de *combattans*. Voici l'ordonnance que je vous propose de rendre immédiatement. A votre décision, Sire, est attaché le salut de l'état.

ORDONNANCE.

Une commission, composée de trente ingénieurs, suivra avec activité le projet si long-temps ajourné de la distribution des eaux de Paris, et commencera son exécution dans le plus bref délai. Il sera préparé de nouveaux travaux pour la partie de la population qui aujourd'hui vit de la distribution de ces eaux.

Cinquante JEUNES ingénieurs traceront la grande ligne des chemins de fer du Havre à Marseille et de Strasbourg à Nantes. Des cadres sont ouverts dès ce jour pour enrôler tous les ouvriers qui se présenteront des divers points de la France. Deux cent millions sont nécessaires pour cette entreprise; pour se les procurer le gouvernement négociera dix millions des rentes acquises par l'amortissement. Il sera procédé dans le délai de trois semaines à toutes les formalités d'enquêtes, d'avis des préfets, etc. Pour les terrains traversés toutes difficultés seront aplanies par des voies extra-légales, s'il est nécessaire, moyennant indemnité calculée sur la base de trente à quarante fois le revenu.

Dix mille hommes, sous la direction de M. Mathieu Dombasle, seront envoyés dans les départemens de l'Ouest pour défricher les terrains incultes et perfectionner les moyens arriérés de culture qui sont encore en usage dans ces contrées. Vingt millions sont mis à la disposition du chef de cette colonie, qui sera le véritable pacificateur de la Vendée. Les Vosges et les Pyrénées seront replantés.

Des fonds seront appliqués immédiatement au canal latéral à la Loire. Le canal de Nantes à Brest sera poursuivi avec activité.

Deux nouvelles rues depuis long-temps en projet seront percées à Paris dans les quartiers qui ont le plus besoin d'être assainis : celle qui va du Louvre à la Bastille, et celle qui va du pont d'Arcole au parvis Notre-Dame.

Les marchés seront terminés d'après les plans présentés en 1808 à l'empereur, qui voulait que *le peuple eût aussi son Louvre.*

Les propriétaires de maisons recevront des indemnités calculées sur les mêmes bases indiquées ci-dessus pour les terrains livrés aux chemins de fer.

Une commission permanente s'occupera de nouveaux projets à présenter, et de créer les moyens de les exécuter. Les conseils-généraux de tous les départemens s'assembleront avant le 30 avril, et enverront à cette commission leurs observations et leurs requêtes sur les travaux d'intérêt local.

Deux millions seront répartis entre les divers ministères pour augmenter le nombre des bourses dans les diverses écoles, qui seront toutes réorganisées sur un plan général.

Telles sont, Sire, les mesures les plus urgentes; j'ai choisi à dessein des projets avec lesquels l'esprit public est familiarisé et dont la haute utilité est généralement sentie. Aux hommes qui bourdonneront le mot de LÉGALITÉ vous direz : « Mon » peuple a faim, et vos éternels discours ne le nourrissent » pas. » A ceux qui vous parleront de l'intérêt des propriétaires vous apprendrez que l'intérêt des propriétaires c'est l'ordre et la paix. A ceux enfin qui compteront les millions dont vous disposez, vous répondrez que la guerre d'Espagne a coûté quatre cent millions.

Sire,

Oubliez un peu la charte, et faites que le sang versé en juillet soit une *vérité*. Au milieu d'une horrible tourmente de trois années, la Convention, bravant toutes les têtes couronnées, a soutenu la guerre contre l'Europe conjurée, et a préparé ainsi l'œuvre d'un guerrier gigantesque. Vous, Sire, plus heureux que ces hardis démolisseurs, après la grande émeute des trois jours vous avez rempli une mission conciliatrice et vous avez préparé la venue d'un NAPOLÉON PACIFIQUE, car tel est l'homme que la France incertaine et flottante attend avec anxiété. Il faut au fondateur de l'ère nouvelle la haute intelligence de Descartes, la foi persévérante de Hildebrand, l'audacieuse confiance de Christophe Colomb. Si vous êtes cet homme, Sire, marchez!

HENRI FOURNEL,
Ancien élève de l'École polytechnique, Ingénieur des mines,
Ex-directeur des mines, forges et fonderies du Creusot.

RELIGION SAINT-SIMONIENNE.

LES EMPOISONNEMENS. — LA VIOLENCE.

Quelques personnes avaient rapidement succombé aux premières attaques du choléra-morbus, et déjà les bruits les plus absurdes étaient répandus dans les rues et sur les places publiques. Des hommes assemblés disaient qu'on empoisonnait les fontaines et les comestibles. On avait vu des gens tomber subitement après avoir bu et mangé; il n'en fallait pas davantage. On préféra croire à l'existence d'un complot atroce contre la population, pour la décimer par le poison, plutôt qu'à l'existence d'un mal dont les atteintes sont presque toujours mortelles à sa première apparition. C'est ainsi que dans des temps de barbarie, et qui sont loin de nous, il y a cinq cents ans, des fanatiques répandaient dans le peuple de France que les juifs avaient empoisonné les puits, les fontaines et les rivières, et le peuple de France, ignorant, stupide et absurde, se ruait sur les malheureux israélites, les égorgeait impitoyablement, livrait aux flammes leurs maisons, pillait leurs biens, et ne s'arrêtait dans sa fureur de destruction que lorsque ses bras tombaient de fatigue.

Un tel excès de cruauté de la part des Français du temps de Philippe de Valois, de Philippe-Auguste ou de Charles VI, n'a rien qui doive surprendre; le peuple alors était si ignorant, si misérable! La guerre, la famine et la peste exerçaient sur lui constamment leurs ravages. Le peuple était alors comme un dogue qui long-temps harcelé finit par s'irriter, se prend à tout ce qui l'entoure des maux qu'on lui a fait souffrir, et déchire alors avec férocité ceux qui l'entourent; c'est une compensation à ses douleurs.

Mais que le peuple français de 1830, la poitrine couverte des cicatrices de juillet, se livre à des assassinats, à des excès aussi condamnables que ceux qui ont été commis sur les malheureux accusés d'empoisonnement; c'est ce qui doit affliger profondément tous ceux qui aiment ce peuple; c'est ce qui ne peut s'expliquer que par l'égarement momentané qu'a dû produire l'invasion subite d'un fléau cruel. S'il en était autrement, il faudrait désespérer de la liberté. Un peuple qui se livre à des violences, au pillage, à l'assassinat, n'en est pas digne.

Moi qui suis fier d'être du peuple, et qui lève haut ma tête, quand je réponds à ceux qui me questionnent: « Je suis ouvrier », que dirais-je à ceux-là s'ils me rappelaient que des hommes sans défense et innocens ont été mis en pièces par ceux à la classe desquels je me fais gloire d'appartenir? Je n'aurais autre chose à faire qu'à baisser les yeux et garder le silence.

Ch. Béranger,

Ancien ouvrier horloger, fonctionnaire St-Simonien.

RELIGION SAINT-SIMONIENNE.

FIN DU CHOLÉRA PAR UN COUP D'ÉTAT.

Il n'est qu'une manière d'écarter le choléra, c'est d'agir sur le moral des masses. Toute personne dont la situation morale est satisfaisante n'a rien à craindre du fléau. C'est ainsi que nous, qui avons une foi et qui contemplons l'avenir d'un œil calme, nous ne pouvons en être atteints.

Il y a donc lieu aujourd'hui à provoquer chez les masses une excitation morale qui les élève. Or l'aumône *humilie;* voilà pourquoi toute la pratique usitée depuis que le mal s'est déclaré, reposant exclusivement sur l'aumône, est radicalement mauvaise.

Il faut donc des mesures extraordinaires qui frappent le peuple, l'exaltent et l'emplissent d'espérance; il faut que des actes d'une haute portée soient produits. Mais comment la chose se ferait-elle sans détermination extra-légale, c'est-à-dire sans coup d'état? car les chambres sont à la débandade, et on est obligé d'agir sans elles. D'ailleurs les chambres, surtout celle des députés, n'ont pas le sens de ce qui est grand et opportun.

Il faut un coup d'état, un coup d'état industriel.

Au théâtre on berne les médecins qui se consolent d'avoir tué leurs malades parce qu'ils les ont tués selon les règles de l'art: ceux qui tiendraient obstinément aujourd'hui aux règles de la légalité seraient aussi ridicules que ces médecins.

Le système parlementaire a été institué pour entraver l'action du gouvernement, parce que le gouvernement était supposé mauvais *à priori;* et en effet les gouvernemens modernes prêtent à cette supposition: d'où il résulte qu'un gouvernement qui se renferme dans ses bornes du système parlementaire s'interdit toute action étendue; or il faut au pouvoir, dans la circonstance présente, une action très-étendue.

Si Paris était assiégé par les cosaques, qui reculerait à l'idée d'un coup d'état de nature à sauver Paris? Le choléra qui va toujours croissant n'est-il pas pire que les cosaques?

On a fulminé contre Barnave parce qu'il avait dit: *Périssent les colonies plutôt qu'un principe!* Et maintenant dira-t-on: « Périsse » Paris, périsse la France, plutôt que le principe du régime parlemen- » taire! »

Le coup d'état que nous réclamons est tout pacifique, il s'agit de chasser le choléra; il s'agit d'assurer l'existence du peuple entier, riches et pauvres, de le doter d'une haute prospérité.

Ce coup d'état consisterait à changer *par ordonnance* la loi d'expropriation, de manière à ménager l'intérêt du propriétaire, mais à réduire à très peu de jours les interminables lenteurs que prescrit la législation actuelle. Il faudrait en outre allouer *par ordonnance* des fonds pour l'exécution de grands travaux sur l'espace dont on se serait rendu maître par expropriation. On se procurerait ces fonds soit par un emprunt, soit en appelant le concours de compagnies auxquelles on allouerait une prime prélevée sur le fonds de l'amortissement.

On pourrait ainsi dans Paris commencer, par exemple, sur trente points la rue du Louvre à la Bastille, qui en assainira le plus sale quartier.

On pourrait encore entamer immédiatement l'établissement des eaux de Paris.

On pourrait enfin commencer aux barrières les chemins de fer qui doivent conduire à Marseille et au Havre, à Nantes et à Strasbourg. Le chemin de fer de Paris à Pontoise, qui serait plus tard continué jusqu'au Havre, en partant de Paris aboutit à Saint-Denis; rien ne serait plus aisé que de se mettre dès demain, 12 avril. à l'œuvre de Saint-Denis à Paris. Le terrain est tout nivelé. La route actuelle est trois fois trop large. Une des deux berges suffirait pour le chemin de fer.

L'ouverture des travaux et leur inauguration se ferait avec pompe et serait célébrée par des fêtes publiques.

Tous les corps de l'état viendraient avec leurs insignes prêcher d'exemple. Le roi et sa famille, les ministres, le conseil d'état, la cour de cassation, la cour royale, ce qui reste des deux chambres, y apparaîtraient fréquemment et manieraient la pelle et la pioche. Le vieux Lafayette y assisterait certainement plusieurs heures par jour. Les régimens viendraient y faire leur service en grande tenue avec leur musique. Les escouades de travailleurs seraient commandées par les ingénieurs des ponts-et-chaussées et des mines, par les élèves de l'École polytechnique, tous en grand uniforme. Le canon marquerait le commencement et la fin de la journée et sonnerait les heures; des spectacles seraient échelonnés de distance en distance, et les meilleurs acteurs tiendraient à honneur d'y paraître. Les femmes les plus brillantes se mêleraient aux travailleurs pour les encourager.

La population, devenue ainsi exaltée et fière, serait certainement invulnérable au choléra. L'industrie serait lancée; le gouvernement, qui aurait fait tant de belles choses, serait entouré de l'amour de tous; il serait donc très-solide.

Louis-Philippe s'est fait peu d'amis avec l'ordre légal, qu'il essaie donc de ces hautes mesures extra-légales.

MICHEL CHEVALIER,
Ancien élève de l'école polytechnique.

Tous les jours de la semaine, de six heures du matin à dix heures du soir, et le dimanche de six heures à midi, les directeurs ou sous-directeurs de propagation du degré des industriels donnent les renseignemens qui leur sont demandés sur la religion Saint-Simonienne, aux domiciles suivans.

Rue de la Tour-d'Auvergne, n° 34,
Rue de la Contrescarpe-Saint-Antoine, n° 70,
Place de l'Hôtel-de-Ville, n° 7,
Place de Sorbonne, au coin de la rue de Cluny.

ÉVERAT, Imprimeur, rue du Cadran, n° 16.

RELIGION SAINT-SIMONIENNE.

TRAVAUX PUBLICS. — FÊTES.

Certes c'est pour nous une manière vivante d'étaler nos promesses, notre programme, que de nous porter en un temps et en un lieu où ces promesses seront une réalité. C'est une occasion d'attacher à nous la vue du monde et de lui montrer qui nous sommes, que de lui parler comme s'il eût remis aux mains de NOTRE PÈRE le gouvernement de sa vie, et promenant ses regards sur les illusions que dans son déclin il embrasse et rejette tour à tour, lui faire ainsi juger toutes choses et toutes personnes à la mesure des bienfaits qu'il en peut attendre.

Eh bien! que ce soit aussi une occasion féconde pour le pouvoir qui peut tant de choses pour la masse d'agonisans qui s'abandonnent à lui, et dont le plus grand tort est de ne pas *oser*; que les inspirations de NOTRE PÈRE, qui se sont fait jour à travers la presse et ont paru à la tribune quoique voilées, pénètrent au cabinet des ministres, dans le conseil du roi. Qu'elles soient pour tous les fonctionnaires de l'administration, des finances, de l'armée et de la justice, dont la patience ne peut tenir à ce continuel roulis entre les deux écueils du mécontentement populaire et ministériel, de l'émeute et de la destitution; qu'elles soient pour eux comme une nouvelle lumière qui les éclaire, les guide, leur rende le courage et la dignité, et leur fasse envoyer des étincelles de vie au foyer de ce grand corps administratif chargé de la prévoyance et des prospérités publiques, qui croise les bras, oublie sa tâche et ne sait pas seulement *qui il est*.

Que le monde comprenne donc ce que deviendrait la France si un pouvoir vraiment saint, ayant la clef des sympathies prêtes à surgir du fond de tous les cœurs, initié à la puissance d'énergie pacifique des peuples européens et de la France en particulier, mettait la main au trésor des découvertes et des procédés de la science et de l'industrie, et donnait de sa vie l'impulsion à ce peuple, rongé de malaise et de maladie, et qui succombe épuisé sous mille fléaux, parce que nul ne l'entraîne à l'œuvre que Dieu lui a donné mission d'accomplir!

Voici quel serait le premier acte d'un semblable pouvoir:

PROCLAMATION.

France, réveille-toi! Reprends courage, lève les bras en signe de force! Voici la bannière de l'alliance des peuples! Tu es élue, et tu vas verser sur le monde les fêtes et les travaux d'un patriotisme universel!

Paris va s'organiser comme métropole du globe.

Paris va revêtir la forme la plus convenable pour l'accomplissement de la haute mission que le passé lui a attribuée, et que l'état présent des populations d'Europe, d'Asie, d'Afrique et d'Amérique, vivant sous la loi de l'Évangile et du Coran, lui assure de nos jours.

Paris va se constituer centre d'apostolat et de propagation pacifique de tous les sentimens d'association et de sociabilité; il va se constituer foyer de vie pour le monde, et rattacher à ses voies principales dans un bref délai l'appareil le plus perfectionné de circulation intérieure et extérieure pour faciliter la centralisation de tous les progrès humains, leur diffusion et leur application chez tous les peuples. La population parisienne et celle des départemens sont appelées directement à constituer les premiers travaux de cette colossale entreprise, et à prendre part aux fêtes qui leur imprimeront le caractère religieux, afin de donner l'éveil aux partis qui s'aigrissent de plus en plus dans leurs vaines querelles, et aux nations voisines, qui souffrent, soupirent et regardent la France.

PREMIERS TRAVAUX.

L'armée se forme sur un pied de paix et de création industrielle. Les cadres des régimens de ligne serviront à l'organisation des compagnies de pontiers, terrassiers, maçons, charpentiers, forgerons.

Un congé illimité et la solde d'une année sont accordés à tous militaires des divers grades qui ne voudront point faire partie de la nouvelle organisation. Appel est fait à tous les praticiens des diverses industries, à titres d'ouvriers, contre-maîtres, directeurs ou chefs des travaux, de venir s'enrôler sous le nouvel étendard de l'association universelle.

Les enrôlemens, exercices et évolutions relatifs à l'organisation de l'armée pacifique des travailleurs commenceront sur quatre emplacemens principaux qui serviront de points de départ aux quatre grandes voies qui de Paris conduiront au Havre, à Nantes, Strasbourg et Marseille.

Le premier camp se formera sur les flancs de la butte Chaumont et le long du canal, et les travailleurs qui s'y réuniront auront sans cesse sous les yeux la présence de l'Europe orientale et seront exaltés par la joie et la gloire immortelle d'être les premiers messagers de paix et de porter enfin une main amie à l'Allemagne centrale qui nous tend les bras, à cette Prusse et à cette blanche Russie contre lesquelles nous avons si long-temps croisé le fer, et qui vinrent nous demander compte du sang dont nous avions rougi leurs plaines, jusque sous les canons de cette même butte d'où descendront désormais les trésors de l'industrie, des arts, et les épanchemens d'une fraternelle association.

Le second camp sera planté dans la plaine de Montrouge ; et tous ceux dont le cœur se dilate le plus au nom sacré de liberté, ceux qui ont sympathisé fortement avec la grande œuvre de nos pères, ceux qui ont si impatiemment supporté l'hypocrisie et le jésuitisme forcé de la restauration, seront enflammés par la pensée de consacrer au travail et au développement e toutes les sympathies généreuses du peuple cette place qui fut si long-temps un foyer de terreur pour les libéraux ; ils auront sans cesse sous les yeux Nantes, Bordeaux, et cette Amérique révolutionnée et pantelante d'anarchie, dont les populations d'ébène et de cuivre appellent à grands cris les secours de notre expérience, de nos bras et de notre enthousiasme.

Le troisième camp s'établira sous les murs de Villejuif ; et tous ceux qui sont brûlans de charité et de philantropie viendront s'inspirer de la vue et du contact de Bicêtre, geôle de toutes les douleurs et de toutes les souillures, où l'on n'entend dans le silence des nuits qu'un bruit de fers et de longs gémissemens ; et de la présence de Toulon, qui lui répond à l'autre extrémité de l'empire, comme un écho de misère : ils s'enflammeront de la sublime pensée qu'ils vont par le travail de leurs mains percer au cœur cette Afrique et cette Asie qui s'étalent au sein des mers comme une large plaie de servitude et de barbarie, et détruire enfin l'esclavage dans son dernier repaire.

Le quatrième camp s'appuiera au bois de Boulogne, sur les rives de Neuilly, sur les hauteurs de Passy ; ayant au centre l'arc de l'Étoile, laissant à sa gauche Versailles, à sa droite Saint-Germain, ayant en arrière les Champs-Élysées, les Tuileries, le Louvre, et au-devant Rouen, le Havre et l'Angleterre populeuse, atelier central de toutes les colonisations et des gigantesques établissemens terrestres ; l'Angleterre qui n'attend qu'un Bonaparte pacifique pour se lever dans son faste et sa majesté. Là viendront ceux qu'enflamma toujours l'apparition des colossales entreprises, qui ont l'instinct de la puissance et de la noblesse du génie en qui vit le souvenir des Colomb, des Louis XIV et des Napoléon, et qui poussent l'enthousiasme et le culte des grands hommes jusqu'à l'adoration. Ils chanteront à l'avance la nouvelle croisade pacifique qui ira porter la fécondité et la beauté sur toutes les îles et tous les continens, et ils s'élanceront, reine des mers, vers tes navires.

En même temps que l'organisation, les enrôlemens et évolutions préparatoires auront lieu aux quatre barrières de l'ouest, de l'est, du nord et du midi, deux corps d'ingénieurs prendront position à la Madeleine et au Panthéon, qui leur seront livrés par le tracé et l'exposition des plans.

Au fur et à mesure de l'enrôlement des travailleurs et de la transformation des bataillons en compagnies industrielles, et dans l'attente du tracé des plans des premières têtes de routes conduisant à Saint-Germain, Meaux, Fontainebleau, Orléans, il sera procédé directement à la démolition et à la reconstruction de toute la partie centrale de Paris, composant la Cité, les quartiers St-Jacques, St-Marceau, le pâté compris entre la rue Poissonnière et la vieille rue du Temple, et les parties les plus encombrées des quartiers St-Antoine.

Les premiers bataillons industriels seront employés à opérer avec ordre le déplacement de la population nécessiteuse de cette portion boueuse et malsaine de la capitale; elle édifiera aux flancs de Paris les habitations qu'il faudra ajouter à celles déjà construites et encore désertes; elle y effectuera le transport des marchandises et ameublemens; elle construira de Bercy à Charenton et de Passy à Sèvres les ports, qui seront remplacés dans l'intérieur de Paris par de vastes cours ombrageant la Seine de leurs plantations et sillonnés d'une route en fer qui suivra le cours de l'eau de Bercy à Passy; deux points d'appui à deux nouvelles routes en demi-cercle qui serviront de lien à toutes les barrières en remplaçant les ridicules murailles d'enceinte par une voie large et rapide de communication.

Sur l'emplacement du terrain déblayé des quartiers étouffés, humides, infects, seront érigés de vastes bâtimens aérés, présentant aux deux rives de la Seine des fronts où rayonne la joie des nouvelles destinées de la France et de l'Europe. L'île de Notre-Dame tout entière sera convertie en une riante promenade, où les populations centrales de la Métropole de l'association pacifique puissent venir sans fatigue respirer la fraîcheur, à chaque retour du soleil de juillet. Un bois sombre couvrira les meurtrissures que fit en s'écrasant le palais de l'évêque sur les murailles de la cathédrale.

FÊTES PUBLIQUES.

Tous les artistes de France sont appelés à célébrer par leur enthousiasme la royale entrée du peuple élu dans la nouvelle carrière de gloire et de richesse qui s'ouvre pour le monde. Que tous les théâtres se réunissent, que tous les génies aimés du peuple s'inspirent. Béranger, chante! Charlet, prends tes crayons! Que la danse, la poésie, la musique et le drame, le marbre et les couleurs, que tous les prestiges et toutes les séductions exaltent à l'avance les joies qui vont surgir de ce premier camp des travailleurs dont le bruit et l'éclat feront lever la tête à toutes les nations endolories, leur mettront un sourire de bonté sur le visage, et seront un signal de communion pour l'Europe.

Au champ de Mars, le mouvement des chevaux, Franconi et sa troupe, le cri des fanfares, les longues évolutions des cohortes des travailleurs repliant et faisant défiler leurs lignes enluminées d'éclatantes couleurs sur lesquelles flotte le nouvel étendard; ici les jeux d'adresse et de force; Amoros, madame Saqui, Garnerin et ses ballons, qui nagent majestueusement entre le ciel et la terre: là sur des railures d'acier, de lourds chariots volant comme des flèches et donnant en spectacle au peuple l'avenir que son bras va créer. Ah! donnez-lui le spectacle de peuples barbares et misérables, vainqueurs et vaincus, Russes et Polonais; figurez sous ses yeux leurs guerres acharnées; et qu'au milieu de feux croisés, sifflant, fouettant l'air, le brisant en éclats et tombant en une rosée d'étoiles; qu'au milieu de flammes, jaunes et bleues, allongeant leurs langues en spirales à travers un nuage de noire fumée, on voie plus rapide qu'un oiseau s'avancer la caravane des travailleurs, ambassade de paix avec ses chœurs nombreux et ses danseuses parées; que l'on voie les vaincus reprendre espoir, les hordes de houlans immobiles, muettes, séduites, laisser tomber leurs armes; et tous, vainqueurs et vaincus, entonner l'hymne de confédération universelle, et du milieu des tourbillons de danses et de valses, consacrer à l'œuvre commune leurs mains pacifiées.

Au Louvre les magnificences de la danse, des décors et du chant, qu'une tente bariolée soit suspendue aux plates-formes et change la vaste cour en une salle où régneront les Mayerbeer, les Rossini, les Scribe, les Duponchel, les Taglioni. Que le peuple vienne dans ces nouveaux carrousels se pacifier à la délicatesse touchante de ce que les arts ont de plus raffiné; qu'il ouvre ses sens encore endurcis comme à une douce rosée de jouissances inconnues; qu'il devienne poli, élégant, doux; qu'il s'initie aux plaisirs ennoblis du grand monde que son travail va lui donner!

O femmes! vous avez chanté pour la Grèce et vous avez chanté pour la Pologne: ne paraîtrez-vous pas sur le théâtre de la résurrection et de l'ennoblissement du peuple, de ce peuple de France qui créa les plaisirs et la richesse de vos ancêtres, qui crée les vôtres et n'en jouit pas?

O femmes! le peuple attend, hâve, nu, ignorant, misérable, sans tendresse, sans grâce et sans volupté. Il souffre la faim, il souffre le froid ; il est frappé en lui et en ses enfans de toutes les contagions humaines et terrestres, de tous les fléaux de la chair et de l'esprit ; il se meurt lentement de fièvre et de souillures. Mais il vous appelle ; il vous aimera. Il se réjouit tant quand vous venez à lui avec vos visages frais et vos belles parures! Oh! prenez pitié de l'esprit et de la chair du peuple ; inspirez-le d'enthousiasme ; rendez-le fier, robuste et bon ; ouvrez à son ame béante ces torrens de joie que Dieu lui réserve. Debout, debout, le peuple attend!

Voilà notre espoir et notre résolution pour le peuple, à qui sans doute les secours des médecins sont nécessaires, mais pour qui il faut plus que des drogues de pharmacien aux jours du choléra.

Il faut au peuple, dès ce jour, des fêtes splendides qui détournent sa pensée du nouveau fléau dont il est frappé, qui l'exaltent et l'attachent de passion à l'accomplissement d'immenses travaux qui lui fassent adopter l'ordre d'une discipline industrielle, et qui, le précipitant avec l'ensemble d'une armée partout où les villes et les campagnes languissent de stérilité, de saleté et de laideur, les lui fassent embellir et féconder. Il faut au peuple une impulsion morale si puissante, qu'il se prenne à produire la richesse et à la jeter sur le sol à flots si pressés, qu'il puisse dire : « Moi, peuple, j'y aurai part, » et que nul bourgeois ne s'en épouvante.

C'est là l'espoir qui nourrit et enflamme notre existence d'apôtre, au milieu des embûches de la chicane, du bourdonnement d'injures et d'accusations atroces, en face d'un avenir où sont des chances de pauvreté, et sous la loi provisoire et triste du célibat.

Et maintenant, au moment de livrer à la presse le dépôt d'améliorations politiques et économiques que nous avons accumulées dans *le Globe* depuis dix-huit mois, au moment où nous sentons que c'est par nos personnes plus que par nos écrits que nous avons à aiguillonner le monde, à le vivifier, à le féconder de sentimens d'union, de paix et de travail ; au moment où nous nous apprêtons à entourer NOTRE PÈRE d'un cortége et d'un culte qui soit un témoignage éclatant de la sagesse et de la solidité de notre foi en sa personne, et le montre à la France et à l'Europe comme un espoir définitif et inattendu ; nous demandons à tous les hommes courageux, enthousiastes, passionnés pour la gloire, vers quel soleil levant ils tournent leurs regards, et d'où vient aujourd'hui la lumière ; nous leur demandons de nommer l'homme qui a su balayer de cœurs tels que la société les forme aujourd'hui toutes vanités étroites, toutes passions égoïstes, et attirer nos hommages et nos services ; nous leur demandons, au sein du croulement général de toutes les institutions et de toutes les idoles éphémères des partis, alors que chacun en est venu à rester muet, et que l'on n'entend plus que le bruit des ruines, de regarder face à face celui qui, debout, calme, fait tracer à ses apôtres et à ses ambassadeurs le programme des travaux et des fêtes du peuple, de le regarder face à face et de lui donner son nom.

CH. DUVEYRIER.

LES MAITRISES. — ORGANISATION D'UNE ARMÉE PACIFIQUE.

Nous disons souvent que la concurrence est une guerre où la vie des travailleurs, aussi bien des maîtres que des ouvriers, se passe à lütter péniblement, et presque toujours sans fruit, contre la misère et la faillite; il ne faut pas croire, cependant, que pour détruire des maux si cuisans nous voulions faire revivre les institutions anciennes: Rétablir les maîtrises serait seulement déplacer le mal sans le détruire; les maîtrises étaient aussi de la concurrence, concurrence entre les ouvriers et les maîtres, concurrence entre ceux-ci et le reste de la société. Les maîtres opprimaient les ouvriers, s'opposaient à toute augmentation de salaire, et les empêchaient de s'établir, quelles que fuussent leur moralité et leur aptitude au travail.

Ils exploitaient la société tout entière en s'opposant à toute espèce d'invention qui aurait pu abréger le travail et mettre ses produits à la portée d'un plus grand nombre de personnes; leur action était aussi nuisible, aussi immorale que l'est aujourd'hui la concurrence, puisque plus un objet est bon marché, plus il y a de bien-être répandu parmi les hommes.

Dans l'organisation industrielle de l'avenir nous voulons, nous Saint-Simoniens, que tous les travailleurs puissent acquérir la plus grande richesse possible. C'est là un des dogmes capitaux de notre religion. La possibilité de réaliser cet avenir sera démontrée par l'exemple suivant.

Le gouvernement entretient une armée nombreuse qui coûte beaucoup et ne produit rien. Supposons qu'il applique une partie de ses soldats aux travaux d'agriculture, qu'il organise des compagnies de charpentiers, de mécaniciens, de maçons, de tisserands, de tailleurs, de cuisiniers, enfin de tous les travailleurs capables de produire tout ce qui serait nécessaire à cette armée; on conçoit aisément que ces hommes auraient bientôt acquis une quantité de produits supérieurs à leurs besoins, puisque tous travailleraient et seraient constamment occupés. Aussi bientôt les charrons, après avoir fabriqué d'abord des instrumens aratoires, pourraient faire de brillans équipages, les maçons et les charpentiers pourraient remplacer les modestes habitations qu'ils auraient primitivement construites par de magnifiques palais. La mécanique venant à leur secours, ils atteindraient bientôt un degré d'opulence dont il serait difficile de se faire une idée exacte. Dans cette armée pacifique les chefs, présidant au travail et à la distribution des richesses, les répartiraient non point au hasard, mais suivant la mesure exacte des œuvres de chacun ; tous ayant intérêt à s'aider, l'émulation qui les animerait tournerait à l'avantage général, tandis que la concurrence est une cause de ruine pour tous.

Les hommes ainsi organisés pour le travail seraient aussi considérés que le furent les militaires. On sait que lorsque dans une bataille un régiment avait mérité les éloges de l'empereur, quand ce régiment arrivait à Paris, ou dans une autre ville, tout le monde s'élevait sur la pointe du pied pour voir les braves qui s'étaient distingués : on leur jetait des couronnes, on les saluait de bruyantes acclamations. C'est ainsi qu'un bataillon du 9e léger, auquel l'empereur avait fait dire que « tous les hommes qui le composaient méritaient la croix » était traité partout où il passait. Eh bien ! quand un travailleur dirait : Je fais partie du corps qui a construit le chemin de fer qui conduit du Hâvre à Marseille, ou le canal par lequel on va de Mulhouse à Besançon, tout le monde respecterait un tel homme, comme on respectait les vieux guerriers compagnons du grand capitaine. Aujourd'hui il n'existe rien de semblable, le pauvre travailleur ne jouit d'aucun avantage honorifique, personne ne fait attention à lui, et il doit s'estimer heureux quand il peut manger du pain.

Dans les régimens pacifiques il y aurait des hommes à la voix éloquente qui diraient la grandeur de Dieu, comme le père Barrault la disait dans notre temple avant qu'un pouvoir, qui ne connaît pas ses véritables intérêts, l'eût fait fermer, et ces hommes seraient aimés de tous, tandis que l'aumônier du régiment guerrier est généralement peu estimé des militaires, parce qu'il n'a point d'utilité réelle. Les prédicateurs des régimens pacifiques exciteraient l'enthousiasme pour le travail, et apprendraient aux hommes à s'aimer et à aimer Dieu ; ce serait là leur titre à l'amour de tous.

Dans les régimens pacifiques, des artistes, peintres, statuaires, décorateurs, embelliraient les demeures de chacun et les enrichiraient des merveilles des arts ; les ouvrages des poètes, des romanciers, seraient un délassement agréable pour ceux qui voudraient s'y livrer après le travail ; des musiciens bien supérieurs à ceux des régimens guerriers charmeraient les travailleurs par la mélodie de leurs instrumens ; des savans, après avoir étudié les lois générales de la nature, les enseigneraient à tous pour leur agrément et en vue de l'utilité générale. Dans cette armée ainsi organisée, chaque jour apporterait un accroissement de moralité, de science, de richesse et de bonheur. Chacun jouissant du travail de tous et se sentant lié à tous travaillerait lui-même avec ardeur pour l'avantage général dans lequel se trouverait alors compris celui de chaque particulier.

Ce que je viens de dire ici de l'armée, pour faire comprendre ma pensée, c'est ce que nous voulons faire pour la France, pour l'Europe, pour le monde ; nous voulons que tous les habitans du globe composent une immense armée pacifique sous la direction de chefs aimans et intelligens, et déjà notre voix commence à être comprise chez tous les peuples. Le moment est proche où ce que nous enseignons sera pratiqué, car ce que nous enseignons est la volonté de Dieu.

Ch. BÉRANGER, ancien ouvrier en horlogerie.

ÉVERAT, Imprimeur, rue du Cadran, n° 16.

RELIGION SAINT-SIMONIENNE.

LES COCHERS. — LA CONCURRENCE. — HISTOIRE D'UN TRAVAILLEUR.

Vous connaissez ces petites voitures nommées *coucous*, stationnant sur quelques places publiques et parcourant en tous sens les environs de Paris. Vous avez sans doute vu les cochers qui les conduisent courir de bien loin au devant des passans et leur offrir une place pour une modique somme. Vous avez vu aussi, pendant qu'un voyageur débattait le prix de sa place, venir un autre cocher lui offrir de le conduire pour un prix moins élevé. Vous savez comme ces cochers sont irrités de se voir enlever des voyageurs qu'ils considèrent comme leur propriété; ils s'adressent alors des injures et même ils vont quelquefois jusqu'à se frapper, ce qui est une des plus mauvaises actions qu'un homme puisse commettre.

Bien souvent à la fin de leur journée ces cochers n'ont gagné que juste de quoi payer la nourriture de leur cheval, l'entretien de leur voiture, et les droits qui leur sont imposés par le fisc. Ils rentrent chez eux en maudissant la *concurrence* qui les force à travailler pour un prix tel qu'à grand' peine peuvent-ils se nourir et se vêtir.

Ce que j'indique ici est un mal très grave, puisque les cochers comme tous les travailleurs doivent vivre, et vivre à l'aise, du fruit de leur labeur; cependant si ce mal ne frappait qu'un petit nombre d'individus, je n'en parlerais pas, car il y a bien d'autres maux à guérir qui auraient alors une plus grande importance, mais ce qui a lieu sur la place publique et pour les conducteurs de *coucous* se répète partout où sont des travailleurs. Depuis le manufacturier qui occupe dix mille ouvriers jusqu'au chiffonnier qui vit péniblement du produit de son travail de chaque jour, tous se font *concurrence*, tous vont à l'envi offrir leurs produits à vil prix. Comme personne ne s'occupe de faciliter l'écoulement des produits, souvent les marchands ne vendant rien, laissent les travailleurs inoccupés, et ce n'est que dans de nouvelles diminutions sur le prix des travaux que ceux-ci peuvent chercher un remède aux maux dont ils sont accablés, tandis que le bonheur général et la tranquillité publique réclameraient précisément tout le contraire.

Comme on ne peut diminuer le prix d'un objet qu'en réduisant les bénéfices du travailleur et en fournissant des qualités inférieures, il en résulte que tout le monde est mécontent, aussi bien le travailleur dont le salaire diminue que le consommateur trompé dans les achats qu'il fait il y a un proverbe qui dit: *La mauvaise marchandise n'est jamais bon marché*, et ce proverbe est juste; il est d'ailleurs impossible d'accorder dans le commerce la *concurrence* avec la *bonne foi* : la *bonne foi*, qui devrait être ce qu'il y a de plus précieux au monde, est devenue une niaiserie pour un marchand, elle ne peut servir qu'à le ruiner.

C'est la *concurrence* qui cause les faillites d'une foule d'honnêtes gens. Un marchand fait ses affaires, il voit prospérer sa maison, un autre vient s'établir dans son voisinage et commence par offrir aux acheteurs des avantages plus apparens que réels; afin d'en obtenir la préférence. Le premier pour conserver sa maison est obligé de réduire ses prix, il fait supporter aux fabricans la diminution que la nécessité lui impose, le fabricant la fait à son tour supporter aux ouvriers et tout le monde est malheureux; puis au bout d'un certain temps les sacrifices qu'a faits ce marchand l'ont mis dans l'impossibilité de remplir ses engagemens; son voisin fort souvent se trouve dans le même cas, tous deux sont ruinés, et marchands, fabricans, ouvriers se trouvent ainsi privés de moyens d'existence.

Vous avez vu quelquefois des enfans jouer au roi détrôné. Vous savez comme l'un d'eux, placé au sommet d'un monceau de pierres ou de sable, est tiraillé en tous sens par ses camarades qui veulent l'en faire descendre; il y demeure quelque temps, mais enfin la force l'abandonne, il cède la place à un autre qui éprouve bientôt le même sort. Bientôt, harassés de fatigue, ils laissent là le jeu et s'en retournent tous égaux. Eh bien! c'est là l'histoire de l'industrie telle que l'a faite la *concurrence*. Après s'être toute la vie débattus contre la faillite, la plupart des commerçans finissent par y succomber, et quel est leur sort? je frémis d'y penser. Les uns deviennent balayeurs ou portiers, d'autres se noient ou se brulent la cervelle, d'autres enfin vont mourir à l'hopital à côté de ceux qui furent leurs ouvriers, et mille fois plus malheureux que ces derniers, puisqu'ils conservent le souvenir de leur ancienne aisance perdue sans retour.

A ce sujet il faut que je vous conte l'histoire de mon vieil ami, le père Fournier. C'est un ancien fabricant de ressorts de pendules. Autrefois ces ressorts étaient battus au marteau ; ce travail était très pénible pour les ouvriers et coûtait fort cher. Fournier, le premier, imagina de remplacer le marteau par le laminoir. Ces ressorts ainsi faits sont incomparablement meilleurs que les autres, et dans le premier moment, Fournier les fit payer seulement la moitié du prix qu'ils avaient coûté jusqu'à lui. Il avait une petite fortune qui lui servit à monter son établissement, à faire des essais; car vous savez que ceux qui inventent ne réussissent pas toujours du premier coup ; enfin lorsque sa fabrication fut en pleine activité, il ne lui restait point d'argent, mais seulement les moyens d'en gagner. Alors aussi d'autres fabricans comme lui se servirent de ses procédés de fabrication, et comme ils n'avaient point eu de travail à faire pour les découvrir, point de pertes à supporter pour des essais infructueux, ils pouvaient tout à coup lui faire *concurrence* à prix égal; c'est ce qu'ils firent. Néanmoins comme le père Fournier était habile et très laborieux, il garda long-temps sur eux la supériorité; mais au lieu d'un bénéfice qui pût lui assurer de quoi vivre dans sa vieillesse, il ne gagnait que juste de quoi vivre au jour le jour. Il est arrivé qu'un grand nombre de ceux avec lesquels il faisait des affaires ont *failli*; alors il s'est trouvé ruiné, et maintenant cet excellent homme, chez qui cinquante ouvriers trouvaient du travail, est tambour de la garde nationale et absolument ruiné.

Si le mal des autres était un motif de consolation pour celui qui nous arrive, Fournier n'aurait pas trop lieu de se chagriner, car ceux qui ont été ses concurrens sont tous aussi malheureux que lui, après avoir comme lui long temps travaillé.

Oh! quelle douleur c'est de voir les travailleurs de tous les états chercher à se nuire au lieu de se faciliter le travail. Heureusement qu'à notre voix ils s'aperçoivent déjà que leur intérêt est de s'associer et non de chercher à se nuire. Lorsque tous l'auront compris, lorsque tous les efforts qui s'éparpillent dans de mauvaises directions seront dirigés vers un but commun, la concurrence sera religieuse, elle sera sociale. Le désir de se distinguer par son aptitude au travail, d'enrichir la société par une production plus abondante, de mériter l'amour de tous et les honneurs qui seront la récompense du mérite remplacera l'égoïsme qui pousse aujourd'hui les travailleurs à écraser leur voisin pour profiter de ses dépouilles; et cela sera bon, car l'harmonie, la paix et la richesse valent mieux que la discorde, la guerre et la pauvreté. Mais l'harmonie, la paix et la richesse ne peuvent régner que parmi des hommes religieux, et c'est pour cela que nous enseignons la religion au monde.

Ch. Béranger, ancien ouvrier en horlogerie,
fonctionnaire Saint-Simonien.

Tous les jours de la semaine, de six heures du matin à dix heures du soir, et le dimanche de six heures à midi, les directeurs ou sous-directeurs de propagation du degré des industriels donnent les renseignemens qui leur sont demandés sur la religion Saint-Simonienne, aux domiciles suivans :

Rue de la Tour-d'Auvergne, n° 34,
Rue de la Contrescarpe Saint-Antoine, n° 70.
Place de l'Hôtel-de-Ville, n° 7,
Place de Sorbonne, au coin de la rue de Cluny.

ÉVERAT, Imprimeur, rue du Cadran, n° 16.

RELIGION SAINT-SIMONIENNE.

—

LES MANŒUVRES A MAÇONS ET LES POMPIERS.

Depuis que je suis Saint-Simonien, je me suis étonné bien souvent de n'avoir pas fait plus tôt attention à une foule de choses qui me frappent aujourd'hui de la manière la plus évidente. Par exemple l'avantage que trouvent les hommes à vivre en état d'association et les immenses services qu'il peuvent rendre à la société de cette manière ne me sont jamais apparus aussi clairement qu'ils m'apparaissent maintenant.

Vous avez vu quelquefois ces hommes qu'on appelle des *manœuvres*, qui le matin s'assemblent sur la place de Grève, attendant qu'on vienne les chercher pour les faire travailler; la hotte, la pelle et la pioche sur les épaules, ils sont là regardant d'un air ennuyé tout ce qui les entoure; leur pas pesant, leur visage triste, leurs vêtemens malpropres et souvent déchirés donnent une idée peu avantageuse du travail auquel ils se livrent; les autres ouvriers semblent se faire un malin plaisir de les railler, ils les qualifient de *pezouts*, *ligouchetrats* et de plusieurs autres noms baroques. Les maçons mêmes qui les emploient leur donnent presque toujours des surnoms qui sont l'expression d'une véritable ironie; celui qui est laid ils le nomment *la rose*, celui qui paraît plus niais que les autres ils le baptisent *dégourdi*. J'en ai entendu quelquefois nommer *court-d'argent*, enfin une pluie continuelle de brocards et de plaisanteries tombe incessamment sur ces pauvres hommes; aussi ils ne sont pas orgueilleux, leur tournure n'a rien de martial, et quand ils marchent réunis, ils ont véritablement l'air d'aller plus à l'enterrement qu'à la noce. Au travail leurs mouvemens et leurs pas pourraient être facilement comptés. Vous savez que leur exactitude à laisser là les outils quand sonne l'heure du repas est devenu proverbiale. Ces hommes gagnent communément trente à quarante sols. Du reste on doit reconnaître qu'ils jouissent d'une grande réputation de probité, qu'ils sont doux, bons, serviables, faciles à gouverner, et qu'en général leur conduite est très-régulière. Toutes choses très-importantes, très-louables et qui méritent de grandes éloges.

Vous connaissez aussi les sapeurs-pompiers. Comme ils sont beaux et brillans, comme leur casque de cuivre poli reluit au soleil et éblouit les regards de mille rayons étincelans! Leurs vêtemens bien brossés, leurs fournimens blancs comme la neige, leurs fusils aussi éclatans que les diamans d'une duchesse, et leurs gibernes polies comme un miroir, charment la vue du peuple rangé en deux files épaisses pour les voir passer lorsqu'ils se rendent à la revue ou à l'exercice au son de la caisse. Le sapeur-pompier ne baisse pas la tête lui, il n'est pas lourd, il n'a pas l'air stupide; au contraire, il marche fièrement, légèrement, et ne paraît embarrassé de rien; tout le monde lui fait politesse, on le traite comme tous les hommes devraient être traités; il n'est point brutalisé ni raillé par ses chefs qui lui disent *monsieur* et non *la rose*, *dégourdi* ou *court-d'argent*.

Si le sapeur-pompier est beau dans son grand uniforme, il faut le voir quand on vient l'avertir que le feu est dans une maison: bien fin serait celui qui compterait alors ses pas et ses mouvemens. Comme il saisit sa hache et ses cordes! comme il s'est bientôt coiffé de son casque! comme il se met à traîner sa pompe! il brûle le pavé dans sa course vigoureuse; puis arrivé, le chef examine rapidement quels sont les moyens à employer pour se rendre maître du feu; il donne ses ordres d'une voix ferme, claire, précise, et tout le monde obéit comme il commande: on dirait que ces hommes ont le secret de quelques paroles magiques qui forcent le feu de s'arrêter, car du moment où ils sont à l'œuvre, on peut être assuré que l'incendie ne fera plus de progrès.

D'où vient donc la différence qui existe entre les pompiers et les *manœuvres*? Pourquoi l'activité, le courage, la fierté des uns, et la mollesse, l'apathie, l'humilité des autres? C'est que les uns forment un *corps* compact, ils semblent des frères ayant tous un même intérêt, celui de la société qui les considère et les récompense quand ils l'ont mérité; c'est que tous rougiraient de se montrer au-dessous de la mission qui leur est donnée, c'est que tous veulent conserver l'honneur de leur uniforme et augmenter s'il est possible la considération dont il jouit; tandis que les autres, isolés, sans *lien* entre eux, n'ont rien qui les excite à bien faire. Quand le manœuvre a bien servi son maçon, celui-ci le paye et tout est dit. Quand un pompier a fait son devoir courageusement, son nom est mis à l'ordre et cité avec éloge; quand il s'est distingué, il reçoit une récompense; il en est qui ont mérité la croix de la légion-d'honneur et l'ont obtenue.

On sent facilement quels immenses travaux pourraient exécuter en peu de temps des hommes guidés par un sentiment pareil à celui dont sont animés les pompiers; eh bien! quand le gouvernement le voudra, cela aura lieu; il suffira pour cela d'organiser les travailleurs comme sont organisés les pompiers.

Je sais bien que beaucoup d'ouvriers, amans passionnés de l'indépendance, refuseraient de se soumettre à la discipline à laquelle sont astreints les pompiers, et je suis loin de les en blâmer, mais c'est une erreur de croire que des travailleurs seraient soumis aux inflexibles réglemens militaires: les jours de l'autorité qui s'exerce par la crainte sont heureusement finis; le temps est venu où l'autorité doit s'exercer par l'affection; le tems est venu où les hommes ne doivent plus avoir des maîtres qui les tyrannisent, mais bien des pères qui les aiment, comme nous en avons déjà chez nous.

Croyez-vous que ce soit de moi-même et sans un chef qui me guide que j'écris ce que vous venez de lire? vous vous tromperiez si vous le croyiez! Voici ce qui est arrivé: Notre PÈRE ENFANTIN, que vous connaîtrez un jour, a long-temps médité sur toutes ces choses, et quand il les a sues il m'a dit: « Écris à tes frères, les ouvriers comme toi, et dis- » leur ce qui peut les rendre heureux. » C'est pourquoi j'ai écrit ceci et j'écrirai encore d'autres choses à mesure que mon père me les enseignera, parce que je vous aime et que je veux me faire aimer de vous, en faisant la volonté de mon père.

Ch. BÉRANGER, ancien ouvrier en horlogerie,
fonctionnaire Saint-Simonien.

EVERAT, imprimeur, rue du Cadran, n. 16

RELIGION SAINT-SIMONIENNE.

LA CONCURRENCE. — LES MACHINES ET LES OUVRIERS. — LES ASSOCIATIONS.

Tout le monde aujourd'hui n'est pas encore désabusé sur les résultats de la *concurrence* en matière de commerce. Beaucoup y voient le seul moyen de progrès pour l'industrie; ils la considèrent comme étant pour le plus grand avantage de tous. Ils ne comprennent pas qu'aucun grand progrès ne peut être le résultat d'efforts isolés, et que les progrès de l'industrie seraient bien plus marqués si les industriels, au lieu de *lutter* entre eux, *s'associaient* pour combiner leurs idées et leurs efforts. Ils ne veulent pas voir que le système de la concurrence ne profite en dernière analyse qu'à l'oisif qui ne produit rien, puisque lui seul peut acheter *à vil prix* tout ce qui lui est nécessaire ou agréable, sans être obligé de vendre *à vil prix* comme font tous ceux qui fabriquent.

Il ne manque pas même de beaux parleurs, qui passent pour des *savans*, et qui viennent dire aux ouvriers : La concurrence et les machines vous sont aussi utiles qu'aux riches; par elle la fabrication se faisant à meilleur marché, l'ouvrier peut se procurer beaucoup d'objets auxquels il n'aurait pu atteindre sans la concurrence, sans les machines. Mais la concurrence a pour effet de faire baisser le prix des journées, et l'introduction d'une nouvelle machine ôte le travail à un certain nombre d'ouvriers. Tant qu'on n'aura pas remédié à cet inconvénient par les mesures d'une sage prévoyance, la concurrence et les machines auront une influence directement funeste sur le sort de l'ouvrier.

Serait-il donc possible que Dieu eût donné à l'homme tant de moyens d'embellir son existence et de suppléer, par de belles machines, au travail physique d'un grand nombre d'individus, et cela pour son malheur? Serait-ce pour livrer à une misère éternelle une portion de l'humanité que Dieu lui aurait ouvert tant de sources de richesses? Et sommes-nous donc condamnés à voir briser sans pitié ces auxiliaires de l'homme, ces grandes machines qui travaillent et suent pour lui, tandis qu'à côté d'elles des hommes, nos frères, gémissent sous le poids d'un travail excessif, et demandent une ou deux heures de fatigue de moins? Faudra-t-il donc toujours que l'emploi des machines fasse mourir de misère et de faim une partie de la population, ou que sans elles elle meure de fatigue et de travail ?

Aujourd'hui que l'industrie est livrée à la concurrence, le fabricant cherche tous les moyens de produire au plus bas prix possible. Il établit dans ses manufactures des machines destinées à remplacer un grand nombre de bras, et renvoie une partie de ses ouvriers.

Supposons que tous les manufacturiers d'une même ville s'associent, et mettent tout en commun, capitaux, intelligence, activité, travail, et que chacun prenne dans l'atelier social la place et le rang qui convient à son habileté industrielle. Tant de ressources leur permettent de créer un immense établissement monté des machines les plus parfaites. Au lieu de renvoyer une partie de leurs ouvriers, ils les rassemblent et leur disent : « Nous avons jusqu'ici employé vingt mille ouvriers, et » maintenant nous pourrions faire le même travail avec dix mille. Mais » nous voulons faire profiter aussi la population ouvrière de l'établisse- » ment de nos machines. Ainsi la journée de travail sera réduite de » moitié, sans que le salaire subisse de réduction. L'ouvrier pourra » employer à s'instruire de la théorie de son travail, à développer son » intelligence et sa moralité, à jouir de la vie, le temps que, sans l'in- » troduction des machines, il aurait tout entier passé au travail. »

De cette manière tout se trouverait concilié ; l'intérêt des manufacturiers, qui continueraient à réaliser de gros bénéfices sans craindre les révoltes d'ouvriers, celui des ouvriers dont l'existence serait douce, et celui des consommateurs, puisque les produits de l'industrie seraient de meilleure qualité, résultant du travail non forcé d'ouvriers plus intelligens.

Or, cette supposition, nous, Saint-Simoniens, nous voulons la réaliser, non-seulement pour une seule ville, pour une seule industrie, mais pour toute la France, pour toutes les branches de l'industrie et du commerce, pour le bonheur des *maîtres* comme pour celui des *prolétaires*. Mais alors il n'y aura plus de *maîtres* ni de *prolétaires salariés*, il y aura des ASSOCIÉS classés selon leur vocation, rétribués suivant la part que chacun aura prise dans le travail commun, et s'aimant les uns les autres comme les membres d'une famille unie.

ALEXIS PETIT.

ÉVERAT, Imprimeur, rue du Cadran, N° 16.

RELIGION SAINT-SIMONIENNE.

LE TEMPS PERDU.

> Tout vice naît d'oisiveté, toute richesse vient du travail.
>
> P. L. COURRIER.

Ce serait un livre très-utile que celui qui contiendrait une exacte description du mauvais emploi que les hommes font de leur temps, aussi bien par suite des habitudes vicieuses qu'ils ont contractés, que par la vicieuse organisation de l'ordre social; les hommes qui composent l'armée passent toute leur vie à des exercices, des manœuvres, qui en définitive n'aboutissent à rien d'utile; trois millions de soldats en Europe vivent sous les drapeaux et n'aspirent qu'à rentrer dans la vie civile afin d'échapper à l'ennui que leur inspire leur inutilité; combien de richesses pourraient produire ces trois millions d'hommes, si les gouvernemens qui les tiennent enrégimentés et possèdent tous les moyens de diriger leur activité vers le travail, voulaient se donner la peine de le faire.

Indépendamment des militaires, les habitans des campagnes durant les jours d'hiver, quand la terre est couverte de son immense manteau de neige, demeurent enfermés dans leurs chaumières, oisifs ou à peu près. Les ouvriers des villes, souvent inoccupés, se promènent par les rues et les places publiques. Pour les uns comme pour les autres, cette oisiveté est une cause perpétuelle d'ennui, en même temps qu'une cause de troubles, de soulèvemens et d'émeutes au sein de la société. Les hommes auxquels leur fortune permet de vivre à rien faire, se battent les flancs la plupart du temps à tâcher de passer leur vie sans dégoût, et n'y parviennent point. Souvent leur immoralité porte le trouble au sein des familles; leur existence, sauf un petit nombre d'exceptions, s'écoule sans que rien d'utile ait été produit par eux, et au terme de leur carrière, ils ont vécu sans plaisir réel et sans profit pour la société.

Voilà donc quatre classes d'hommes. les militaires, les villageois, les ouvriers des villes, et les riches, c'est-à-dire presque toute la société, dont le temps se trouve en grande partie perdu, faute d'une occupation à la fois agréable et productive, mais ce n'est encore là qu'une des faces de la question.

Il y a une foule d'individus qni travaillent une grande partie de la journée, et qui pourtant ne produisent rien ou ne produisent que peu de chose. Les rues fourmillent d'hommes et de femmes qui se procurent une chétive existence en vendant quelques fruits, ou des légumes, ou quelqu'autre produit de peu de valeur. Et leur nombre est très-considérable : ce ce sont des forces entièrement perdues pour la société. La richesse sociale et par conséquent la part de chacun seraient de beaucoup augmentées, si ses forces étaient employées à la production.

Paris emploie une quantité d'hommes au sciage du bois de charpente et de chauffage, ainsi qu'à la taille des pierres. Beaucoup d'individus s'usent à porter de l'eau dans les maisons. Si l'on confiait aux machines le sciage du bois et des pierres, ainsi que la première façon à donner aux bois de menuiserie, si chaque maison recevait des réservoirs publics, l'eau dont elle a besoin pour sa consommation, tous ces hommes et toutes ces femmes qui ne connaissent la vie que par la fatigue et la souffrance, employés à des travaux moins pénibles, augmenteraient de beaucoup la production des objets utiles à la richesse et au bien-être de la société.

Le temps que passe le riche à des plaisirs sans fin, les promenades à cheval, les bals, les spectacles auxquels il se rend seulement pour tuer ce temps dont il est embarrassé, je crois que tout cela est bien du temps perdu, car le plaisir n'est utile que lorsqu'il est la suite et la récompense d'un travail, et j'en dirai autant de celui que l'ouvrier passe à s'enivrer à la Courtille, car ces deux cas sont absolument semblables.

L'auteur qui a composé un drame, qu'un public froid et ennuyé viendra voir représenter, pour tâcher d'échapper un instant à l'ennui qui le possède, les acteurs qui remplissent un rôle dans la représentation de ce drame, lorsqu'ils n'aperçoivent devant eux que des spectateurs glacés par l'ennui, et ne leur tenant aucun compte des efforts qu'ils ont dû faire pour accomplir leur tâche, n'ont-ils pas perdu leur temps?

L'artiste, le peintre, le statuaire dont tous les momens ont été donnés au poème, au tableau, à la statue sur lesquels ils avaient fondé l'espoir de leur fortune et de leur gloire, lorsqu'un petit nombre de curieux vient, d'un air stupidement protecteur, jeter un coup d'œil distrait sur l'œuvre de leur génie, enfanté au prix de tant peines, de travaux et de veilles laborieuses, n'ont-ils pas perdu leur temps?

Si l'on ajoute au temps perdu dans l'oisiveté celui qui s'écoule sans utilité pour personne, par suite de la vicieuse organisation des travaux que chacun entreprend, sans guide, sans soutien, sans direction, et que l'on y joigne la masse énorme de forces gaspillées éparpillées par suite de l'isolement où la concurrence entretient les travailleurs, et du mauvais choix des procédés de fabrication, on trouvera que l'emploi mieux combiné du temps et des forces de tous suffirait seul pour décupler les richesses de la société, et pour y faire naître l'abondance, le bonheur et la vertu; car *toute richesse naît du travail, tout vice vient de l'oisiveté.*

Or dites-moi si le riche que son éducation a formé aux habitudes douces et polies entreprenait d'adoucir et de polir les mœurs du pauvre, de lui inspirer le goût de la vertu par son exemple. et en l'instruisant de tout ce qu'il doit savoir; s'il entreprenait de surveiller le travail, et de le rendre moins pénible et plus productif, ne serait-il pas heureux de son bonheur et de celui des autres? L'acteur qui représenterait, devant un public nombreux et animé, les œuvres du génie des poètes, conçues de manière à moraliser les peuples, et le poète lui-même, ne seraient-ils pas heureux des applaudissemens qui retentiraient a leurs oreilles? Et ce peuple qui les applaudirait et les enrichirait à son tour de tout ce que peut créer le travail industriel organisé pour la plus grande production possible ne serait-il pas heureux de son bonheur et de celui des hommes qui l'instruiraient et le moraliseraient?

Au lieu de cela, le riche, l'artiste, l'acteur et le peuple languissent misérablement chacun de leur côté, privés, les uns de plaisir et de gloire, les autres d'aisance et de bien-être, tandis qu'il suffirait de les diriger convenablement pour faire succéder à la langueur l'enthousiasme, comme il suffirait d'appliquer au travail l'activité des hommes pour faire succéder à l'opulence la misère.

C'est vers ce but que tendent tous nos efforts; nous voulons nous, Saint-Simoniens, qu'à chacun soit donné l'emploi qui lui est propre; nous convions le gouvernement à s'occuper de tirer le plus grand parti possible des forces et de la capacité de chaque individu, et bien que souvent nous recueillions pour prix de nos efforts l'injure et la calomnie, nous avons foi que notre voix sera bientôt entendue; car Dieu protége les hommes qui veulent avec persévérance et calme le bonheur de l'humanité, et ils finissent par avoir raison.

BÉRANGER, ancien ouvrier en horlogerie,
fonctionnaire Saint-Simonien.

ÉVERAT, Imprimeur, rue du Cadran, n° 16.

RELIGION SAINT-SIMONIENNE.

AU ROI.

(Extrait du *Globe* du 13 avril 1832).

SIRE,

Vous êtes au milieu de circonstances graves que vous n'aviez pas prévues; vous portez alternativement vos regards inquiets sur la France et sur les nations voisines; de toutes parts vous ne découvrez que malaise, qu'embarras, qu'incertitude pour vous comme pour le pays auquel vous avez cependant immolé ce que vous aviez de plus cher, la quiétude de l'opulence privée, et les joies paisibles du foyer domestique. Au dehors vous voyez une méfiance railleuse, et la guerre qui menace; au dedans la méfiance encore, l'irritation et l'émeute. Vous interrogez vos conseillers, vous les pressez d'améliorer quelque peu le sort de ce peuple que vous aimez et qui un instant espéra en vous, et vos conseillers, frappés d'impuissance, s'en vont explorant l'arsenal de la restauration; ils n'y trouvent que des armes rouillées ou usées; ils n'y ramassent que la poussière de ces débris que, dans leur audacieuse mais brillante rêverie, les Villèle et les Peyronnet avaient pris pour les colonnes éternelles de l'ordre social. Le terme est atteint, Sire, de toutes ces tentatives sans fruit, de tous ces tâtonnemens sans résultat, de toute cette activité sans vie; car un nouveau fléau vient d'ajouter ses ravages aux ravages de la misère, et la souffrance déborde. Le temps est venu où des hommes qui ont mission de tenir à tous et à vous-même, Sire, un langage à la fois conciliant et sévère, vont vous faire entendre les prophéties qui devraient sortir de la bouche de vos conseillers. Le premier j'en assume la responsabilité, et, prenant pour un instant le rôle de votre ministre des travaux publics, je vais vous parler en homme dont le cœur palpite à toutes les douleurs du peuple parce qu'il les a touchées une à une, en homme qui a volonté de les tarir, et qui sent en lui une autre puissance que la puissance nécessaire pour débiter de vaines paroles ou former de stériles vœux.

PROJET DE RAPPORT

DU MINISTRE DES TRAVAUX PUBLICS AU ROI LOUIS-PHILIPPE.

Sire,

Lorsque la France a voulu faire un roi, elle a jeté les yeux sur vous. Des hommes qui avaient sur les lèvres des paroles d'épanchement et de confiance ont remis entre vos mains un sceptre mutilé par la méfiance; eux seuls vous ont soutenu pour monter en peu de jours les degrés d'un trône brisé qu'il ne s'agissait plus de *restaurer*, mais de RECONSTRUIRE; en cet instant vous aviez foi à la légalité. Vous étiez entouré d'avocats, une charte venait d'être discutéeet votée, vous l'aviez acceptée. j'allais dire subie. L'assemblée qui vous la présentait était composée d'hommes sincères : car en dorant la couronne. qu'ils avaient faite d'épines, ils se regardaient comme les sauveurs de la France; c'est avec sincérité aussi que vous avez juré d'exécuter fidèlement les clauses de ce contrat improvisé. En tout ceci vous avez obéi à vos croyances. et nul ne saurait vous en blâmer. Vous avez cru de très-bonne foi que Charles X avait été précipité pour avoir apostasié la charte; vous avez cru que la France avait soif de légalité, vous avez cru que le jour où un roi, non plus de France mais des Français (la différence est grande), entouré de tous les partis de la restauration, voudrait avec la loyauté d'un honnête homme exécuter franchement le marché écrit, que ce jour-là la France calme, glorieuse, respectée, goûterait au milieu des douceurs de la paix toutes les joies d'une prospérité croissante se développant à l'ombre de son panache constitutionnel. Vous l'avez cru; que croyez-vous aujourd'hui? Aujourd'hui que tant de faits éloquens sont venus saper votre foi, et donner à vos espérances le nom d'illusions; aujourd'hui que la France, fatiguée du bavardage impuissant des chambres, n'attend plus un bonheur voté, et sent que ses destinées sont ailleurs que dans un scrutin; aujourd'hui que la nourricière des peuples, l'industrie. écrasée par la concurrence, languit épuisée, et tombe après mille efforts convulsifs pour se raviver, aujourd'hui enfin que votre capitale est réduite à disputer ses enfans au fléau de l'Asie, et livre tardivement à la misère dévorante un combat inégal; que croyez-vous? Vous ne croyez plus rien.

Sire,

Lorsque j'ai reçu la haute mission que vous m'avez confiée, moi aussi j'avais foi à ce balancement des pouvoirs et à leur harmonieuse union dans un roi réduit à l'impuissance de mal faire. Je ne m'étais pas demandé alors si cette impuissance n'entraînait pas avec elle l'impuissance de bien faire. J'avais vu avec joie la royauté garrottée et la loi souveraine; je m'étais réjoui de voir enfin un grand peuple traitant ses propres intérêts par lui-même ou par ses mandataires, dressant un trône comme une *nécessité*, et pouvant dire chaque jour à celui qu'elle y avait assis : « Qui t'a fait roi? »

Comme vous j'ai cru, comme vous j'ai espéré.

La tourmente des premiers temps m'a trouvé inébranlable dans ma foi. On disait que la France était semée d'agitateurs; tantôt c'était la république avec son cortége de négations et criant toujours *à bas* quelqu'un ou quelque chose; tantôt c'était la monarchie avec ses vieilles affirmations et son imperturbable croyance aux revenans; et après avoir bien regardé tout ce que l'on montrait, bien écouté tout ce que l'on disait, je suis demeuré convaincu que la France ne voulait ni la république, mot mystérieux dont elle craint la révélation et soupçonne le sens, ni la monarchie qu'elle connaît et qu'elle a chassée. Mais, dans cet examen consciencieux et nouveau pour moi, quel a été mon étonnement lorsque j'ai porté mes regards sur nous-mêmes, et que du poste élevé dont votre confiance m'a investi j'ai contemplé nos institutions et les fruits qu'elles ont portés. Lorsque j'ai vu, sous ce régime bâtard qui n'est ni la république ni la monarchie, la France livrée à mille douleurs sur lesquelles vous ne pouvez que gémir, inquiète sur son présent, sans boussole pour son avenir, cherchant encore un bonheur qu'elle avait cru payer de son sang aux jours des barricades, et lasse peut-être d'espérer. C'est alors qu'une longue lutte s'est engagée en moi entre la voix des faits et la voix retentissante de croyances enracinées par quinze années de promesses; c'est alors aussi qu'une nouvelle lumière a lui pour moi. Je vous dois, Sire, les premières inspirations d'une conviction récente mais profonde; je vous les livre comme l'unique moyen de recevoir les bénédictions d'un peuple qui n'attend pas seulement de simples aumônes, mais qui cherche des yeux un étendard autour duquel il retrouve l'enthousiasme et la vie.

Sire,

La France veut la paix, et pourtant la même ardeur qu'elle épancha naguère sur les champs de bataille bouillonne encore dans son sein. Nous avons vu cette ardeur déborder en émeutes dans nos rues et sur nos places publiques; nous l'avons vue, exaltée par la misère, servir le désespoir de plusieurs milliers d'hommes affamés qui réclamaient de *vivre* EN TRAVAILLANT, et ce grand enseignement avait été perdu pour nous.

Sire, ce que j'ai appris de nouveau, c'est que la voix du peuple était bien en ce jour la voix de Dieu, et les mesures que je viens vous proposer aujourd'hui sont une réponse vraiment royale à la pétition sublime écrite sur le drapeau lyonnais. Oui, Sire, travailler et non combattre, produire et non détruire, tel est le grand secret de la politique du *jour*. Que d'immenses travaux soient donc ordonnés, non demain mais aujourd'hui même; que des armées de *travailleurs* soient levées avec la même audace qu'en d'autres jours de deuil la Convention fit sortir de terre quatorze armées de *combattans*. Voici l'ordonnance que je vous propose de rendre immédiatement. A votre décision, Sire, est attaché le salut de l'état.

ORDONNANCE.

« Une commission, composée de trente ingénieurs, suivra avec activité le projet si long-temps ajourné de la distribution des eaux de Paris, et commencera son exécution dans le plus bref délai. Il sera préparé de nouveaux travaux pour la partie de la population qui aujourd'hui vit de la distribution de ces eaux.

» Cinquante JEUNES ingénieurs traceront la grande ligne des chemins de fer du Havre à Marseille et de Strasbourg à Nantes. Des cadres sont ouverts dès ce jour pour enrôler tous les ouvriers qui se présenteront des divers points de la France. Deux cents millions sont nécessaires pour cette entreprise; pour se les procurer le gouvernement négociera dix millions des rentes acquises par l'amortissement. Il sera procédé dans le délai de trois semaines à toutes les formalités d'enquêtes, d'avis des prefets, etc. Pour les terrains traversés toutes difficultés seront aplanies par des voies extra-légales, s'il est nécessaire, moyennant indemnité calculée sur la base de trente à quarante fois le revenu.

» Dix mille hommes, sous la direction de M. Mathieu Dombasle, » seront envoyés dans les départemens de l'Ouest pour défricher les » terrains incultes et perfectionner les moyens arriérés de culture qui » sont encore en usage dans ces contrées. Vingt millions sont mis à la » disposition du chef de cette colonie, qui sera le véritable pacificateur » de la Vendée. Les Vosges et les Pyrénées seront replantés.

» Des fonds seront appliqués immédiatement au canal latéral à la » Loire. Le canal de Nantes à Brest sera poursuivi avec activité.

» Deux nouvelles rues, depuis long-temps en projet, seront percées » à Paris dans les quartiers qui ont le plus besoin d'être assainis : celle » qui va du Louvre à la Bastille, et celle qui va du pont d'Arcole au » parvis Notre-Dame.

» Les marchés seront terminés d'après les plans présentés en 1808 à » l'empereur, qui voulait que *le peuple eût aussi son Louvre.*

» Les propriétaires de maisons recevront des indemnités calculées » sur les mêmes bases indiquées ci-dessus pour les terrains livrés aux » chemins de fer.

» Une commission permanente s'occupera de nouveaux projets à » présenter, et de créer les moyens de les exécuter. Les conseils géné- » raux de tous les départemens s'assembleront avant le 30 avril, et en- » verront à cette commission leurs observations et leurs requêtes sur » les travaux d'intérêt local.

« Deux millions seront répartis entre les divers ministères pour aug- » menter le nombre des bourses dans les diverses écoles, qui seront » toutes réorganisées sur un plan général. »

Telles sont, Sire, les mesures les plus urgentes ; j'ai choisi à dessein des projets avec lesquels l'esprit public est familiarisé; et dont la haute utilité est généralement sentie. Aux hommes qui bourdonneront le mot de LÉGALITÉ vous direz : - Mon peuple a faim, et vos éternels discours « ne le nourrissent pas; » à ceux qui vous parleront de l'intérêt des propriétaires vous apprendrez que l'intérêt des propriétaires c'est l'ordre et la paix ; à ceux enfin qui compteront les millions dont vous disposez, vous répondrez que la guerre d'Espagne a coûté quatre cent millions.

Sire,

Oubliez un peu la charte, et faites que le sang versé en juillet soit une *vérité*. Au milieu d'une horrible tourmente de trois années, la Convention, bravant toutes les têtes couronnées, a soutenu la guerre contre l'Europe conjurée, et a préparé ainsi l'œuvre d'un guerrier gigantesque. Vous, Sire, plus heureux que ces hardis démolisseurs, après la grande émeute des trois jours vous avez rempli une mission conciliatrice, et vous avez préparé la venue d'un NAPOLÉON PACIFIQUE, car tel est l'homme que la France incertaine et flottante attend avec anxiété. Il faut au fondateur de l'ère nouvelle la haute intelligence de Descartes, la foi persévérante de Hildebrand, l'audacieuse confiance de Christophe Colomb. Si vous êtes cet homme, Sire, marchez !

HENRI FOURNEL, apôtre,
Ingénieur des mines, ancien directeur du Creusot.

EVERAT, Imprimeur, rue du Cadran, n° 16.

RELIGION SAINT-SIMONIENNE.

PROJET DE CHARTE.

Les administrations locales auront de la vie et les localités exerceront leur spontanéité lorsqu'il sera entendu que la politique, ou pour mieux dire l'*administration*, a pour objet le développement des intérêts *industriels* des peuples. Ce principe posé, on trouvera aussi absurde qu'un homme ait la prétention d'être le premier magistrat de la Seine-Inférieure, par exemple, en restant étranger à la fabrication et au commerce des cotonnades et des draps, qu'il le serait de mettre un évêque à la tête d'un régiment de carabiniers ou de housards.

Alors toutes les lois, tous les réglemens seront conçus et interprétés dans le sens le plus favorable au développement du *travail* et à une équitable *répartition* des produits. Ils tendront à l'*harmonisation* de tous les efforts et de tous les intérêts. Le budget, qui est aujourd'hui une charge pour l'industrie, tournera à son bénéfice ; car il aura pour but les dépenses les plus profitables au bien-être des travailleurs. Alors, en dépit des maximes du gouvernement à bon marché, il sera entendu que le gouvernement le plus économe n'est pas celui qui dépense le moins, mais celui qui dépense le mieux.

Alors un peuple qui voudrait se suffire à lui-même paraîtra aussi peu éclairé qu'un homme qui tiendrait à fabriquer *seul tous* les objets nécessaires à ses besoins. Alors la diplomatie aura pour objet non plus d'équilibrer les puissances, c'est-à-dire de les contenir par la peur les unes des autres, mais de les associer, de faire cesser la concurrence de peuple à peuple, non moins fatale que celle de boutique à boutique, en combinant et divisant la production suivant les goûts, les aptitudes et les ressources naturelles de chacun, en multipliant les échanges et les rapports des hommes entre eux, de manière à préparer le jour où il n'y aura sur la terre qu'un atelier, qu'une famille.

Alors le chef politique d'un département ou d'une province aura pour fonction de présider au mouvement industriel de la division qui lui aura été confiée, et de combiner les divers services publics, finances, voies de communications, éducation publique, hygiène, associations diverses en vue des besoins du TRAVAIL et de l'avantage des *travailleurs;* alors il contractera UNION avec la localité, il la marquera de son *empreinte*. et en tirera un *nom*.

Alors le ministère des finances sera autre chose qu'une pompe aspirante. On n'y aura plus peur des emprunts et on les préfèrera aux impôts, parce qu'on saura que l'emprunt prend les capitaux où ils sont, et l'impôt là où ils ne sont pas. On concevra qu'une association des receveurs-généraux puisse avoir un autre objet que l'agiotage. Cette association, que M. de Villèle avait constituée naguère sous le titre de *syndicat*, sera réédifiée sur une échelle croissante et dotée par l'état lui-même. Le mur qui sépare le trésor public de la banque, les recettes générales et particulières des banques départementales et communales, s'abaissera. L'administration des finances publiques, considérée comme institution de *crédit*, présentera une force colossale, et toutes les banques particulières viendront s'y appuyer et peu à peu s'y fondre; de sorte que peu à peu se préparera l'ordre de choses où les travailleurs seront *tous* commandités par l'état. Alors par la même raison tout receveur-général deviendra un puissant chef de banque chez lequel la plupart des travailleurs de la province et tous finalement auront un crédit.

Alors on ne recrutera plus les hommes pour leur enseigner l'art de *détruire* et de *tuer*, mais pour leur apprendre la *production*, la *création*. Les régimens deviendront des écoles d'arts et metiers où tous pourront être admis dès l'âge de seize ans. Les artilleurs seront les mécaniciens et les fondeurs de métaux; les fonderies de canons deviendront des fabriques de machines à feu et de bateaux à vapeur; la cavalerie formera le corps des laboureurs, des charrois, des postes, des voitures publiques; les soldats du génie seront les mineurs; les pontonniers suspendront des ponts de fer sur le lit des fleuves; l'infanterie de ligne embrassera une longue série de professions. Le dépôt de chaque régiment sera placé dans la localité où l'industrie qu'il représentera sera le plus avancée. L'armée, en subissant ces modifications graduelles, conservera costume, musique et fêtes. Sa discipline toute guerrière s'adoucira peu à peu. On maintiendra provisoirement le maniement des armes comme exercice gymnastique. L'armée englobera ainsi, en le dépouillant de son caractère d'étroitesse et de rivalité, le *compagnonage*. Les officiers de chaque régiment ouvriront dans toutes les villes où ils tiendront leur garnison du nouveau mode, des cours analogues à ceux que M. Charles Dupin créa sur beaucoup de points; établissemens très-peu coûteux, et qui, partout où ils ont été l'objet d'une sollicitude sérieuse, ont produit d'admirables résultats. La ville de Metz en offre un bel exemple.

Alors s'organisera l'industrie *attrayante* et *glorieuse*, et les régimens tendant à s'assimiler par voie d'engagement tous les ouvriers, il y aura tendance à ce que l'état devienne le dispensateur général du *travail*, de la *rétribution* et aussi d'une *retraite* accessible à TOUS.

Alors aux écoles actuellement placées dans les attributions du ministère de la guerre, qui deviendra le ministère de l'industrie, à savoir, l'École polytechnique, l'École de Saint-Cyr, les écoles de Metz et de Saumur, celle d'état-major, on joindra celles qui ressortissent des autres secrétaireries d'état, l'École des ponts-et-chaussées, celle des mines, celles de Nancy, de Châlons, d'Angers, d'Alfort, de Saint-Étienne; on grossira ce noyau de diverses institutions particulières, telles que l'École de Roville et celle des Arts-et-Manufactures récemment fondée à Paris par des hommes très-capables. Ces écoles seront refondues et développées sur un plan unitaire, de manière à représenter toutes les l'industries et chaque profession selon son importance; des usines et ateliers y seront joints. Elles recevront pour destination de former des chefs de travaux dans tous les genres. Dès l'origine, une somme annuelle de trois millions sera consacrée à l'entretien de trois mille boursiers répartis dans ces diverses écoles, sans préjudice des élèves qui pourront s'entretenir à leurs frais. Les bourses seront délivrées par voie de concours public. Peu à peu, la prévoyance sociale se substituant à la prévoyance de la famille, cette dotation recevra de successifs accroissemens.

Alors seront assimilées aux services publics, pour s'y confondre graduellement, beaucoup d'entreprises d'utilité générale formant aujourd'hui l'objet de spéculations ou d'opérations particulières, et qui exigent certains travaux et certaines dépenses qui s'accomplissent déjà dans les administrations publiques. Telles sont les caisses de prévoyance et d'épargne, les compagnies d'assurance, les messageries, les associations ayant pour objet l'exécution ou l'exploitation de canaux, ponts et chemins de fer, le dessèchement des marais, le défrichement ou la plantation des forêts.

Alors les querelles de partis s'amortiront; car l'exaspération publique est impossible avec une administration vouée exclusivement et directement à la prospérité et au bien-être des peuples; alors la presse cessera d'être un sujet d'alarmes pour les gouvernans; elle deviendra un prodigieux instrument d'éducation publique. Alors le gouvernement pourra, sans exciter les craintes des classes paisibles qui redoutent le scandale, abolir tous cautionnemens, droits de timbre et de poste, ainsi qu'une pénalité absurde. Alors la presse elle-même s'habituera peu à peu à réclamer de lui conseils et inspirations, et il acquerra près d'elle une direction de fait, une paternelle censure.

Alors l'autorité étant entourée de la confiance générale, il n'y aura qu'une voix pour réclamer la suppression des entraves opposées à l'action de gouvernemens méchans ou plutôt inhabiles, et qu'on nomme des *garanties;* car ces garanties ne peuvent empêcher une *mauvaise* direction qu'à la condition d'empêcher *toute* direction. Il n'y a qu'une méthode *absolue* d'interdire à un homme la possibilité de tout mouvement vicieux, c'est de le garotter; et un homme garotté est également incapable de bien et de mal. Il n'y a de garantie politique réelle que dans la moralité et la capacité des gouvernans, et la publicité en est l'expression. Or parmi toutes les garanties écrites la plus gênante consiste dans le formulaire parlementaire et dans la méthode des discussions et délibérations avec discours écrits et amendemens entre quatre cents membres et plus. Toutes les lois s'y gâtent, s'y noient ou s'y perdent. Alors donc une vaste latitude sera laissée au pouvoir moyennant une publicité indéfinie. Les projets de lois élaborés dans le conseil d'état, dont les séances seraient publiées, discutées et retournées par une presse consciencieuse et compétente, seront apportés devant un corps législatif élu d'après les principes de la *capacité* positive et du *travail*. Une commission nommée par ce corps et formée d'hommes entendus en la matière, auxquels leurs collègues communiqueront leurs observations, soumettra le projet à un nouvel examen de concert avec les commissaires du gouvernement. L'assemblée entière dira ensuite oui ou non.

Alors disparaîtra cette opinion généralement répandue, qu'on peut devenir fonctionnaire public sans apprentissage; alors chaque fonctionnaire sera solidement assis en sa place, et il y sera retenu par une masse d'intérêts et de sympathies d'autant plus considérable qu'il occupera un rang plus haut dans la hiérarchie, et qu'il sera plus digne de son rang. Il y aura toute sa vie profondément engagée, joies et peines; et un fonctionnaire éminent ne comprendra pas qu'il ait été un temps où les magistrats les plus élevés étaient si peu liés à leurs fonctions, que sur le prétexte de vaines dissidences métaphysiques, un ministre pût les congédier du matin au soir, sans qu'il en résultât notable lésion des intérêts, soit de l'état, soit des travailleurs.

Des renseignemens sur la religion Saint-Simonienne sont donnés aux domiciles suivans, par les directeurs de propagation, depuis six heures du matin jusqu'à dix heures du soir :

Rue Contrescarpe-Saint-Antoine, n. 70.

Rue de la Tour-d'Auvergne, n. 34.

ÉVERAT, imprimeur, rue du Cadran, n° 16.

RELIGION SAINT-SIMONIENNE.

LA PROPRETÉ.

Vous avez vu quelquefois les militaires aller à l'exercice, brillans et pimpans, musique et tambours en tête; vous savez comme ces hommes sont propres et bien tenus, leur habit bien brossé, leur fourniment blanc comme la neige, leur giberne noire et luisante, leurs souliers bien cirés, leurs guêtres sans une tache de boue, leurs boutons, qui semblent autant d'escarboucles sur leur habit, charment l'œil du spectateur, et quelquefois lui inspirent, sinon le désir d'être soldat, au moins celui d'être costumé aussi brillamment et aussi régulièrement qu'eux. L'uniforme donne à ces hommes un air de fraternité; ils semblent sortir d'une boîte, et beaucoup de jeunes élégans prendraient d'eux des leçons de propreté et de régularité.

Véritablement quand on compare la tenue des travailleurs à celle des militaires, on est forcé de convenir que tout l'avantage est pour ces derniers; cependant leurs dépenses sont à coup sûr bien moins considérables que celles des ouvriers; tout ce luxe de toilette qui les distingue est le résultat de l'économie qui préside à leur vie habituelle, de l'ordre que maintiennent parmi eux les chefs chargés de les gouverner, et de l'avantage que présente l'association sur l'isolement.

Si un manufacturier faisait afficher tout d'un coup qu'à l'avenir il ne recevra pour travailler dans ses ateliers que des hommes dont les mains et le visage seront bien lavés, les souliers bien cirés, les vêtemens bien brossés, les cheveux peignés avec soin, la barbe et les ongles coupés, les dents bien nétoyées, le linge propre et net, enfin dans un état à peu près semblable à celui dans lequel sont tenus constamment les militaires, il est probable qu'un tel homme serait traité de fou par un bon nombre d'ouvriers, la chose paraîtrait monstrueuse, quelques-uns s'en scandaliseraient probablement au point de quitter l'atelier d'un tel *original* plutôt que de se conformer à des ordres si bizarres. « Mais de quoi diable se mêle-t-il? dirait-on, que lui font notre crasse, notre boue; et que lui importent la poussière de nos vêtemens, nos dents noires et la saleté de notre visage? Ne peut-il nous laisser en paix nous arranger comme bon nous semble; que notre ouvrage soit fait et bien fait, n'est-ce pas tout ce qu'il a droit de nous demander? Qu'il aille se promener et ne s'occupe pas davantage de nous. » Mais moi je vous dis qu'un tel homme serait véritablement votre ami, et qu'il remplirait là un *devoir sacré*; car le *maître* DOIT veiller sur les ouvriers à l'avenir, afin de se préparer à quitter ce nom de *maître*, qui a quelque chose de dur, de choquant à l'oreille, pour en prendre un autre, celui de PÈRE, par exemple, qui est plus doux à prononcer, et qui ne choquerait les oreilles de personne.

Je vous l'ai dit une fois déjà, je suis du peuple. Mes gros doigts et mes mains calleuses ont manié durant quinze ans la lime et le marteau avant de prendre une plume pour vous enseigner et vous instruire; je vous aime et vous aimerai toujours; mais parce que je vous aime, dois-je me dispenser de dire ce que je trouve à reprendre en vous? Non sans doute. Eh bien! vous n'êtes pas soigneux de vos personnes, vous négligez de vous tenir propres, et c'est honte surtout pour ceux d'entre vous auxquels le temps et l'argent ne manquent pas, et qui pourraient facilement éviter des maladies en prenant soin de leur extérieur. Faites donc en sorte que quand moi, votre frère, j'aurai parlé aux riches et que je leur aurai dit tout ce qu'il y a en vous de force, de courage et de vertu, ils puissent vous aller visiter pour vous connaître, sans craindre de vous trouver un aspect repoussant.

Dans le reproche que je vous adresse, tout n'est pas mérité par vous seulement, le gouvernement en peut prendre sa bonne part, car il n'a nul souci en temps ordinaire de la salubrité publique; mais du moment où vous voudrez sérieusement acquérir la tenue qui jusqu'ici est demeurée le partage de la richesse, les moyens ne vous manqueront pas pour arriver à ce but.

A Paris le choléra-morbus a enlevé plus de monde en huit jours qu'il n'en est mort à Londres depuis le commencement de l'épidémie, et ceci s'explique facilement : nos frères de Londres sont beaucoup plus propres qu'on ne l'est généralement à Paris. Le gouvernement anglais est aussi plus prévoyant que celui de France, et s'occupe activement de tout ce qui a rapport à la santé publique; de nombreuses fontaines arrosent tous les quartiers de la ville, des égouts sont construits sous toutes les rues. Il faut que le gouvernement français fasse pour Paris ce qu'on a fait pour Londres, et que de votre côté vous preniez des habitudes semblables à celles du peuple anglais; alors les précautions contre le choléra-morbus seront devenues inutiles.

Ch. Béranger,
ancien ouvrier en horlogerie, fonctionnaire Saint-Simonien.

Tous les jours de la semaine, de six heures du matin à dix heures du soir, et le dimanche de six heures à midi, les directeurs ou sous-directeurs de propagation du degré des industriels donnent les renseignemens qui leur sont demandés sur la religion Saint-Simonienne, aux domiciles suivans :

Rue de la Tour-d'Auvergne, n° 34,
Rue de la Contrescarpe-Saint-Antoine, n° 70.

ÉVERAT, imprimeur, rue du Cadran, n. 16.

RELIGION SAINT-SIMONIENNE.

La note suivante a été, par ordre de NOTRE PÈRE, répandue dans notre quartier :

Religion Saint-Simonienne.

Cinq médecins, MM. Jallat, Simon, Rigaud, Lesbazeilles, Plaix, membres de la famille Saint-Simonienne, sont en permanence rue Monsigny, n. 6, prêts à se transporter chez les personnes du quartier qui viendraient réclamer leurs soins.

LETTRE AU PROCUREUR DU ROI.

Lundi dernier la lettre suivante a été adressée au procureur du roi en son parquet :

Paris, 9 avril.

« Monsieur le procureur du roi,

» Notre PÈRE SUPRÊME désirerait consacrer la salle Taitbout à une ambulance médicale pendant tout le temps que durera l'affreuse maladie qui désole Paris.

» Je viens donc vous prier en son nom de faire lever les scellés apposés sur cette salle. Vous savez qu'elle est vaste et commode, bien aérée, bien éclairée par en haut, qu'elle est dans un quartier sain, et qu'elle réunit ainsi toutes les conditions nécessaires à l'usage auquel nous la réservons aujourd'hui. Des médecins expérimentés qui font partie de notre famille s'y tiendraient en permanence, et nous nous chargerions de tous les frais de médicamens.

» C'est ainsi, monsieur, qu'après avoir indiqué dans *le Globe* des moyens généraux propres à garantir du fléau la partie saine de la population, nous serions heureux de contribuer à soulager les douleurs des malheureux que le mal a atteints.

» Agréez, etc.

» MICHEL CHEVALIER. »

La lettre suivante avait été adressée par le P. MICHEL CHEVALIER *au maire du onzième arrondissement.*

Paris, 10 avril 1832.

« Monsieur le maire,

» Notre père suprême ENFANTIN me charge de mettre à votre disposition la salle de l'Athénée, située place Sorbonne, n. 2, afin que vous en usiez pour y établir une ambulance s'il est possible, ou au moins un bureau de secours.

Notre PÈRE et ses fils s'estimeraient heureux de contribuer ainsi à soulager les souffrances qui pèsent aujourd'hui sur la population parisienne. Car, si, dans *le Globe*, nous nous sommes spécialement attachés à recommander les moyens généraux propres à relever le moral des masses et à effacer leur misère, nous n'en attachons pas moins une grande importance aux moyens curatifs proprement dits.

» J'ajouterai, monsieur le maire, que nous voudrions supporter la dépense des médicamens nécessaires au service qui aurait lieu dans cette salle.

» Agréez, monsieur le maire, l'assurance de ma haute considération,

» MICHEL CHEVALIER. »

Voici la réponse de ce magistrat au P. Michel Chevalier :

Paris, 14 avril 1832.

« Monsieur,

» Recevez, je vous prie, nos remerciemens pour votre gracieuse » offre d'une vaste salle qui serait destinée à former une ambulance. » Nous ne sommes pas dans le cas de pouvoir l'accepter, ayant dans » notre arrondissement deux hôpitaux provisoires, l'un vaste et nom- » breux en lits, occupant une grande partie du séminaire de Saint- » Sulpice; l'autre, qui sera encore assez considérable, se prépare dans » plusieurs salles de la Sorbonne. Espérons que Dieu nous fera la grâce » de ne pas nous trouver à l'étroit dans ces salles nouvelles, et même » que jusqu'à un certain point elles pourront être une précaution sura- » bondante.

» J'ai l'honneur, etc.

» Le maire du onzième arrondissement,

» A.-A. RENOUARD. »

Nous nous félicitons de ce que le fléau, en s'affaiblissant, a ainsi rendu nos offres inutiles. Du reste, depuis les premiers jours de la maladie, le service médical organisé rue Monsigny, n. 6, dont se sont chargés cinq médecins de la famille Saint-Simonienne, n'a pas cessé d'être en activité; et tous les jours les malades du quartier y viennent chercher et y trouvent prompte assistance.

Tous les jours de la semaine, de six heures du matin à dix heures du soir, et le dimanche, de six heures à midi, les directeurs ou sous-directeurs de propagation du degré des industriels donnent les renseignemens qui leur sont demandés sur la religion Saint-Simonienne, aux domiciles suivans :

Rue de la Tour-d'Auvergne, n° 34;
Rue de la Contrescarpe-Saint-Antoine, n° 70;

ÉVERAT, Imprimeur, rue du Cadran, n° 16.

RELIGION SAINT-SIMONIENNE.

LA GUERRE DÉTRUIT TOUT COMMERCE ET TOUTE INDUSTRIE.

Mon ami Pithoud, le tourneur en cuivre, dont j'ai déjà une fois entretenu mes lecteurs, est encore sans ouvrage ou à peu près ; sa femme et deux de ses enfans ont été malades, en sorte que sa position est véritablement très douloureuse. Je vais le voir souvent, je le console et je lui donne du courage dont il a parfois grand besoin. Vous sentez bien que dans sa position il est naturel de se plaindre, c'est ce qu'il faisait en ces termes la dernière fois que j'allai le voir. « Comment le gouvernement peut-il rester tranquille et indifférent en présence de tant de malheureux qui comme moi sont sans travaux; si le roi et ses ministres avaient voulu faire la guerre, les ouvriers travailleraient et tout le monde serait content. — J'en excepte, lui répliquai-je, les blessés, les morts et les habitans du pays où l'on se battrait : vois-tu, mon cher Pithoud, c'est une grande erreur de croire que la guerre fait des heureux; et je t'assure que quand on peut l'éviter avec honneur, c'est un devoir de le faire. Je suis d'avis, au contraire, que le roi et ses ministres méritent la reconnaissance de l'Europe pour avoir épargné par le maintien de la paix le sang et les richesses des populations, et si jamais ils étaient forcés de prendre les armes, ce que je ne crois pas, ils auront toujours à se féliciter de ne l'avoir fait qu'à la dernière extrémité. Certainement le gouvernement français aurait pu également éviter la guerre en tenant aux puissances voisines un langage plus ferme et en ne laissant pas sacrifier la pauvre Pologne ; c'est un sujet de blâme, il est vrai, mais enfin avoir conservé la paix est un sujet d'éloges. »

« Des gens très-chatouilleux sur le point d'honneur répètent chaque jour que la France devait aller planter glorieusement le drapeau tricolore sur les murs de toutes les capitales de l'Europe; mais, de bonne foi, l'honneur de la France peut-il consister maintenant à être, par la force du sabre, maîtresse de toutes les nations? Grâce à Napoléon, elle l'a été assez long-temps. La France doit exercer sur tous les peuples un patronage puissant par l'exemple de sa prospérité, en répandant chez eux les lumières, en leur enseignant les moyens de s'enrichir des merveilles de l'industrie, et surtout en adoucissant et polissant leurs mœurs. Telle doit être la gloire de la France à l'avenir et cette gloire-là vaut bien l'autre.

— Tout cela, répliqua Pithoud, tout cela est bel et bon, mais tu diras tout ce que tu voudras, il y a trop de monde, les ouvriers sont trop nombreux, une bonne guerre ferait de la place pour ceux qui resteraient; et puis les habits, les schakos, les fusils, les sabres, les selles, les harnois qu'il faut confectionner pour les militaires, tout cela occupe les ouvriers, tout cela fait vivre beaucoup de monde. — Et les champs ravagés, lui répondis-je, les maisons brûlées, les moissons détruites, les vignes et les arbres à fruits déracinés, tout cela fait-il vivre aussi les paysans partout où la guerre se fait, qu'en dis-tu? » Pithoud ne répondit rien et je continuai ainsi : « Tu dis que la guerre fait de la place pour ceux qui restent : eh bien! s'il était nécessaire de détruire la population, ce qui est horrible à supposer et ce qui n'est heureusement pas vrai, pourquoi ne pas tout de suite égorger chaque année un certain nombre d'enfans à la mamelle plutôt que de les élever jusqu'à l'âge de vingt ans au prix de mille peines, pour les voir tuer ensuite? Cela te fait frémir, et je le conçois; cependant, la guerre ne fait pas autre chose. Crois-tu que tu verrais avec plaisir tes garçons sur un champ de bataille, s'ils étaient assez grands pour s'y trouver, expirer de douleur, de froid, de faim, étendus sanglans sur la neige, dans la boue, ou sur la poussière, criblés de blessures et écrasés sous les pieds des chevaux et sous les roues des canons?

» Tu dis que les armes, les vêtemens, les harnais, etc., qu'il faut aux militaires, occupent les ouvriers; mais tu ne songes pas que la dépense que toutes ces choses occasionent est payée par le gouvernement avec l'argent qu'il prélève sous le nom d'*impôt* sur le *travailleur*, et qu'en définitive c'est toi et les ouvriers comme toi avec leurs maîtres qui paient cet argent. Il y aurait un avantage marqué à revêtir à neuf et de pied en cap cinq à six cent mille hommes pris au hasard parmi la partie la plus pauvre de la population, plutôt qu'une armée qui en détruisant les richesses des nations voisines, en admettant que ce fût chez elles que s'établirait le théâtre de la guerre, leur enleverait pour long-temps les moyens de nous acheter les produits de nos manufactures, ce qui laisserait sans travaux les ouvriers français. »

» Il y aurait encore un moyen plus simple de faire aller le commerce, ce serait de porter au milieu des places publiques la moitié des marchandises confectionnées et d'y mettre le feu; les ouvriers seraient appelés à danser en rond au son du tambourin autour de l'incendie, ce serait un spectacle superbe. L'absurde de cette idée te fait rire, et cependant la guerre ne fait pas autre chose que ce que je dis là : même entre ces deux extrémités, la guerre ou mon incendie, je choisirais moi la dernière, qui au mérite de l'invention joint le très-grand avantage de ménager la vie des hommes et de laisser intacts les champs cultivés et les instrumens de travail »

» Mon cher Pithoud, quand tu demandes la guerre comme un excellent moyen de faire renaître le commerce, tu oublies que nous ne sommes plus au temps où l'industrie se bornait à forger des armes. Aujourd'hui, qu'une guerre ait lieu, il faudra fabriquer les équipages militaires, et sous ce nom je comprends tout ce qui sert à une armée, depuis les souliers des soldats jusqu'aux pièces d'artillerie. Tout cet attirail ne répandrait pas dans la classe ouvrière la vingtième partie de l'argent qui circule chaque année dans les ateliers et les manufactures, lors même que le commerce va médiocrement, et tous les ateliers et les manufactures se trouveraient fermés au premier coup de canon. Il faut que je t'explique ceci plus clairement, de manière à te faire bien comprendre ma pensée.

»Je suppose un manufacturier qui fait fabriquer pour cent mille francs de cotonnades; ses ouvriers vivent de leur travail, et font vivre le tailleur, le cordonnier, le traiteur, qui les habillent, les chaussent, les nourrissent. Le manufacturier vend ses cotonnades, réalise ses fonds, et fait travailler de nouveau; c'est une roue qui tourne continuellement, son argent passe dans les mains de ses ouvriers, ceux-ci le font circuler dans mille directions différentes, il revient toujours au manufacturier par l'achat de ses cotonnades. Mais les cent mille francs de ce manufacturier lui appartiennent rarement. Il les a empruntés à un banquier moyennant un *intérêt* quelconque. Or le premier effet d'un bruit de guerre est de faire augmenter l'*intérêt* de l'argent, et *plus l'intérêt à payer est élevé, moins le manufacturier et ses ouvriers gagnent*; quand la guerre est tout-à-fait déclarée, le banquier ne *prête plus du tout*, le manufacturier alors est réduit à *renvoyer* ses ouvriers. D'ailleurs il n'y a point de *commandes* pour l'industrie en temps de guerre: le seul travail alors consiste dans la fabrication des armes et des munitions; mais le gouvernement qui fait faire des sabres, des fusils, des canons, des gibernes, des schakos, etc., ne vend pas ces objets et par conséquent n'en retire aucun produit qui le mette à même d'en faire fabriquer d'autres. Lorsqu'après une bataille il est nécessaire de remplacer des armes qui ont été perdues, brisées, ou prises par l'ennemi, le gouvernement ne le peut faire qu'à l'aide de l'argent *prélevé sur les travailleurs* sous le nom d'impôt, ainsi que je l'ai dit déjà : or cet argent dépensé par les travailleurs pour satisfaire à leurs besoins aurait donné à l'industrie une activité à laquelle il est impossible de prétendre, puisqu'il passe tout entier (leur argent) aux mains des fabricans d'armes.»

»Oh! qu'il n'y ait plus de guerre, plus de guerre sanglante et terrible où la vie des hommes s'évanouit comme une vapeur légère au milieu des gémissemens des blessés, du râle des mourans, accompagnés des cris de désespoir et des pleurs des mères, des filles, des épouses.»

»Mais guerre aux landes, aux bruyères, aux champs incultes! Que de riches moissons les couvrent d'une robe brillante et dorée, afin que le pain noir du pauvre se change en manne céleste portant la vigueur dans ses membres et la joie dans son cœur. Guerre aux marais infects d'où la mort s'exhale en vapeurs pestilentielles; que de riantes prairies et des bois odoriférans prennent leur place. Guerre au sein de la terre, pour en tirer le fer avec lequel l'homme, armé pacifiquement, deviendra riche et heureux par le travail. Guerre aux montagnes, pour y trouver l'onde qui viendra par mille canaux porter la vie et la fraîcheur au sein des cités populeuses. Guerre aux habitations étroites et infectes, où des hommes lividés s'agitent vainement pour échapper à la faim et à la douleur, que des habitations élégantes et saines s'élèvent à leur place, et offrent au travailleur un abri assuré contre les ardeurs brûlantes de l'été, et les froids mortels de l'hiver. Guerre à la misère, guerre à l'ignorance; que l'abondance et le savoir leur succèdent; que toute haine, que toute douleur soient bannies de la terre, et que l'amour et la joie les remplacent, car telle est la volonté de Dieu.

Ch. Béranger, ancien ouvrier en horlogerie,
Fonctionnaire Saint-Simomien.

Tous les jours de la semaine, de six heures du matin à dix heures du soir, et le dimanche de six heures à midi, les directeurs ou sous-directeurs de propagation du degré des industriels donnent les renseignemens qui leur sont demandés sur la religion Saint-Simonienne, aux domiciles suivans :

Rue de la Tour-d'Auvergne, n° 34,

Rue de la Contrescarpe Saint-Antoine, n° 70.

EVERAT. Imprimeur, rue du Cadran, n° 16.

RELIGION SAINT-SIMONIENNE.

L'INSTRUCTION DU PEUPLE.—LA PRESSE.

Voltaire, l'un des écrivains dont les travaux ont le plus contribué à préparer la révolution française, dit dans un de ses ouvrages : « Je n'écris pas pour le peuple ; le peuple travaille six jours de la semaine et va le septième au cabaret. » Ceci pouvait être vrai à l'époque où Voltaire l'écrivit ; mais à coup sûr cela n'est point vrai maintenant; le peuple lit de plus en plus et va de moins en moins au cabaret. Il est peu d'ouvriers aujourd'hui qui n'éprouvent le désir de s'instruire; il en est peu qui ne lisent chaque jour au moins un journal. Malheureusement les moyens d'instruction manquent au peuple, et jusqu'ici ceux qui se sont constitués les défenseurs de ses intérêts, aussi bien que ceux qui protégent l'autorité contre les attaques de ses ennemis, se sont bien plus occupés d'eux-mêmes ou de misérables questions sans utilité réelle, que du peuple qu'ils ont mission d'enseigner ou de gouverner.

Les rédacteurs des journaux représentans directs des intérêts de la bourgeoisie, ne savent point se garder d'une certaine disposition à considérer le peuple comme enclin à la débauche, au pillage, à l'émeute, et la manifestent assez clairement, bien qu'ils protestent parfois de leur amour pour les classes ouvrières divisées par eux en deux parts, « composées, disent-ils, l'une des honnêtes ouvriers voulant l'ordre, la paix, le travail, l'autre des hommes turbulens, n'ayant rien à perdre, n'aspirant qu'à tout bouleverser, s'enivrant régulièrement chaque jour, et capables de tous les crimes. » Cette division en deux classes qu'ils établissent dans leurs écrits n'est pas l'expression exacte de leur pensée; aussi lorsqu'ils parlent du peuple leur style est guindé ; l'opinion défavorable qu'ils se sont fait des classes ouvrières perce à travers les louanges mêlées de reproches qu'ils leur adressent d'un ton protecteur, et entretient dans les ouvriers une disposition hostile aux classes élevées, en même temps qu'elle entretient parmi les bourgeois des sentimens de crainte, de haine et de mépris pour les ouvriers.

D'autres, dont les douleurs du peuple excitent le plus vivement la sensibilité, s'en prennent au gouvernement de tout le mal qui existe, et s'acharnent après lui de mille manières différentes; ils critiquent avec aigreur tous ses actes sans exception; en présence des priviléges de la classe élevée, ils mettent en saillie la misère du peuple et tout ce qu'elle a de désespérant, et pour la faire cesser ils appellent de tous leurs vœux le moment où le peuple sera, comme ils le disent, appelé *à faire ses affaires lui-même;* ils veulent la république, l'entrée des colléges électoraux ouverte à deux battans à tout le monde. Leurs intentions sont bonnes, je n'ai nulle raison d'en douter; mais les moyens qu'ils veulent employer rempliraient-ils le but qu'ils se proposent? Hélas non. Le peuple a surtout besoin de moralité, de lumières et de richesses, et le droit de nommer des députés, d'être garde national ou juré ne donne rien de tout cela. Qu'aujourd'hui tous les ébénistes, tous les cloutiers du faubourg Saint-Antoine soient déclarés électeurs, ils n'en feront pas un meuble, pas un clou de plus, ils n'en seront pas plus instruits, pas meilleurs maris ou pères de famille, car toutes ces choses sont indépendantes des droits politiques.

Le gouvernement devrait lui-même donner l'exemple de la modération, d'un langage calme et digne de sa haute mission, et il est malheureusement trop vrai qu'il ne sait pas, par les paroles qu'il adresse au peuple, lui inspirer des sentimens élevés. Depuis la révolution de juillet, une grande quantité de proclamations ont été par lui publiées en vue de rétablir l'ordre momentanément troublé: elles ont presque toujours signalé à la vengeance du peuple *des perturbateurs*, *des factieux que l'ordre et le calme desespèrent* comme s'il existait une classe d'hommes pour lesquels le désordre fût le bonheur. Dans ces proclamations il a toujours été question d'*écraser*, *de refouler*, *de comprimer;* jamais d'*éclairer*, *d'adoucir*, *d'élever* l'esprit de ceux qui, souvent égarés par la misère et le désespoir, se livraient à des vociférations, à de coupables excès : aussi qu'est-il arrivé? Lorsque le choléra-morbus frappa ses premières victimes, le peuple crut voir l'œuvre de ces factieux qui lui avaient été tant de fois signalés dans la mort de ceux qu'atteignait la maladie, et se livra contre des hommes innocens à des actes de férocité dignes des temps de barbarie. Ceci doit être un terrible enseignement pour ceux qui remplissent la fonction la plus importante et la plus élevée qui se puisse concevoir, celle d'instruire et de gouverner les peuples, et leur faire sentir que le calme est un moyen de gouvernement supérieur à l'exaspération et à la violence.

Le reproche que j'adresse ici au gouvernement peut être adressé également à un grand nombre d'écrivains. Si l'on réunissait tous les articles de journaux publiés depuis juillet 1830, ceux qui ne contiennent que des injures, des calomnies, adressées soit par la presse libérale ou carliste au gouvernement et au ministère, soit par les journaux ministériels aux partis républicains ou carlistes, ceux-là formeraient un volume considérable; tandis que ceux qui traitent avec sagesse, impartialité et modération des sujets d'intérêt général, ceux dont les auteurs cherchent consciencieusement les moyens d'améliorer le sort du peuple seraient en bien petit nombre.

C'est surtout l'instruction du peuple qui est négligée; cependant qui plus que lui a droit de demander de l'instruction, qui plus que lui a besoin d'en recevoir? Quelques journaux populaires ont été publiés, il est vrai; mais aucun d'eux, soit qu'il ait pris la couleur républicaine ou carliste, soit qu'il défendît le ministère et ses actes, n'a su échapper à l'influence fâcheuse de la haine, de la colère dont sont animés tous les partis.

Le *Constitutionnel*, journal rédigé par M. Darmaing, sous le patronage de M. Dupin aîné, *le sauveur de la France*, est l'un de ceux qui, à raison de sa popularité et de son immense clientelle, pouvait répandre le plus facilement l'instruction parmi le peuple. Le rédacteur préfère se livrer à de violentes sorties contre tout ce qui ne partage pas ses opinions, se faire l'écho de toutes les calomnies, et croit servir le gouvernement en dirigeant contre ceux qui ne sont pas persuadés tout d'abord de l'excellence des institutions qui régissent aujourd'hui la France, des accusations où l'absurde le dispute à la haine, à l'aigreur.

La Constitution de 1830, journal publié sous la direction de M. Rosier dont les antécédens sont tels que son estime n'est pas un titre à ambitionner, va plus loin encore que le *Constitutionnel*. Les expressions et le style en sont tels que les hommes les moins éclairés dans le peuple rougiraient de s'en servir. Chaque jour ce journal contient de grossières invectives contre nous, mais pas un mot de critique ou de réfutation consciencieuse de nos idées, ce qui présenterait au moins quelque avantage pour le peuple si nos vues sont mauvaises. Chaque jour on trouve dans ses colonnes quelque calomnie contre une ou plusieurs classes de la société, mais pas un seul mot d'enseignement pour les classes ouvrières, dont l'esprit aurait tant besoin d'être élevé, agrandi par des lectures intéressantes et instructives.

C'est un triste rôle pour un écrivain que celui de parler un langage bas et trivial, d'enseigner à dire des injures. Les marchandes de poissons et de légumes perfectionnent chaque jour le leur; leur grossièreté, qui était devenue proverbiale, s'efface peu à peu et disparaîtra bientôt tout à fait pour faire place à un langage correct et décent; il est fâcheux de voir des rédacteurs de journaux, au lieu de chercher à élever le style du peuple jusqu'au leur, s'efforcer d'abaisser le leur jusqu'à celui du peuple. *La Constitution de* 1830, dont je suis vraiment honteux de m'occuper si long-temps, est ce qu'on appelle un journal ministériel dans toute l'étendue du terme. Le rédacteur en a pris l'engagement d'approuver tous les actes du ministère, quels qu'ils puissent être; une telle tâche est assez difficile à remplir, il s'en tire en invectivant c'est tout naturel quoique peu honorable.

Une des mille absurdités du système de gouvernement que l'on appelle représentatif, c'est l'existence d'une opposition systématique. On la nomme ainsi parce que ceux qui en font partie ont pris d'*avance* l'engagement de *toujours blâmer* les actes du gouvernement et s'y *opposer*. Une conséquence toute naturelle de l'existence d'un tel parti, c'est qu'il en est un autre qui au rebours du premier s'est engagé *d'avance* à *toujours approuver* tous les actes du gouvernement et à les *soutenir*. On sent parfaitement tout ce qu'a de vicieux un pareil *tripotage*, et combien il serait plus avantageux pour tout le monde de rechercher de bonne foi ce qui peut faire le bonheur du peuple au lieu de se livrer en aveugle comme on le fait chaque jour à des récriminations sans but et sans résultat, d'un côté à des louanges exagérées et non méritées de l'autre.

Entre ces deux extrémités, également blâmables, il est pour les écrivains une conduite toute simple à tenir, c'est d'examiner avec bonne foi les questions dont la solution intéresse la société, et de les résoudre dans l'intérêt général sans se préoccuper des considérations mesquines de partis ou de coteries. Lorsque le ministère a fait présenter à la chambre des députés des lois dont l'acceptation aurait été favorable aux intérêts du peuple, plusieurs hommes habitués à *faire de l'opposition* ont parlé ou écrit contre ces projets de loi, pour ne pas déroger à leurs habitudes. Or une telle conduite n'est pas de nature à leur mériter l'affection du peuple.

En deux mots le devoir d'un écrivain est fort simple, approuver ce qui est bon, s'opposer à ce qui est mauvais, soutenir le gouvernement quant il veut le bien, l'éclairer quand il se trompe. Telle est la route à suivre sans s'en écarter.

Le peuple français voulait, à quelque prix que ce fût, la destruction du trône des Bourbons. Or on conçoit que des hommes, pour arriver à ce résultat, et d'autres pour l'empêcher, aient pu se résigner à remplir les rôles que je viens d'indiquer, d'approbation ou de désapprobation constantes et absolues ; mais les temps de la lutte sont finis. A l'avenir il ne peut exister d'opposition semblable à celle qui a renversé Charles X, car il n'y a rien à renverser maintenant ; le parti ministériel se trouve, par la même cause, n'avoir plus de raison d'existence.

Le rôle de la presse doit être d'indiquer au gouvernement ce qu'il faut faire pour assurer la paix, raviver le commerce et l'industrie, d'instruire le peuple, de l'éclairer, de le préparer à voir adopter les mesures qui devront assurer son bien-être ; et les injures, les personnalités, les récriminations, doivent être abandonnés par les écrivains, car ils ne peuvent rien pour la moralisation, l'instruction et l'enrichissement du peuple, et tout ce qui est écrit dans une autre vue que celle d'atteindre ce triple but est nuisible ou au moins inutile.

Ch. Béranger,

ancien ouvrier en horlogerie,
fonctionnaire Saint-Simonien.

Tous les jours de la semaine, de six heures du matin à dix heures du soir, et le dimanche de six heures à midi, les directeurs ou sous-directeurs de propagation du degré des industriels donnent les renseignemens qui leur sont demandés sur la religion Saint-Simonienne, aux domiciles suivans :

Rue de la Tour-d'Auvergne, n° 34,
Rue de la Contrescarpe Saint-Antoine, n° 70.

RELIGION SAINT-SIMONIENNE.

LES BONNES INTENTIONS NE SUFFISENT PAS POUR GOUVERNER.

L'une des causes les plus profondes de la désharmonie qui existe entre les hommes vient de ce que tous ne veulent voir la justice, la raison, la probité, les talens, que dans ceux qui leur ressemblent ou qui pensent comme eux. La France se partage en quatre partis; chacun d'eux ne rêve autre chose que l'écrasement l'anéantissement complet des autres. Or, il est clair que si ceux qui veulent anéantir, écraser tous ceux qui ne partagent pas leurs opinions, étaient à même de le faire, la société se trouverait tout d'un coup réduite des trois quarts, en supposant que tous ces partis fussent égaux en force; ce qui du reste n'est pas la vérité.

Or, nous Saint-Simoniens, nous savons faire à chacun sa part dans cette grande diversité d'opinions, et nous pouvons dire à tous ce qu'ils ont de bon, et en quoi ils pèchent.

Les républicains, hommes très généreux pour la plupart, veulent avant tout l'égalité et ensuite le bien-être du peuple, et sont pressés de l'obtenir. Mais comme ils ignorent ce qui peut procurer ce bien-être et qu'ils voient le peuple très malheureux, ils rêvent le renversement de ce qui est, sans songer qu'il ne suffit pas de renverser des institutions vicieuses, et que si l'on n'en a pas de meilleures à leur substituer on n'a rien fait pour la classe pauvre; la participation du peuple au gouvernement est un remède fort insuffisant contre sa misère; les droits électoraux n'ont jamais donné de pain à personne. Les républicains, même les plus instruits, seraient peut-être fort embarrassés si on leur demandait quel est le remède qu'ils ont à offrir aux maux de la société dans le cas où le pouvoir leur serait remis. Or s'ils ignorent ce remède, à coup sûr les hommes peu éclairés en sauraient encore moins qu'eux sur ce sujet. Il faut donc reconnaître que tout se réduit de leur part à de bonnes intentions.

Les napoléoniens ont le souvenir de la gloire que la France avait acquise sous l'empire et de sa prospérité guerrière; ils soupirent pour cette gloire; ils voudraient voir les limites de la France reculées jusqu'au Rhin d'une part, jusqu'aux extrémités de l'Italie de l'autre, sans savoir si les peuples qui habitent ces pays seraient, eux, bien aises d'être régis par les lois françaises; ils demandent la guerre; qui pourrait nous faire acquérir ces portions de territoire, sans songer que la guerre détruit tout dans les lieux où elle se fait, et traîne à sa suite la misère et la dévastation. Leur désir de voir la France grande et puissante est très louable, mais le moyen qu'ils proposent est évidemment mauvais : ici encore les bonnes intentions ne suffisent pas.

Les légitimistes ont pour eux les souvenirs du passé, où chaque homme avait sa place invariablement fixée, où les rois se succédaient de père en fils sans que jamais l'ordre fût interrompu; ils sentent bien que l'égalité absolue ne peut exister, ils savent à n'en pas douter qu'il y aura toujours des hommes qui commanderont tandis que d'autres obéiront, leur gloire est d'obéir à un chef qu'ils aiment; aussi se tiennent-ils invariablement attachés à leurs principes, ils présentent toujours Henri V comme le seul moyen d'ordre possible, sans songer que depuis 1789 la famille des Bourbons a trois fois descendu du trône, parce que les Français ont bien senti que le moment était venu où la première condition pour gouverner les hommes c'est d'en être capable. Or la capacité ne se transmet pas par le sang comme le nom. Les légitimistes, comme les républicains, comme les napoléoniens, ont de fort bonnes intentions; mais les bonnes intentions, encore une fois, ne suffisent pas.

Quant au juste-milieu, il se compose de tous les hommes qui craignent avant tout le désordre et les bouleversemens, qui ne veulent pas plus de la république que de la légitimité, et qui aiment avant tout la paix et la tranquillité. Ces hommes ont raison d'aimer des choses qui sont en effet ce qu'il y a de plus désirable au monde; mais souvent leur amour pour la paix les a fait rester immobiles à leur place ou moment où il aurait fallu agir. Or ce n'est pas tout que de conserver la paix, il faut encore pouvoir en jouir, et dans la crainte d'être entraînés trop loin, les hommes de ce parti n'ont rien voulu faire pour sortir la société du malaise qui la fait mourir lentement.

Les hommes du juste-milieu ont les meilleures intentions du monde, et ils l'ont prouvé par les efforts qu'ils ont faits pour conserver la paix; mais les bonnes intentions ne suffisent pas.

Voici maintenant ce que nous disons aux hommes qui composent chacun des partis dont je viens de tracer les principaux traits :

« Vous républicains, vous voulez l'égalité, mais sans doute vous ne prétendez pas que le mérite et la capacité soient obligés d'obéir à l'ignorance et à la nullité; vous voulez le bien-être du peuple, mais sans doute vous n'imaginez pas que chacun doive gouverner, quel que soit son mérite. Eh bien! nous, nous voulons que tous les hommes reçoivent une éducation et une fonction appropriées à leur aptitude, et personne ne le trouvera mauvais, que je sache.

« Vous, napoléoniens, vous voulez que la France soit glorieuse et puissante. Nous aussi nous le voulons comme vous; mais au lieu de chercher la gloire et la puissance dans la guerre qui détruit, nous croyons qu'on doit la trouver dans un grand développement de l'industrie, dans la culture des arts et des sciences, et dans l'union et l'association de tous les peuples et de toutes les classes; c'est là une chose qui ne fera l'objet d'un doute pour personne.

» Vous, légitimistes, qui préférâtes la mort et l'exil au régime de la convention et du directoire, et qui courbâtes avec joie votre front devant le puissant génie de Napoléon, nous ne réclamerons pas vos hommages pour des hommes mesquins et de moyenne taille, mais bien pour celui dont la puissante main saura guider la société vers un but de gloire, de puissance et de bonheur; devant celui-là vous pouvez vous incliner sans rougir.

» Vous, hommes du-juste milieu, qui craignez le désordre, notre voix est une voix d'hommes religieux, prêchant le calme et la paix à tous, en même temps qu'elle indique la marche de la société vers un ordre de choses de plus en plus parfait, et en harmonie avec les besoins du plus grand nombre. »

La vérité est quelquefois long-temps à se faire comprendre, mais son triomphe est inévitable; aussi le moment est proche où nôtre voix arrivera au cœur de tous. Alors on comprendra qu'il vaut mieux vivre d'accord que de s'injurier, de se haïr sans relâche, et l'on sera fort étonné d'avoir si long-temps cherché à s'écraser et à se détruire.

CH. BÉRANGER, ancien ouvrier en horlogerie,
fonctionnaire Saint-Simonien.

ÉVERAT, Imprimeur, rue du Cadran, n° 16.

RELIGION SAINT-SIMONIENNE.

CE QUE FAISAIT NAPOLÉON POUR EXCITER L'ENTHOUSIASME DU PEUPLE.

Lui qui avait vu en Égypte l'armée tout entière, et d'un mouvement spontané, battre des mains à l'aspect des Pyramides, des monumens d'Alexandrie, des temples de Thèbes, d'Esné, d'Héliopolis, de la statue de Memnon, il savait ce que pouvait sur les masses pour les moraliser l'aspect des grandes choses les initiant à des besoins de gloire et de poésie : il le savait, il avait vu ce que pouvait un mot prononcé au pied d'une des merveilles du monde. « Soldats, du haut de ces pyramides quarante siècles vous contemplent. » Il avait dit, et sa voix avait ranimé le courage de ses soldats, il les conduisait, sans souliers, sans pain, à travers les sables brûlans de l'Afrique, comme il devait les conduire plus tard dans les plaines glacées du nord. Le teint brûlé par le soleil ardent de l'Afrique, les pieds usés par les marches forcées, altérés par une soif ardente, les *grognards* se précipitaient sous les damas tranchans des mameluks au cri de *vive Bonaparte!* Il savait aussi ce que peuvent les grands spectacles produits par les fêtes et tout ce qu'ils donnent d'excitation au peuple ; il avait assisté aux fédérations de 93.

Aussi toutes les fois qu'il pressentait la consternation que pouvait causer une défaite, quand il voyait l'invasion se dresser menaçante, portant dans ses flancs le pillage, le viol et l'incendie, le commerce et l'industrie en désarroi, et la société morne et languissante, aussitôt il ordonnait des fêtes prestigieuses, préludes d'immenses travaux; il soutenait par des millions les négocians prêts à faillir, pensionnait les savans et les littérateurs, donnait aux artistes la mission d'exciter l'enthousiasme du peuple, de réchauffer son cœur, d'inspirer son esprit et d'occuper ses bras par la création d'œuvres gigantesques; et au milieu des fêtes agitées, tumultueuses, brillantes, données en mémoire d'Austerlitz, ou comme prélude d'une grande œuvre à faire. Le peuple oubliait la défaite, et ne voyait plus que l'étoile heureuse du grand homme détournant les fléaux du milieu de son sein. Le riche voyait la banqueroute qui le menaçait écartée; le pauvre ne quittait pas l'atelier du riche, et par son travail assidu et actif augmentait les richesses du chef d'atelier, et devenait riche à son tour. De grands travaux s'accomplissaient comme par enchantement. On voyait s'élever des greniers d'abondance, des halles, une nouvelle colonne Trajane, une route perçait de part en part le Simplon; partout des canaux, des routes nouvelles sillonnaient la France, la capitale commençait à subir une transformation qui devait en faire un immense palais, et tout cela quand la guerre embrasait l'Europe entière armée. Aussi les fiancées à qui on arrachait leurs époux, les mères à qui on arrachait leurs fils, enflammées par le sentiment de gloire qui dominait la France, étouffaient-elles quelquefois leurs douleurs individuelles pour exalter et glorifier l'empereur.

Qu'eût-il donc fait en présence du fléau horrible qui frappe aujourd'hui l'humanité au cœur? Se fût-il borné à s'en fier au corps législatif et au sénat conservateur, avocassant et légiférant sur des sujets futiles? se fût-il borné à répéter tristement: *Je ne puis que gémir!* Non, non, il savait autre chose à Jaffa pour guérir ses soldats de la peste. Il leur parlait de gloire. Eh bien! n'y a-t-il plus de gloire que dans l'assassinat social et organisé qu'on nomme la guerre. Le noble bas-breton sera-t-il donc toujours obligé de suspendre son épée à sa charrue pour ne pas se déshonorer en la conduisant, et l'instrument de travail ne sera-t-il jamais à son tour un symbole d'honneur? Ce qui doit aujourd'hui conduire et ranimer les peuples, ce n'est pas de leur parler de guerre, de sang et de mort, mais de paix, de travail et de vie. Ce qu'il faut au peuple ce ne sont pas des fêtes commémoratives d'Austerlitz ou de toute autre bataille, mais des fêtes qui célèbrent les institutions pacifiques, les grands travaux accomplis, et soient le prélude de nouveaux travaux plus grands encore; il faut que l'architecture, la sculpture, la peinture, la musique, déploient leurs richesses, leur pompe et leur prestige pour exciter tous les esprits et les préparer aux grandes choses.

Que celui qui sera plus grand que Bonaparte, officier à Toulon ou empereur à Montmirail, ne glorifie pas des canons en les pointant lui-même, mais glorifie la charrue, le rabot, la pointerolle, glorifie surtout aujourd'hui les outils et les labeurs de ceux qui travailleront à une distribution générale des eaux dans Paris, de ceux aussi qui travailleront aux chemins de fer qui doivent sillonner la France, ce qui ne l'empêchera nullement de visiter, lui et ses fils, les hôpitaux, les greniers où sont des malades et des mourans atteints du fléau, de les ranimer par leur présence, ce qui est beau et digne d'éloges; ce qui n'empêchera pas M. de Quélen de faire une œuvre méritoire et belle, en offrant sa maison et ses soins pour le soulagement des cholériques; ce qui n'empêchera pas les hautes et puissantes dames du faubourg Saint-Germain, de la Chaussée-d'Antin ou du faubourg Saint-Honoré, de tricoter des bas de laine et de coudre des ceintures et des gilets de flanelle, mais ce qui leur fera peut-être concevoir aussi que, indépendamment de ces œuvres-là, qui seraient mieux faites dans les ateliers de travailleurs que dans des ateliers d'amateurs, elles ont de plus grandes choses à faire.

Et les médecins qui, animés par le sentiment grand et généreux de l'amour de l'humanité, déployaient chaque jour tant d'activité et de courage, eux qui sachant que l'excès de travail prédispose au choléra, s'exténuent de travail; qui le jour, la nuit, parcourent les greniers infects, s'appliquant avec acharnement à rechercher un remède, et se désespérant devant le mystère d'une horrible maladie, seraient aidés par la disposition morale de leurs malades, et auraient moins souvent la douleur de les voir succomber malgré leurs efforts et leur zèle.

MASCHEREAU, fils de portier, membre du 2e degré de la hiérarchie Saint-Simonienne.

Tous les jours de la semaine, de six heures du matin à dix heures du soir, et le dimanche de six heures à midi, les directeurs ou sous-directeurs de propagation du degré des industriels donnent les renseignemens qui leur sont demandés sur la religion Saint-Simonienne, aux domiciles suivans:

Rue de la Tour-d'Auvergne, nº 34,
Rue de la Contrescarpe-Saint-Antoine, nº 70.

ÉVERAT, Imprimeur, rue du Cadran, Nº 6.

RELIGION SAINT-SIMONIENNE.

LES ORPHELINS.

Vers la fin d'un jour de bataille, lorsque le carnage a cessé, quelques coups de feu se font encore entendre, et frappent çà et là des victimes isolées. Soldats et officiers se retirent dans leurs tentes, les uns pour chercher un repos nécessaire après les fatigues de la journée; les autres, les chefs surtout, ne peuvent le goûter, ils ont à nombrer les pertes du jour, à s'occuper de recueillir le fruit de la victoire ou à préparer des ressources contre les suites funestes d'une défaite. La terre engloutit les victimes : ce sont pour la plupart de jeunes hommes arrachés à leurs familles, à leurs travaux, par le sort fatal qui les a désignés, ou par la misère qui les a forcés de prendre place dans les rangs pour les fils du bourgeois opulent ou du grave magistrat; tandis que celui-ci, assis sur son siége, juge ceux de leurs frères que le manque d'éducation a poussés au crime. Ils n'ont point pour la plupart connu les douceurs de l'hymen, et lorsque l'acte fatal qui constate leur mort parviendra à leur famille, les larmes de leur vieux père, de leur mère infortunée, couleront silencieusement sans qu'un gémissement réponde à leurs gémissemens; car le nombre des victimes, disséminé sur une vaste étendue de territoire, ne produit que des sensations partielles, et dans ce siècle d'égoïsme on ne s'intéresse au malheur des autres que quand on est soi-même exposé à en ressentir les atteintes. Si quelques-uns sont époux ou pères, l'état pourvoit au sort de leurs veuves, de leurs enfans par une pension, modique il est vrai, mais à l'aide de laquelle leur existence est assurée. Les Invalides s'ouvrent pour recevoir les blessés. Cependant tant de sang répandu aurait pu ne pas l'être; les hommes ont été eux-mêmes les instrumens de leur perte, leurs mains ont construit et fait mouvoir ces horribles machines qui vomissent la mort, et une bataille gagnée n'a souvent pour résultat qu'une paix factice dont les conditions imposées par la force sont exécutées seulement aussi long-temps que la force qui les a dictées est là pour les maintenir. Honneur donc aux hommes qui sentent le besoin de la paix, qui l'aiment et qui sacrifient tout pour la faire prévaloir, on peut excuser les moyens quand la fin peut amener un aussi beau résultat.

Mais la guerre n'est pas le seul fléau qui décime les populations; le choléra, qui vient d'exercer ses ravages sur Paris et qui s'étend sur les départemens, a moissonné indistinctement dans toutes les classes de la société, mais principalement sur la classe la plus nombreuse et la plus pauvre. Aucune tactique ne pouvait être opposée à son choix capricieux; il n'était pas possible de lui faire sa part, et, ainsi qu'à la guerre, de sacrifier un régiment pour sauver le reste de l'armée, ou comme dans un incendie, de laisser consumer quelques maisons pour sauver les autres, voisines du foyer dévastateur. Heureusement le nuage funèbre qui s'était levé sur Paris commence à se dissiper; à la frayeur et à l'abattement succèdent la confiance et l'espoir.

Ce ne sont point, dans cette calamité, des célibataires qui ont été principalement atteints, ce sont des pères, des mères de famille, qui laissent après eux d'infortunés orphelins; le le champ de bataille est couvert de morts, de morts dont les derniers momens ont été marqués par de cruelles angoisses, et dont la gloire n'a point embelli la dernière heure; car l'ennemi était invisible, fantôme impossible à saisir et surtout à combattre.

Chefs de la société, lorsque le combat cesse, lorsque la mort ne frappe plus que mollement, que ferez-vous retirés dans vos tentes, quel sera le sujet de vos méditations? Mandataires du peuple, qu'êtes-vous devenus, vous si actifs à proposer de nouveaux projets de lois, à en grossir l'énorme bulletin, où sont les mesures que vous avez adoptées avant, pendant et après? Vous vous êtes dispersés et vous avez voté avec précipitation les derniers articles du budget. Mais vous n'avez eu du choléra d'autre souci que la crainte d'en être vous-mêmes les victimes, vous vous êtes reposés sur des officiers de police du soin des mesures à prendre, et peut-être à la session prochaine chicanerez-vous misérablement sur le chiffre des dépenses qu'ils auront été forcés de faire.

La mort planait sur tous et le danger commun éveillait la sollicitude générale : des appels à la bienfaisance ont été faits et ne l'ont point été en vain. Le roi et sa famille se sont montrés les premiers; ils ont été suivis par d'autres. Le sort des orphelins a excité la commisération publique; on s'occupe d'en constater le nombre, et d'abondantes souscriptions vont servir aux premiers soins que leur état exige. Mais ce n'est là que de l'aumône, de la philantropie, de la charité, et la charité se lasse vite. Lorsque le fléau aura entièrement disparu, lorsque l'effroi qu'il inspire sera dissipé, le zèle des donateurs se ralentira, et alors!.....

Oh! qu'il serait beau pour un gouvernement populaire de rappeler sa glorieuse origine en s'occupant du sort présent et futur de ces êtres intéressans! non pour leur ouvrir l'entrée d'une école chrétienne, mais bien pour donner à chacun, par une éducation large et complète, les moyens de se développer suivant la nature. Ce serait une excellente manière de faire de cette fiction de la charte, qui proclame l'égalité devant la loi et l'admissibilité de tous les Français aux emplois civils et militaires, une vérité sentie et comprise par tous.

Une grande pensée, une pensée vraiment royale, avait été émise par Louis-Philippe dès les premiers jours de son règne. Le château de Versailles devait recevoir un grand nombre d'enfans du peuple qui y auraient été élevés. Le moment est propice pour mettre à exécution ce magnifique projet, et rassembler de tous les points de la France les orphelins de tout genre. Un préjugé absurde pèse sur les enfans qu'un abandon cruel a marqué du sceau du déshonneur. Il est temps que ces innocentes créatures, victimes des fautes de leurs parens et de l'imprévoyance de la société, soient mises à même de profiter des bienfaits de la civilisation au sein de laquelle ils vivent en parias.

L'établissement des orphelines de la légion-d'honneur est un modèle sur lequel on peut se régler pour en former de pareils. Il est en France bon nombre de châteaux inhabités appartenant à l'état, et dont la vaste solitude n'est troublée que par les pas des hommes préposés à leur garde ou par les cris lugubres de l'oiseau des nuits, perché sur leurs donjons solitaires. Ces monumens pourraient servir dans le premier moment à recevoir un grand nombre d'enfans et les professeurs qui leur sont nécessaires.

Telles sont les réflexions que m'ont suggérées les premiers pas faits pour venir au secours des orphelins. Apôtre de la religion nouvelle, je ne puis mieux les servir qu'en livrant à la méditation de tous ceux dont le cœur bat pour les douleurs du peuple ces vœux que m'ont inspirés la pensée première d'un asile pour les orphelins; j'ai applaudi à ce projet, et cependant mon cœur s'est serré en pensant que cette institution, qui pourrait revêtir un si grand et si beau caractère, allait être placée dans l'attribution du conseil des hospices et marquée à sa naissance du stigmate de l'aumône, tandis que, placée sur la même ligne que ces écoles d'où sont sortis tant de grands hommes, la haute protection dont elle serait entourée élèverait le cœur des enfans, qui, fiers d'un si glorieux patronage, rivaliseraient de zèle et d'ardeur pour répondre aux tendres soins dont la patrie les aurait entourés.

HASPOT,
ancien forgeron,
fonctionnaire Saint-Simonien.

ÉVERAT, Imprimeur, rue du Cadran, n° 16.

RELIGION SAINT-SIMONIENNE.

LE TAILLEUR ET LE FERMIER.

PARABOLE DE SAINT-SIMON.

Parmi les nombreux commensaux d'un grand seigneur, attendant leur tour d'audience dans son antichambre, se trouvaient un tailleur et un fermier; le tailleur, petit homme maigre et grêle, à l'œil vif, aux jambes légèrement arquées, au vêtement taillé à la dernière mode et dans le meilleur goût, *portait sous le bras un habit enveloppé dans un foulard de soie.* Le fermier, homme fort et robuste, au teint hâlé, brûlé par le soleil, au front chauve, à la chevelure blonde et laineuse pendante sur ses épaules, portant sarreau de grosse toile d'un blanc jaune, grandes guêtres de même couleur attachées sous le genou avec des cordons de laine rouge, ses souliers et le bas de ses guêtres encore couverts de la poussière des champs; il avait sous le bras un sac d'argent; sa physionomie était soucieuse.

Le fermier et le tailleur étaient assis l'un près de l'autre, et comme ils attendaient depuis long-temps, ils se mirent à causer ensemble.

Le tailleur. « Monsieur, la campagne doit être bien belle. — *Le fermier.* Magnifique : et c'est fort heureux ; nous avons eu de si mauvaises saisons. — *Le tailleur.* Je le sais bien, on ne faisait presque plus d'habits d'été. — *Le fermier.* Et le blé manquait, c'était le pire. — *Le tailleur.* Ah ! vous avez raison, c'était le pire; car, quand même le tailleur ne fait pas d'habits, il faut toujours qu'il mange du pain, et il serait bien à désirer qu'il le payât moins cher. — *Le fermier.* Et puis, voyez-vous, bonne ou mauvaise année, le cultivateur n'est jamais dispensé de payer son bail; et tenez, voilà un sac que je porte, malgré la grêle qui m'a tout ravagé. — *Le tailleur.* Vraiment ! mais c'est incroyable; comment payer quand on n'a rien récolté ? — *Le fermier.* C'est pourtant aussi vrai que je vous le dis. — Tenez, monsieur, l'année de ce fameux hiver, en 1800.... » (Ici un domestique vint interrompre l'entretien en disant au fermier qu'il pouvait entrer.)

« Vous achèverez de me conter cela quand vous serez sorti, » dit le tailleur à son interlocuteur, et il demeura attendant pour être introduit près du seigneur que le fermier eût terminé son affaire. Lorsque celui-ci revint dans l'antichambre il n'avait plus son sac d'argent. Le tailleur entra à son tour, en priant le fermier de l'attendre pour entendre la fin de ce qu'il avait à lui dire ; son affaire fut longue à expédier, et lorsqu'il revint près du fermier, il n'avait plus sous son bras l'habit qu'il portait en arrivant, mais en revanche il avait ce que le fermier n'avait plus, un sac d'argent sous le bras. « Je vous demande pardon, dit-il au fermier, de vous avoir fait attendre; j'ai dû essayer l'habit que je portais à Mr X. Il lui va à merveille. Ah çà, vous disiez donc qu'en 1800... *Le fermier.* Oui, oui; mais dites-moi, qu'est-ce que c'est donc que le sac que vous avez là? — *Le tailleur.* C'est le prix de mon habit; oh! c'est qu'il était très-bien fait mon habit! — *Le fermier.* Oui, mais c'est mon sac que vous avez là. — *Le tailleur.* Ah! c'est possible; combien y avait-il dans votre sac? — *Le fermier.* Cent écus. — *Le tailleur.* C'est précisément la somme qui m'était due pour les vètemens que j'ai fournis. — *Le fermier.* Oui; mais je fais une réflexion, moi, c'est que j'aimerais bien mieux avoir pour mon sac l'habit que vous aviez tout-à-l'heure; ce serait du travail pour du travail; au lieu que comme çà, c'est Mr X qui profite des fruits de votre travail, en vous donnant en échange le fruit d'un travail qui a été le mien et que lui, par conséquent, n'a pas accompli. — *Le tailleur.* Mais il vous a loué sa terre. — *Le fermier.* Oui, pour que je lui donne une partie des fruits de mon travail pour prix de location, et lui, que fait-il pendant que je travaille à sa terre? *Le tailleur.* Ah! dam... rien, puisque le surplus des fruits de votre travail lui suffit. — *Le fermier.* Eh bien! une idée me vient, si l'Etat était le grand propriétaire qui donnât à chacun sans distinction la terre, la charrue, l'atelier, le drap, les ciseaux, la bibliothèque, le laboratoire, le navire, la mine, les instrumens de travaux enfin qui conviendraient le mieux à sa vocation, en se chargeant de le rétribuer selon son travail, il serait facile d'éviter qu'il existe une classe d'hommes oisifs et vivant des fruits du travail d'autrui. — *Le tailleur.* Oui, c'est une fameuse idée; mais pour la mettre à exécution il faudrait que tous les travailleurs s'entendissent pour déclarer à tous les oisifs qu'ils sont las de travailler pour eux, et qu'ils les expulsassent du milieu d'eux. « Prenez garde, » dit alors un homme qui jusqu'alors avait écouté sans se mêler à la conversation, « vous oubliez que souvent celui qui vous paraît *oisif*, parce qu'il ne fait ni habits ni travaux de labourage, se livrant à des occupations scientifiques fort utiles en ce que ses découvertes, ses inventions facilitent les travaux du tailleur, du laboureur, et de tous les industriels en général, celui qui s'adonnent à la culture des arts, à la peinture, à la sculpture, un poète, un musicien ne sont pas des oisifs; il est donc raisonnable que leur existence soit assurée, et que sur les produits du travail des autres il soit prélevé une part qui leur soit donnée, comme récompense de leur travail personnel. Quant à ceux qui sont absolument oisifs, il n'y aurait pas grand mal à ce qu'ils ne possédassent rien. Cependant, il faudrait bien se garder de les vouloir dépouiller violemment: le temps se charge de leur enlever leurs prérogatives; il y a deux mille ans ils étaient propriétaires d'hommes qui leur appartenaient sous le nom d'esclaves, aujourd'hui ils ne sont plus propriétaires que de la terre, et il n'existe plus d'esclaves; c'est déjà un grand progrès; dans quelques années ils ne seront plus propriétaires que des fruits de leur travail, et les terres et les capitaux appartiendront non plus à des hommes isolés, mais à la société tout entière. Mais pour cela il faut que ceux qui ne possèdent rien gardent une attitude calme et pacifique: car un fait de cette nature ne peut avoir lieu par la force brutale, il doit être entièrement produit par la douceur et la persuasion. »

MACHEREAU, fils de portier,
membre de la hiérarchie Saint-Simonnienne.

EVERAT, Imprimeur, rue du Cadran, n° 16.

RELIGION SAINT-SIMONIENNE.

L'ARMÉE. — LA CONCURRENCE.

Le gouvernement entretient sur pied une armée d'environ cinq cent mille hommes et sous Napoléon le nombre en a parfois été bien plus considérable. Cependant à cette époque, tout comme aujourd'hui, il régnait dans cette armée une police et un ordre admirables; sur un signe du chef, empereur, consul, ou général, les mouvemens les plus difficiles, le marches les plus savantes, étaient exécutés avec une précision rigoureuse, des obstacles inouïs surmontés, de grands périls bravés avec joie par cette multitude d'hommes dévoués et dont la confiance pour celui qui les commandait n'avait pas de limites. « Allez là, » disait-il aux soldats et on y allait; « Venez ici, » et l'on venait; « Courez, précipitez-vous, halte, en arrière, » toujours ses ordres étaient religieusement exécutés. « Que des redoutes soient élevées, que des fossés larges et profonds les entourent, que de vigilantes sentinelles veillent à la sûreté de l'armée; » et à sa voix chacun s'empressait la pelle et la pioche à la main, préparant les ouvrages qui devaient assurer le succès de ses armes, chantant, riant, folâtrant avec gaîté, sans souci de l'avenir, sans songer le moins du monde que le lendemain pouvait être le dernier de ses jours, tandis que l'immobile vedette veillait silencieusement pour le salut de tous.

Souvent de grandes choses ont été faites ainsi par les soldats de Napoléon. En 1809. lors du passage du Danube, trois ponts en charpente furent jetés sur le fleuve comme par enchantement; soldats et officiers tous mirent la main à l'œuvre. Les Autrichiens s'étaient crus bien en sûreté sous l'abri protecteur des ondes rapides qui défendaient les murs de leur ville, et leur étonnement fut inexprimable en voyant qu'un triple chemin étroit, mais solide, avait en si peu de temps été suspendu sur les flots. Après la paix, ils allaient admirer ce magnifique ouvrage et les hommes qui l'avaient créé; ils se demandaient quels étaient ces hommes pour qui le mot obstacle était sans valeur, et quel était le secret du chef qui les conduisait pour en obtenir de si grandes choses.

Ce secret, il n'a rien de mystérieux, et cependant peu de gens le possèdent; il réside dans un mot, *confiance*. Napoléon avait dit : « Soldats, nous allons à Vienne et dans deux mois nous y serons entrés. » Tous les soldats le croyaient, car comment en douter, Napoléon l'avait dit.

Et puis dans l'armée on ne connaît pas cette concurrence immorale qui force les travailleurs à s'isoler, à se fuir, à cacher avec soin les procédés dont ils se servent pour abréger le travail; qui les pousse à se ruiner en ruinant leurs voisins. Il n'y a d'autre concurrence que le désir de se distinguer par une bonne conduite, par l'ardeur et l'exactitude à remplir ses devoirs: dans l'armée il y a association d'efforts et de travaux; le colonel d'un régiment a les mêmes intérêts que les derniers de ses soldats et que tous les autres colonels de l'armée. Lors du passage du Danube tous, soldats, officiers, généraux avaient un but commun, c'était d'entrer à Vienne.

Il y avait une grande inégalité, dans l'armée de Napoléon, la plus grande inégalité possible, car les grades et les rangs étaient marqués avec une rigoureuse précision, mais il y avait aussi la plus grande égalité possible: égalité pendant la vie active des camps; car le même boulet frappa le trompette et le général; égalité après la guerre, car le trompette et le général recevaient tous deux une récompense proportionnée à leurs services et calculée d'après l'importance de chacun. Le trompette pouvait devenir général; Napoléon a dit souvent: « Avec moi le moindre soldat de l'armée porte son bâton de maréchal dans sa giberne. » Et plusieurs de ses maréchaux sortaient des dernières classes du peuple et avaient commencé par être soldats.

Dans l'armée il existe entre les hommes un lien, une solidarité inconnues dans l'état civil. Qu'un ou plusieurs militaires fassent un acte éclatant de courage et d'intrépidité, la gloire en rejaillit sur le régiment tout entier; dans les travailleurs rien de semblable n'existe. De même si un poste ou une avant-garde sont dans le cas d'être surpris par les postes ou les avant-gardes ennemis, toute l'armée se fait un devoir de leur porter secours ou de les en prévenir.

Si parmi les commerçans, il s'en trouve un que des pertes considérables mettent hors d'état de travailler, les autres se trouvent tout naturellement portés à s'en réjouir, car *c'est un concurrent de moins.*

Si tous les travailleurs, maîtres et ouvriers, voulaient s'entendre et s'associer pour le travail pacifique, comme les soldats et les officiers le sont pour le travail guerrier, toutes les misères qui accablent la pauvre espèce humaine auraient bientôt disparu de la surface du globe; sous la direction d'un général pacifique, éclairé, des travaux considérables seraient faits, de grandes richesses seraient produites, et chacun en recevrait ce qu'il aurait mérité par son travail, comme un soldat qui s'était bravement comporté dans l'armée guerrière était élevé au grade d'officier, recevait la croix d'honneur ou une pension. Mais pour obtenir ce résultat il faut que les hommes soient religieux et qu'ils aient confiance dans un chef comme les soldats de Napoléon avaient confiance en lui, il faut aussi qu'ils aiment leurs semblables et se sentent liés à eux; c'est pourquoi notre PÈRE ENFANTIN a appelé autour de lui une foule d'hommes auxquels il a enseigné la religion; il leur a enseigné à s'aimer et à aimer les autres hommes, afin de préparer ainsi l'association des travailleurs pacifiques qui doit un jour embrasser dans un même cercle tous les partis et tous les peuples, et effacer jusqu'aux moindres traces de guerre et de haine parmi les hommes.

Ch. BÉRANGER, ancien ouvrier horloger, fonctionnaire St-Simonien.

EVERAT, imprimeur, rue du Cadran, n. 16.

RELIGION SAINT-SIMONIENNE.

CE QU'IL FAUT POUR ÊTRE ROI. — LA LÉGALITÉ.

Il ne suffit pas pour être roi de s'asseoir sur un fauteuil à bras, doré, couvert d'un dais magnifique, élevé sur quelques marches semi-circulaires, et couvert de velours rouge ou bleu; il ne suffit pas pour être roi de percevoir chaque année une somme considérable sous le nom de liste civile, alors même que cet argent on l'emploierait de la manière la plus honorable pour soi, et la plus profitable pour le peuple qu'on est appelé à gouverner, c'est-à-dire à rendre heureux, car en définitive tous les devoirs d'un roi se renferment dans ce peu de mots.

Pour être roi, il faut lorsque des hommes, des chefs d'industrie, des maires, des préfets, des juges, viennent exposer en termes précis et touchans la détresse du peuple, pouvoir leur répondre qu'on va faire cesser les maux dont ils se plaignent, et non se borner à de stériles gémisssemens.

Pour être roi, il faut être bon, juste, sage, prudent, et ferme; mais cela ne suffit pas encore, il faut aussi pouvoir exercer sa bonté, sa justice, sa sagesse, sa prudence, et sa fermeté. Pour être roi, il faut avoir une volonté, et il faut que cette volonté ne soit pas emprisonnée dans des formes tellement gênantes, tellement étroites, que l'effet en soit nul, lors même qu'on aurait l'intention de faire exécuter les plans les plus utiles et les plus avantageux au peuple.

Pour être roi, il faut avoir un pouvoir plus étendu que celui d'aller, chaque année prononcer dans deux assemblées différentes un discours insignifiant pour ceux qui l'écoutent, fatigant pour celui qui le prononce et inutile pour tous. Pour être roi, il faut quelque chose de plus que nommer des commis ou des ministres, et apposer sa signature sur les actes qu'ils ont rédigés ou fait rédiger. Pour être roi, il ne faut pas..... Mais si je voulais dire ainsi tout ce qu'il faut et tout ce qu'il ne faut pas pour être roi, je n'en finirais plus.

Il est trop vrai que la méfiance dont tous les esprits sont fortement empreints a réduit le rôle de la royauté à une action bornée de police administrative ; rien n'est épargné pour que le roi et ses ministres puissent faire emprisonner les malfaiteurs et tenir les rues et les places publiques dans un état constant de propreté; mais s'ils voulaient s'occuper sérieusement des intérêts généraux, ouvrir des travaux pour adoucir la misère du peuple, s'ils tentaient d'imprimer une direction favorable à l'industrie, ils se trouveraient arrêtés par les cris des partisans de la légalité. Ceux-ci leur rappelleraient que la loi fondamentale, la charte, ne leur permet d'intervenir en aucune manière dans tout ce qui a trait au commerce, à l'industrie, ou aux besoins des populations, et que leur rôle doit relativement à toutes ces choses se borner à *laisser faire et laisser passer*.

La méfiance a été légitime sous la restauration qui voulait faire prévaloir les intérêts de l'aristocratie sur ceux du peuple, c'est-à-dire les intérêts de l'oisiveté sur ceux du travail : mais aujourd'hui qu'avec le trône de Charles X est tombée à plat l'aristocratie féodale, la méfiance qui a renfermé le gouvernement dans un cercle très-étroit est un obstacle insurmontable aux améliorations que réclame l'état moral, intellectuel et physique du peuple. Aujourd'hui le gouvernement, à vrai dire, est tellement emprisonné dans les entraves de la légalité qu'il est sans pouvoir pour faire le bien comme pour faire le mal.

Les députés, en remettant à Louis-Philippe la couronne après les journées de juillet, ont fait exactement comme un cavalier qui dans la crainte d'être renversé par son cheval, l'entraverait de telle sorte qu'il ne puisse l'empêcher de faire un seul pas : de cette manière le cavalier n'aurait point de chute à redouter, mais il faudrait qu'il renonçât aussi à marcher.

Ce n'est pas le roi qui gouverne en France, ce ne sont même pas ses ministres ; ce qui gouverne c'est la charte, et quand même les trois quarts de la France périraient de douleur et de misère, quand même il serait clair et palpable pour les yeux les moins clairvoyans que des mesures propres à faire cesser toute douleur et toute misère et à enrichir toutes les classes de la société peuvent être mises sur le champ à exécution, si ces mesures s'écartaient le moins du monde de ce que prescrivent la charte et l'ordre légal, il faudrait s'en abstenir, car la charte et l'ordre légal passent avant les besoins des masses ; ce sont reliques sacrées, y toucher serait un crime irrémissible. Cependant de ce que je dis, il ne faut pas conclure que je croie qu'il faut négliger de se conformer aux lois ; il est au contraire très-bon que les lois soient observées avec une rigoureuse exactitude, mais pour cela il faut que les lois soient bonnes, soient conçues dans l'intérêt général, et non faites de telle manière qu'elles nuisent aux intérêts du plus grand nombre au nom de la charte et de la légalité. Les actes du gouvernement doivent être soumis au contrôle des chambres et recevoir leur sanction ; cependant le gouvernement est beaucoup mieux placé pour connaître les besoins de la France par la masse de renseignemens et d'avis qu'il reçoit de ses nombreux employés, préfets, maires, etc., que les députés réduits à leurs seules lumières. Malgré cette énorme différence entre le gouvernement qui, s'il est composé d'hommes capables, sait ce qu'il faut faire, et les députés qui presque tous l'ignorent absolument, la volonté de ces derniers prévaut sur celle du gouvernement. C'est à peu près comme si dans une société, l'on chargeait des aveugles de guider ceux dont la vue est excellente, sous prétexte que ces derniers pourraient conduire à dessein la société dans un précipice.

Il arrive souvent par suite de cet arrangement singulier, des choses vraiment extraordinaires. Il y a quelques mois, le ministre des travaux publics apprend que dans beaucoup de villes et villages de la France, le prix du pain est trop élevé pour que les ouvriers et les cultivateurs puissent vivre; il se hâte de proposer une loi qui remédie à cet inconvénient (car c'en est un grave, je crois, pour le peuple, que de ne pouvoir acheter du pain). Eh bien! la chambre des députés ajourne la loi et finalement lui fait subir des modifications qui équivalent au rejet, et le peuple au nom de la charte et de l'ordre légal continue de payer le pain un prix excessif.

Un grand nombre de plans de travaux sont enfouis dans les cartons du ministère: le quart de ces travaux mis en activité suffirait pour occuper durant des années la partie la plus pauvre de la population; mais ces travaux, routes ou canaux pour la plupart, nécessitent de nombreuses acquisitions de terrains, ou de maisons appartenant à des particuliers: la loi qui règle le mode d'acquisition de ces propriétés est tellement compliquée, que *quatre années entières* (M. d'Argout l'a dit à la tribune) sont parfois nécessaires pour lever par l'achat de quelques misérables toises de terrain les obstacles que l'ignorance et l'égoïsme d'un propriétaire (1) opposent à des entreprises dont l'utilité est incontes-

(1) Les funestes effets de l'ordre légal et des lois qui règlent l'expropriation pour travaux d'utilité publique ne se font pas sentir seulement en France, en voici un exemple: il existe en Angleterre un chemin de fer qui conduit de *Liverpool* à *Manchester*, il a été construit malgré les plus grands obstacles; une chaussée de quatre lieues de long a été jetée sur un marais dont la profondeur est dans quelques endroits de cinquante pieds, des montagnes et des rochers très-durs ont été percés sur une étendue considérable. Néanmoins ces difficultés ne sont rien auprès de celles qui ont résulté de l'opposition de propriétaires ignorans et inhabiles sur le terrain desquels devait passer le chemin, et dont il a fallu l'acheter à des prix exorbitans.

On remarque dans le rapport fait sur le projet au nom de la compagnie par l'habile ingénieur qui en avait l'entreprise, un paragraphe dans lequel les auteurs du projet considèrent comme une chance très-favorable à l'admission de leur demande par les chambres anglaises le soin qu'ils ont eu de faire leur tracé de manière à ÉVITER LE VOISINAGE DES GARENNES ET AUTRES LIEUX OÙ SE TIENT LE GIBIER.

Il y a économie des quatre cinquièmes dans le temps et la dépense du transport des marchandises et des voyageurs par le chemin de fer; ce résultat important tenait cependant à un sujet bien futile: s'il eût été impossible d'éviter le passage de la route en fer par les chasses de quelques lords désœuvrés, la nombreuse population des deux villes manufacturières demeurait privée au nom de l'ordre légal des avantages d'un moyen rapide et économique de communication.

table et dont il serait souvent appelé à recueillir le premier les avantages. Dans un tel état de choses il est clair que les travaux publics sont très-dispendieux et d'une exécution difficile. A peu près vers l'époque où la misère se faisait sentir avec le plus de force, où les émeutes se multipliaient dans les départemens, le ministère voulant par le travail donné au peuple faire cesser le désordre qui croissait chaque jour, proposa aux députés une loi qui devait faciliter les expropriations pour cause d'utilité publique, sans nuire en rien à l'intérêt des propriétaires; quelques rhéteurs égoïstes enterrent la loi dans les cartons de la chambre des pairs, et le peuple, au nom de l'ordre légal, demeure sans travaux comme par le passé.

Il est convenu entre les partisans de l'ordre légal que le gouvernement ne peut et ne doit pas le moins du monde intervenir dans les transactions commerciales; cependant après les journées de juillet, les commerçans de Paris se trouvèrent pour la plupart dans une position douloureuse, la faillite du plus grand nombre était devenue inévitable, et le gouvernement comprit qu'il était de son devoir de les secourir; un comptoir d'escompte fut créé; trente millions furent répandus sur la masse des marchands par petites sommes qui les aidèrent à soutenir le choc terrible qu'avait reçu le crédit public. Il est impossible d'évaluer les services que rendit la caisse d'escompte; mais ce qui est étonnant, ce qui est presque incroyable, c'est qu'il ait pu se trouver au sein de la chambre, des partisans assez aveuglés de la légalité pour s'opposer d'abord à la création de cette caisse et ensuite à sa prolongation, attendu que la charte ne le permettait pas. Heureusement ils ne se trouvèrent pas en majorité, mais s'ils eussent été plus nombreux, la caisse d'escompte n'eût pas été créée; il est probable que le cinquième au moins des travailleurs de la capitale eût été réduit instantanément à la faillite au nom de l'ordre légal.

Il y a des gens qui sont intimement persuadés que quand on a retiré de la Seine une personne évanouie, il faut attendre qu'un commissaire soit venu verbaliser avant de donner au noyé des secours qui peuvent lui rendre la vie; d'autres appliquent ce raisonnement à l'incendie et laissent le feu s'allumer chez leur voisin absent attendant que le magistrat soit arrivé pour enfoncer la porte : il en résulte qu'en l'attendant le noyé meurt et la maison brûle. Les partisans de l'ordre légal ne ressemblent pas mal à ces gens-là.

Béranger, ancien ouvrier en horlogerie,
fonctionnaire Saint-Simonien.

RELIGION SAINT-SIMONIENNE.

—

PROJET DE CHARTE.

Les administrations locales auront de la vie et les localités exerceront leur spontanéité lorsqu'il sera entendu que la politique, ou pour mieux dire l'*administration*, a pour objet le développement des intérêts *industriels* des peuples. Ce principe posé, on trouvera aussi absurde qu'un homme ait la prétention d'être le premier magistrat de la Seine-Inférieure, par exemple, en restant étranger à la fabrication et au commerce des cotonnades et des draps, qu'il le serait de mettre un évêque à la tête d'un régiment de carabiniers ou de housards.

Alors toutes les lois, tous les réglemens seront conçus et interprétés dans le sens le plus favorable au développement du *travail* et à une équitable *répartition* des produits. Ils tendront à l'*harmonisation* de tous les efforts et de tous les intérêts. Le budget, qui est aujourd'hui une charge pour l'industrie, tournera à son bénéfice ; car il aura pour but les dépenses les plus profitables au bien-être des travailleurs. Alors, en dépit des maximes du gouvernement à bon marché, il sera entendu que le gouvernement le plus économe n'est pas celui qui dépense le moins, mais celui qui dépense le mieux.

Alors un peuple qui voudrait se suffire à lui-même paraîtra aussi peu éclairé qu'un homme qui tiendrait à fabriquer *seul tous* les objets nécessaires à ses besoins. Alors la diplomatie aura pour objet non plus d'équilibrer les puissances, c'est-à-dire de les contenir par la peur les unes des autres, mais de les associer, de faire cesser la concurrence de peuple à peuple, non moins fatale que celle de boutique à boutique, en combinant et divisant la production suivant les goûts, les aptitudes et les ressources naturelles de chacun, en multipliant les échanges et les rapports des hommes entre eux, de manière à préparer le jour où il n'y aura sur la terre qu'un atelier, qu'une famille.

Alors le chef politique d'un département ou d'une province aura pour fonction de présider au mouvement industriel de la division qui lui aura été confiée, et de combiner les divers services publics, finances, voies de communications, éducation publique, hygiène, associations diverses en vue des besoins du TRAVAIL et de l'avantage des *travailleurs;* alors il contractera UNION avec la localité, il la marquera de son *empreinte*, et en tirera un *nom*.

Alors le ministère des finances sera autre chose qu'une pompe aspirante. On n'y aura plus peur des emprunts et on les préfèrera aux impôts, parce qu'on saura que l'emprunt prend les capitaux où ils sont, et l'impôt là où ils ne sont pas. On concevra qu'une association des receveurs-généraux puisse avoir un autre objet que l'agiotage. Cette association, que M. de Villèle avait constituée naguère sous le titre de *syndicat*, sera réédifiée sur une échelle croissante et dotée par l'état lui-même. Le mur qui sépare le trésor public de la banque, les recettes générales et particulières des banques départementales et communales, s'abaissera. L'administration des finances publiques, considérée comme institution de *crédit*, présentera une force colossale, et toutes les banques particulières viendront s'y appuyer et peu à peu s'y fondre; de sorte que peu à peu se préparera l'ordre de choses où les travailleurs seront *tous* commandités par l'état. Alors par la même raison tout receveur-général deviendra un puissant chef de banque chez lequel la plupart des travailleurs de la province et tous finalement auront un crédit.

Alors on ne recrutera plus les hommes pour leur enseigner l'art de *détruire* et de *tuer*, mais pour leur apprendre la *production*, la *création*. Les régimens deviendront des écoles d'arts et métiers où tous pourront être admis dès l'âge de seize ans. Les artilleurs seront les mécaniciens et les fondeurs de métaux; les fonderies de canons deviendront des fabriques de machines à feu et de bateaux à vapeur; la cavalerie formera le corps des laboureurs, des charrois, des postes, des voitures publiques; les soldats du génie seront les mineurs; les pontonniers suspendront des ponts de fer sur le lit des fleuves; l'infanterie de ligne embrassera une longue série de professions. Le dépôt de chaque régiment sera placé dans la localité où l'industrie qu'il représentera sera le plus avancée. L'armée, en subissant ces modifications graduelles, conservera costume, musique et fêtes. Sa discipline toute guerrière s'adoucira peu à peu. On maintiendra provisoirement le maniement des armes comme exercice gymnastique. L'armée englobera ainsi, en le dépouillant de son caractère d'étroitesse et de rivalité, le *compagnonage*. Les officiers de chaque régiment ouvriront, dans toutes les villes où ils tiendront leur garnison du nouveau mode, des cours analogues à ceux que M. Charles Dupin créa sur beaucoup de points; établissemens très-peu coûteux, et qui, partout où ils ont été l'objet d'une sollicitude sérieuse, ont produit d'admirables résultats. La ville de Metz en offre un bel exemple.

Alors s'organisera l'industrie *attrayante* et *glorieuse*, et les régimens tendant à s'assimiler par voie d'engagement tous les ouvriers, il y aura tendance à ce que l'état devienne le dispensateur général du *travail*, de la *rétribution* et aussi d'une *retraite* accessible à TOUS.

Alors aux écoles actuellement placées dans les attributions du ministère de la guerre (qui deviendra le ministère de l'industrie) à savoir, l'École Polytechnique, l'École de Saint-Cyr, les écoles de Metz et de Saumur, celle d'état-major, on joindra celles qui ressortissent des autres secrétaireries d'état, l'École des ponts-et-chaussées, celle des mines, celles de Nancy, de Châlons, d'Angers, d'Alfort, de Saint-Étienne; on grossira ce noyau de diverses institutions particulières telles que l'École de Roville et celle des Arts-et-Manufactures récemment fondée à Paris par des hommes très-capables. Ces écoles seront refondues et développées sur un plan unitaire, de manière à représenter toutes les industries et chaque profession selon son importance; des usines et ateliers y seront joints. Elles recevront pour destination de former des chefs de travaux dans tous les genres. Dès l'origine, une somme annuelle de trois millions sera consacrée à l'entretien de trois mille boursiers répartis dans ces diverses écoles, sans préjudice des élèves qui pourront s'entretenir à leurs frais. Les bourses seront délivrées par voie de concours public. Peu à peu, la prévoyance sociale se substituant à la prévoyance de la famille, cette dotation recevra de successifs accroissemens.

Alors seront assimilées aux services publics, pour s'y confondre graduellement, beaucoup d'entreprises d'utilité générale formant aujourd'hui l'objet de spéculations ou d'opérations particulières, et qui exigent certains travaux et certaines dépenses qui s'accomplissent déjà dans les administrations publiques. Telles sont les caisses de prévoyance et d'épargne, les compagnies d'assurance, les messageries, les associations ayant pour objet l'exécution ou l'exploitation de canaux, ponts et chemins de fer, le dessèchement des marais, le défrichement ou la plantation des forêts.

Alors les querelles de partis s'amortiront; car l'exaspération publique est impossible avec une administration vouée exclusivement et directement à la prospérité et au bien-être des peuples; alors la presse cessera d'être un sujet d'alarmes pour les gouvernans; elle deviendra un prodigieux instrument d'éducation publique. Alors le gouvernement pourra, sans exciter les craintes des classes paisibles qui redoutent le scandale, abolir tous cautionnemens, droits de timbre et de poste, ainsi qu'une pénalité absurde. Alors la presse elle-même s'habituera peu à peu à réclamer de lui conseils et inspirations, et il acquerra près d'elle une direction de fait, une paternelle censure.

Alors l'autorité étant entourée de la confiance générale, il n'y aura qu'une voix pour réclamer la suppression des entraves opposées à l'action de gouvernemens méchans ou plutôt inhabiles, et qu'on nomme des *garanties;* car ces garanties ne peuvent empêcher une *mauvaise* direction qu'à la condition d'empêcher *toute* direction. Il n'y a qu'une méthode *absolue* d'interdire à un homme la possibilité de tout mouvement vicieux, c'est de le garotter; et un homme garotté est également incapable de bien et de mal. Il n'y a de garantie politique réelle que dans la moralité et la capacité des gouvernans, et la publicité en est l'expression. Or parmi toutes les garanties écrites la plus gênante consiste dans le formulaire parlementaire et dans la méthode des discussions et délibérations avec discours écrits et amendemens entre quatre cents membres et plus. Toutes les lois s'y gâtent, s'y volent ou s'y perdent. Alors donc une vaste latitude sera laissée au pouvoir moyennant une publicité indéfinie. Les projets de loi élaborés dans le conseil d'état, dont les séances seraient publiées, discutées et retournées par une presse consciencieuse et compétente, seront apportés devant un corps législatif élu d'après les principes de la *capacité* positive et du *travail*. Une commission nommée par ce corps et formée d'hommes entendus en la matière, auxquels leurs collègues communiqueront leurs observations, soumettra le projet à un nouvel examen de concert avec les commissaires du gouvernement. L'assemblée entière dira ensuite oui ou non.

Alors disparaîtra cette opinion généralement répandue, qu'on peut devenir fonctionnaire public sans apprentissage ; alors chaque fonctionnaire sera solidement assis en sa place, et il y sera retenu par une masse d'intérêts et de sympathies d'autant plus considérable qu'il occupera un rang plus haut dans la hiérarchie, et qu'il sera plus digne de son rang. Il y aura toute sa vie profondément engagé, joies et peines; et un fonctionnaire éminent ne comprendra pas qu'il ait été un temps où les magistrats les plus élevés étaient si peu liés à leurs fonctions, que sur le prétexte de vaines dissidences métaphysiques, un ministre pût les congédier du matin au soir, sans qu'il en résultât notable lésion des intérêts, soit de l'état, soit des travailleurs.

Des renseignemens sur la religion Saint-Simonienne sont donnés aux domiciles suivans, par les directeurs de propagation, depuis six heures du matin jusqu'à dix heures du soir :

Rue Contrescarpe-Saint-Antoine, n. 70.

Rue de la Tour-d'Auvergne, n. 34.

ÉVERAT, imprimeur, rue du Cadran, n° 16.

RELIGION SAINT-SIMONIENNE.

ORGANISATION INDUSTRIELLE DE L'ARMÉE.

Le gouvernement nouveau, héritier collatéral d'une royauté féodale, est imbu de préjugés inséparables de son origine. Les intérêts militaires de la France sont ceux dont il se préoccupe le plus. Il y a un ministre de la guerre auquel on fait une part de trois cent millions : il n'y a pas de ministre de l'industrie. On ne discute pas sérieusement les dépenses militaires. Sans consulter personne, le ministère envoie, coûte que coûte, une expédition à Lisbonne, une autre à Ancône ; qu'on juge nécessaire un mouvement de troupes sur Lyon ou sur Bruxelles, la somme nécessaire est aussitôt ordonnancée sans hésitation ; les millions affluent ; et nous ne prétendons pas qu'en cela on ait tout-à-fait tort. Mais qu'une crise industrielle vienne ruiner les travailleurs de Lyon ou de Mulhouse, qu'un ouragan de banqueroutes, plus dévastateur qu'un ouragan des Antilles, menace les existences de toute une contrée, le pouvoir se croise les bras, il laisse faire au temps, il n'a rien à y voir ; et si une fois il s'avise de vouloir intervenir, il trouve sur son chemin des raisonneurs, et des plus libéraux, qui, au nom de la liberté, se mettent en travers ; car il est reconnu par l'universalité des économistes que le gouvernement n'a rien à démêler dans les affaires de l'industrie ; si bien qu'il est de son devoir, la voyant se noyer, de la laisser périr sans lui tendre la main ?

Et cependant on ne fait aucune difficulté de reconnaître que l'industrie est la nourricière des empires. Il est même admis en principe par les fortes têtes de tous les partis que la guerre est une effroyable calamité ; le gouvernement actuel a pris pour devise Conservation des *intérêts matériels ;* et la nouveauté politique de l'ordre le plus élevé qu'on puisse signaler depuis juillet, c'est l'avénement successif à la direction des affaires des deux industriels, M. Laffitte et M. Périer.

Il y a donc contradiction manifeste entre la *pratique* du gouvernement et sa *pensée* intime. Cette contradiction perce dans chaque trait de sa conduite, et la vie que mène le roi Louis-Philippe en est le plus éclatant symbole. Ce prince a les goûts qui distinguent aujourd'hui la classe des gros industriels, et on lui a imposé une attitude quasi-féodale. Son plaisir est de vaquer *pacifiquement* à ses affaires, sans suite et sans fracas, en habit bourgeois et en chapeau gris ; et dans les cérémonies publiques il ne paraît jamais autrement qu'en tenue de général, l'épée au côté, entouré de troupes de toutes armes. Le prince qui a sagement tenu à conserver la paix pendant qu'autour de lui il n'était bruit que de guerre, dont la paix est l'élément, ne sait et ne peut se montrer aux peuples que métamorphosé en soldat.

Dans son voyage en Alsace le roi Louis-Philippe a dit un mot qui peint parfaitement la situation du gouvernement vis-à-vis de l'industrie. Les magistrats de Mulhouse lui avaient énuméré les désastres de leur ville et les douleurs de la classe industrielle ; *nos ateliers*, disaient-ils, *sont déserts et nos ouvriers sans pain :* à ce tableau le roi fut profondément touché ; mais sa réponse fut : *Je ne puis que gémir.* Et il disait très-vrai : les habitudes gouvernementales, telles qu'on les comprend généralement, ne lui permettaient guère de témoigner sa sympathie pour les travailleurs ruinés du Haut-Rhin autrement que par des vœux stériles.

Supposons qu'au moment où le roi Louis-Philippe venait de faire cette réponse aux magistrats alsaciens, un courrier arrivé en toute hâte fût entré dans la même salle et lui eût dit : « Sire, les troupes fran-» çaises se gardaient mal dans leurs cantonnemens ; les colonels ne s'en-» tendaient point, le désordre était parmi les soldats ; quatre-vingt » mille Austro-Sardes ont débouché à l'improviste par Montmélian. » Grenoble est pris, Lyon est bloqué ; l'armée est à la débandade. » Supposons qu'à cette funeste nouvelle le roi eût répondu par ces mots, *Je ne puis que gémir*, qu'en eût-on pensé ? qu'en eût-il pensé lui-même ? Et lorsque les industriels *ne s'entendent pas*, lorsque le *désordre* est dans l'organisation industrielle, lorsqu'une grande catastrophe vient les atteindre à l'*improviste*, lorsqu'ils sont *bloqués* par la faillite, n'a-t-on rien à leur dire que ces mots désespérans ? N'a-t-on rien à *faire* pour les sauver de leur perte ? Si les intérêts industriels sont reconnus supérieurs aux intérêts guerriers, conçoit-on tant de zèle pour la *guerre*, une si maigre sollicitude pour le *travail ?* Et, encore un coup, ce n'est pas au roi que nous adressons un reproche : il n'a pu dire que ce que l'on pensait dans le milieu qui l'environne, il a exprimé le sentiment des gouvernemens actuels sur l'industrie.

Mais du moment où l'on a admis en principe que la paix est le premier besoin des peuples, on ne peut plus gouverner suivant les usages et les règles des gouvernemens de race féodale ou d'institution militaire. Alors on doit avoir pour l'industrie plus que des vœux. Lorsque l'industrie est le fait politique par excellence, il devient naturel de faire pour elle plus qu'on n'a jamais fait pour le service de l'armée. Une administration qui prétend se consacrer aux *intérêts matériels* se donne un éclatant démenti en réservant tout son temps et tous ses écus à des intérêts de conquête et de défense. Aller à Lisbonne a pu être bon ; songer à Saint-Quentin ou à Mulhouse eût été mieux ; et d'ailleurs l'un n'empêchait pas l'autre. Je conçois que pour arrêter un incendie terrible on ait entouré Lyon d'un cordon de 40,000 hommes, dût cette opération stratégique coûter quatre à cinq millions ; employer une somme égale ou double à améliorer le sort des Lyonnais par des fondations durables d'écoles, d'ateliers-modèles et de banques, eût dix fois mieux valu, même pour la tranquillité publique. Vous voulez la paix, et vous avez raison ; mais ne vous bornez pas à la vouloir mystiquement. Traduisez vos bons sentimens pour l'industrie en *pratiques palpables*. Votre budget est celui d'un peuple guerrier, ayez-en un qui convienne à un peuple de travailleurs pacifiques. Vous vous plaignez de ce que les capitalistes sont craintifs, de ce qu'ils ajournent toute grande entreprise parcequ'ils ont toujours la guerre devant eux ; agissez vous-mêmes comme si vous n'aviez de pensées que pour le travail créateur. Il y a dans la masse de la population une agitation inquiétante ; donnez issue, du côté du travail, à cette activité qui déborde et qui, restant sans emploi, est une cause de perturbation. Quand les ateliers seront ouverts à deux battans, la place publique ne sera jamais encombrée par l'émeute. C'est un mauvais procédé pour maintenir la paix que de se prémunir contre la guerre par un développement de forces belliqueuses. Celui qui susciterait directement des intérêts pacifiques et qui les ferait grandir s'assurerait un bien meilleur abri.

En temps ordinaire la France dépense deux cent millions pour le budget de la guerre. Avec une somme pareille bien employée au profit de l'industrie, on obtiendrait des résultats gigantesques. En ce moment, pour compléter l'entier établissement du chemin de fer du Havre à Marseille, une somme de cent millions environ serait nécessaire. Si le gouvernement garantissait à une compagnie un revenu de deux à trois millions pendant trente ans, les entrepreneurs se disputeraient cette immense entreprise. Ce mode d'encouragemens appliqué à toutes les grandes lignes de communications, au tracé des canaux, à l'amélioration des rivières, à la mise en valeur des gîtes minéralogiques, à l'établissement d'une distribution d'eaux et d'un système d'égouts que réclame l'hygiène publique dans toutes les grandes villes de France, serait d'une admirable fécondité; l'industrie prendrait un essor inouï; la richesse publique acquerrait un développement prodigieux. Au bout de très-peu d'années le crédit public se trouverait tellement affermi par l'adoption d'une marche aussi salutaire, que le gouvernement pourrait demander à l'emprunt la somme nécessaire à ces dépenses. Et d'ailleurs telle deviendrait la prospérité de toutes les classes, qu'un budget qui est écrasant aujourd'hui se trouverait dans peu n'être plus qu'une charge légère.

Quand on énumère les forces dont les gouvernemens disposent dans un but militaire, et que par la pensée on les conçoit toutes dirigées vers une œuvre industrielle, on se sent par instans le cœur navré de l'incurie avec laquelle sur toute la surface de la terre sont gaspillés les germes de la richesse des peuples. Mais ce sentiment pénible se transforme vite en une douce espérance quand on se reporte vers le tableau magnifique du bonheur dont ils jouiront du jour où les gouvernans auront nettement conscience des destinées pacifiques du genre humain. Ainsi le gouvernement français tient maintenant enrégimentés, casernés ou cantonnés quatre cent mille hommes pris dans la partie la plus robuste et la plus alerte de la population. Supposez qu'au lieu de harasser ainsi la fleur de la jeunesse pour lui apprendre des manœuvres qui ne produiront jamais rien à la société, on profite de sa réunion sous les drapeaux pour lui donner une éducation *professionnelle*; supposez que les régimens deviennent des écoles d'arts et métiers, et mesurez la vitesse de perfectionnement qui entraînerait alors l'industrie française.

On a souvent tenté d'appliquer l'armée aux travaux publics, et l'on n'y a jamais réussi. C'est que dans toutes ces tentatives on *imposait* aux soldats des travaux sans nul *attrait*; le plus souvent c'étaient des dessèchemens de marais ou des creusemens de canaux; travaux mécaniques dont la partie la plus rude devra désormais être faite par machines. Le travail leur était présenté non comme *service*, mais comme *corvée*; non comme un fait *glorieux*, mais comme un fait *pénible*; ils n'y voyaient rien qui pût satisfaire les sentimens élevés, presque tous réfugiés aujourd'hui encore à l'ombre des drapeaux, rien qui pût contribuer à l'amélioration de leur sort MORAL, *intellectuel* et *physique*. Mais s'il était reconnu que le fait principal du service des corps militaires c'est l'industrie; si les manœuvres guerrières n'occupaient plus, dans la vie des soldats, qu'une place secondaire, comme dans les travaux de l'École polytechnique, par exemple; si l'avancement était subordonné à l'aptitude industrielle; si aux actes industriels on apportait tout l'éclat qu'on prodigue dans les exercices militaires; si tout soldat savait, en entrant sous le drapeau, qu'il va d'abord apprendre une *profession* selon sa vocation, sous des chefs habiles, et vivre ensuite honorablement de son travail, ce qui est *fui* maintenant serait *recherché*. Les cadres de l'armée ne tarderaient pas à être remplis par la seule voie des engagemens volontaires. Il n'est pas un jeune homme de la classe la plus nombreuse et la plus pauvre qui ne voulût passer au *service* quatre ans de sa vie : on s'empresserait d'y venir recueillir un excellent apprentissage, des habitudes d'ordre et de régularité qui manquent absolument à l'industrie. Il y aurait alors un *point d'honneur industriel*, source de jouissances pour le travailleur et d'avantages pour la société.

Et cette institution bienfaisante ne coûterait pas un centime à l'état, sauf les premiers frais d'établissement ; car les travailleurs enrégimentés créeraient une masse de produits qui, joints à l'allocation actuelle du ministère de la guerre, suffiraient et au-delà à leur distribuer une haute paie et à couvrir la dépense courante des écoles industrielles.

C'est une féconde pensée que celle de se servir de l'organisation de l'armée, pour donner aux masses l'éducation *professionnelle*, nous y attachons une grande importance, car du jour où l'*armée* elle-même sera transformée en corps *industriel*, de ce jour le règne de la paix sera assuré. Je me contente aujourd'hui de l'indiquer comme une des œuvres dont le gouvernement doit s'occuper le plus activement dans le plus bref délai. L'énoncé du problème est fort net, et une question bien posée est à demi résolue.

Indépendamment d'une organisation de travailleurs il faut aussi avoir un plan de travaux. Or nous avons indiqué pour l'Europe entière un ensemble d'opérations industrielles que nous avons désigné sous le nom de *système de la Méditerranée*, dont le premier élément est un réseau de chemins de fer. Parmi les parties de ce travail qui sont particulières à la France, nous avons distingué surtout le chemin de fer du Havre à Marseille, et déjà l'attention des capitalistes est dirigée sur cette belle ligne de communications.

Quand nous donnerons des conseils au gouvernement français en particulier, ce sera pour le pousser vers cette double organisation de *travailleurs* et de *travaux*. Dès lors nos paroles n'auront rien de vague ; et comme après tout c'est un moyen éminemment pratique d'inspirer à tous le goût de la paix en France d'abord, dans tous les pays ensuite ; comme ce moyen est non-seulement précis, mais encore qu'il est vraiment à la convenance de tous et qu'il ne souffre pas d'objection sérieuse, il faudra bien qu'on procède à son exécution.

Puisque au bout de quelques années tous les hommes avancés en sont venus à partager nos doctrines financières et surtout nos idées sur l'amortissement, aujourd'hui qu'il s'agit d'améliorations incomparablement plus larges, bien plus faciles à saisir et qui ne blessent aucun intérêt, nous devons avoir cent fois raison en beaucoup moins de temps.

MICHEL CHEVALIER,
ancien élève de l'École Polytechnique.

Tous les jours de la semaine, de six heures du matin à dix heures du soir, et le dimanche de six heures à midi, les directeurs ou sous-directeurs de propagation du degré des industriels donnent les renseignemens qui leur sont demandés sur la religion Saint-Simonienne, aux domiciles suivans:

Rue de la Tour-d'Auvergne, n° 34,
Rue de la Contrescarpe-Saint-Antoine, n° 70.

ÉVERAT, Imprimeur, rue du Cadran, N° 16.

RELIGION SAINT-SIMONIENNE.

L'ÉGALITÉ DEVANT LA LOI.

Mon voisin, bon bourgeois, possesseur d'une fortune honnête qui lui est échue en héritage à la mort de son père, me disait ces jours derniers : « Quelle idée vous a passé par la tête à vous autres Saint-Simoniens de vouloir réformer l'ordre social ? je ne vois pas qu'il soit si vicieux, et à cela près de quelques légers abus, qui disparaîtront avec le temps, le fond en est bon, et tous vos efforts pour remplacer les institutions existantes par des institutions plus parfaites seront inutiles.

— Vous en parlez bien à votre aise, lui dis-je, vous trouvez que tout est pour le mieux, parce que rien ne vous manque ; mais ceux qui ne possèdent rien, ne voient pas les choses tout-à-fait du même œil que vous.

— Eh mon dieu ! reprit-il vivement, qui s'oppose à ce que tout le monde devienne riche ? L'homme le plus pauvre ne peut-il pas travailler et amasser de la fortune ? La carrière est ouverte à tous et tous peuvent s'y lancer, c'est là une des conquêtes de la révolution. Tous les Français sont égaux devant la loi, ils sont admissibles tous aux emplois civils et militaires.

D'abord, lui répliquai-je, pour travailler, une première condition est d'avoir fait un apprentissage, et beaucoup de pères sont dans l'impossibilité de sacrifier la somme la plus faible pour en faire faire un à leurs enfans ; en second lieu, lors même qu'un homme sait travailler, il faut encore qu'il ait un certain capital pour s'établir afin d'amasser de la fortune, et comme celui qui n'a d'autre recommandation que son talent et sa capacité est à peu près sûr de ne pas trouver à emprunter, il est réduit à demeurer ouvrier toute sa vie, heureux encore quand la stagnation du commerce ne vient pas le jeter oisif sur la place publique, et lui retirer tout moyen d'existence : quant à l'égalité devant la loi, il est vrai qu'elle est écrite dans la charte ; mais regardez avec soin autour de vous et vous verrez que rien n'est plus faux que cette prétendue égalité dont vous faites tant d'étalage. L'inégalité, et l'inégalité la plus monstrueuse est au contraire la base de l'ordre social actuel. D'un côté, sont des hommes jouissant de tous les plaisirs, comblés de richesses et d'honneurs, entourés, sinon d'estime et de considération, au moins d'hommages et de respects; leurs moindres désirs sont des lois auxquelles s'empresse d'obéir une foule nécessiteuse; les lycées, les académies tiennent pour eux les trésors de la science en réserve, tandis que le peuple n'a pas même l'instruction primaire; les charges de l'état ne pèsent que très-légèrement sur eux, tandis qu'elles sont un lourd fardeau pour le peuple; comme ils sont au dessus du besoin, ils n'ont rien à redouter des lois qui, en général, sont faites bien plus pour les protéger que pour réprimer leurs mauvais penchans; la femme et la fille pauvres séduites trop souvent par leur langage poli, par le luxe brillant qui les entoure, sont immolées à leurs plaisirs, et vont ensuite grossir le cortége de ces malheureuses créatures que la police protége, afin d'assurer l'honneur des femmes et des filles des riches du monde contre la séduction des roués de bon ton, et la brutalité des débauchés de bas étage.

Direz-vous encore que tous les Français sont égaux devant la loi? Pour qu'il y eût égalité, il faudrait que tout le monde travaillât, il faudrait au moins que ceux qui travaillent jouissent des mêmes avantages que ceux qui sont oisifs, il faudrait surtout que tous eussent au moins les moyens de travailler; car il est déplorable de penser qu'avec les meilleures intentions du monde le travailleur ne peut pas toujours trouver de l'ouvrage, et se voit forcé parfois de chômer, attendant qu'une fantaisie nouvelle, un changement de mode viennent lui faire trouver l'emploi de son temps et de ses bras, et lui permettent d'utiliser ses forces et les talens qu'il a reçus de Dieu pour son bonheur et pour l'avantage de tous. Tant que les choses se passeront ainsi, vous voudrez bien permettre, mon voisin, que je ne croie pas du tout à l'égalité dont vous faites tant de bruit.

Aux jours de guerre et de danger lorsque le tambour appelait les enfans de la France à la défense de leur patrie, c'est encore dans la classe pauvre que la conscription recrutait ses soldats, et bien des fois le sang du prolétaire coula sur le champ de bataille à la place que le sort du tirage avait désignée au fils de bonne famille, tandis que celui-ci moyennant quelques écus demeurait tranquillement assis au foyer paternel. Il est vrai que sous les drapeaux le prolétaire trouvait la véritable égalité; soldat valeureux, il s'élevait rapidement, et plus d'une fois le fils du laboureur parti conscrit de son village reparut après quelques années, revêtu d'un brillant uniforme de général et donnant des ordres aux privilégiés de la naissance que dans sa course vigoureuse il avait promptement dépassés. Le secret de la puissance de Napoléon, c'est d'avoir établi l'égalité dans son armée, c'est aussi le secret de la puissance de l'avenir; celui qui donnera aux hommes l'égalité après laquelle ils aspirent depuis le commencement du monde, celui-là sera véritablement souverain, et nul ne songera à lui contester son titre. Ceci ne veut pas dire que tous les hommes doivent être mis sur la même ligne, posséder tous une fortune égale, et jouir tous des mêmes avantages sociaux. Non, Dieu a fait les hommes inégaux en intelligence, en énergie, en dévouement, et Dieu ne fait rien en vain: mais il faut que tous les hommes soient mis à portée de rendre à la société le plus de services possibles, et qu'il leur soit donné en échange de leurs travaux une récompense proportionnée à leurs mérites. Pour cela il faut que tous, quelle que soit leur naissance, reçoivent une éducation, fassent un apprentissage qui les mettent à même d'occuper dans le monde pacifique la place qu'ils seront capables de remplir, comme, dans le monde guerrier sous Napoléon, le simple soldat capable d'être maréchal devenait maréchal. Alors régnera la véritable égalité.

— Mais, dit alors mon voisin, vous voulez donc déposséder ceux qui ont de la fortune pour enrichir ceux qui n'ont rien; c'est absurde, c'est épouvantable.—Calmez-vous, lui répliquai-je; nous ne voulons dépouiller personne; nous voulons seulement que la classe pauvre soit mise par le travail en position de s'élever au même rang que la classe élevée; et nous voulons que cela se fasse progressivement et surtout pacifiquement. Des hommes qui, comme vous, ne nous connaissent pas, ont dit, tout en convenant de l'énorme différence qui existe entre les classes pauvres et les classes privilégiées, que cette différence était un *mal sans remède*, et que nous avions tort de la faire apercevoir; que c'était exciter le peuple à s'insurger. Ils ont dit encore que nous voulions la loi agraire, et mille autres balivernes semblables; ils se sont trompés. Nous savons, et tout le monde sait fort bien aussi, que le pillage, les émeutes, les révolutions, ne peuvent que nuire à tous, sans faire de bien à personne. Indépendamment de ce que la violence a d'immoral, le *pillage organisé* conduirait tous les hommes, SANS EXCEPTION, à la *pauvreté*; le *travail bien organisé* conduira TOUT LE MONDE à la *richesse*.

»Oui, nous voulons que les classes pauvres jouissent progressivement de tout ce qui rend la vie douce et agréable; et comme nous n'ignorons pas que le travail seul peut procurer la richesse, c'est sur le travail que nous comptons pour faire réussir nos projets de régénération sociale, et pour fonder la véritable égalité. En un mot notre dessein n'est pas du tout d'abaisser le riche au niveau du pauvre, mais bien d'élever par degrés le pauvre au niveau du riche par des mesures qui ne puissent blesser aucun intérêt.

Je commence à comprendre, dit mon voisin, qu'en effet il est possible de répandre parmi le peuple une grande aisance en lui donnant du travail; mais le gouvernement ne peut rien faire dans cette direction, la loi ne l'y autorise pas; car cela exigerait des dépenses qui n'ont pas été votées et qui ne le seraient pas : ce serait donc sortir de la légalité.

Si c'est là tout ce qui vous embarrasse, lui dis-je, soyez sans inquiétude, le bien-être du peuple et la tranquillité publique sont préférables à de vaines rêveries constitutionnelles qui n'ont plus qu'un souffle d'existence, et dont personne ne se soucie plus. La société placée entre la légalité avec le malaise général, et l'illégalité avec un gouvernement qui la rende heureuse, et la gouverne réellement, n'hésitera pas long-temps dans son choix. »

C'est pour cela que notre PÈRE SUPRÊME ENFANTIN a appelé autour de lui une foule d'hommes de cœur et de talent, des artistes, des savans, des élèves de l'École Polytechnique et des ingénieurs de tout genre, avec lesquels il s'est occupé et s'occupe chaque jour à dresser des plans de travaux pour améliorer la condition du peuple; ces plans seront un jour mis à exécution, et alors tous les maux dont on se plaint aujourd'hui disparaîtront promptement. Mais, avant tout, il faut que le pouvoir comprenne les besoins de la société, et que la société elle-même sente qu'un pouvoir sans force, emprisonné, garotté dans les liens d'une absurde légalité, est esclave de fait. Or il serait par trop absurde de demander à un esclave de grandes choses. Les grandes choses ne sont faites que par de grands hommes, et ceux-ci ne portent point de chaînes.

Ch. BÉRANGER, ancien ouvrier en horlogerie,
Fonctionnaire Saint-Simonien.

CONVOCATION DU 1er JUIN.

Notre PÈRE a décidé que pendant le mois de juin les portes de la retraite de Ménilmontant, où la famille nouvelle se fonde autour de lui, seraient ouvertes deux fois par semaine, le dimanche et le mercredi, aux personnes qui nous aiment.

Les laissez-passer seront délivrés rue Monsigny, n. 6, dans les anciens bureaux du *Globe*.

Imprimerie d'ÉVERAT, rue du Cadran, n° 16.

RELIGION SAINT-SIMONIENNE.

LE PEUPLE FRANÇAIS.

. . . .
La liberté doit sourire aux amours.
Prends son flambeau, laisse dormir sa lance.
Instruis le monde et cent peuples divers
Chanteront en brisant leurs fers :
Honneur aux enfans de la France.

P. J. DE BÉRANGER.

Quand les Français eurent en juillet renversé le trône de Charles X, effacé des monumens publics jusqu'aux moindres traces des lys, et traîné par les rues des lambeaux sanglans du drapeau de la légitimité qu'ils venaient de remplacer par l'étendard tricolore, les rois de l'Europe pâlirent et tremblèrent sur leurs trônes ébranlés et vermoulus; puis ils se dirent tout bas: « Le Français est un peuple ingouvernable, indisciplinable, qu'il sera bon de châtier sévèrement ». Alors ils croyaient voir surgir du milieu de ce peuple un nouveau Napoléon devant qui l'Europe dût s'incliner tremblante et opprimée, et une sueur froide coula de leurs fronts, un frisson glacial parcourut tous leurs membres; car ils se rappelèrent la honte de leurs défaites passées, et les victoires sanglantes du grand capitaine et de ses braves; ils en redoutaient de semblables, et se disposèrent à lancer sur la France leurs soldats; ils se promettaient bien d'obtenir au moyen de leurs nombreux bataillons un triomphe complet. Mais ils comptaient sur l'or de l'Angleterre, et le tems n'est plus où l'Angleterre donnait de l'or pour faire la guerre à la France. Le bruit retentissant du canon des barricades a été pour le coq gaulois et pour le léopard anglais le signal religieux d'un chant d'allégresse; à ce bruit leurs voix jadis discordantes et sauvages se marièrent en une mélodieuse harmonie. Au souvenir des torrens de sang anglais et français répandus durant cinq siècles, depuis les champs de Poitiers et d'Azincourt, jusqu'à ceux de Salamanque et de Waterloo, Anglais et Français se serrèrent la main avec effort, et cette étreinte fut aussi douce que leur haine avait été profonde et durable.

Anglais, Français, nés dans un même berceau, vous fûtes long-tems divisés, le temps est enfin arrivé où vous n'allez plus faire qu'un seul peuple! Comme ces fleuves qui dans leur cours irrégulier se cherchant et se fuyant sans cesse semblent ne pouvoir jamais se joindre, vous avez long-tems parcouru isolément votre carrière inégale; comme eux vous arrivez au terme de votre course, et les laborieuses populations de Londres et de Paris, de Lyon et de Birmingham vont bientôt se donner la main et se confondre en un immense atelier, comme l'eau des fleuves après mille détours vient se confondre dans l'Océan. Mais les rois ne comprirent pas cette union, ils dirent: « Cette amitié n'est qu'une feinte, l'accord ne peut exister entre ces deux peuples, il y a trop long-tems qu'ils sont ennemis.» Insensés, ils ne voyaient pas que déjà Anglais et Français formaient une seule nation ; puis ils continuèrent leurs préparatifs hostiles.

Tout à coup le cri de *liberté* jeté par les Français se repète en Belgique, en Pologne, en Italie, et ces Français, si turbulens au dire des rois, demeurent immobiles bien qu'affligés au spectacle de l'héroïque Pologne aux prises avec le Russe demi-sauvage ; ces Français, dont l'épée fut toujours d'un si grand poids dans la balance des intérêts des nations, tout en s'affligeant profondément des douleurs de tous les peuples, reconnaissent que la paix est le premier besoin du monde, et les rois s'arrêtent interdits doutant si quelque songe ne les a point abusés.

Français! peuple roi dont le nom seul fut si long-temps la terreur des princes de la terre, tu as senti que ta mission guerrière est terminée, et que pour toi commence une carrière nouvelle. Désormais ce n'est plus par le glaive que doivent s'étendre tes conquêtes; fils aîné de la civilisation, c'est par l'influence toute pacifique de tes sentimens de bienveillance universelle que tu dois porter aux peuples, dont les pas encore mal assurés dans la carrière du progrès ont besoin du soutien de ton bras puissant, les trésors d'amour, de lumières et de richesse que Dieu t'a prodigués pour que tu les répandes sur le monde.

Et cependant ta main est encore armée du glaive ; tu ne redoutes pas la guerre! Mais tandis que tes fils les plus beaux, l'élite des populations, couverts d'armes étincelantes sont là silencieux, le sol de l'Europe est cultivé par des bras débiles, l'industrie mère-nourricière des empires languit et se meurt au milieu de ce cliquetis d'armes, de ce mouvement guerrier, de cette fantasmagorie de marches, d'évolutions, de revues brillantes, qui n'ont plus le pouvoir d'enthousiasmer les cœurs.

Oh ! quel peuple parmi tous ces peuples armés et se menaçant à regret déposera le premier les armes? Quel peuple, après avoir donné l'exemple de la valeur et de l'énergie dans les combats, donnera celui d'une haute moralité en déposant le premier le fer dont il a chargé son bras? Ce doit être toi, peuple français, dont le courage ne permet pas que le rouge monte à ton front lorsque tu voudras la paix, car tu as prouvé que tu ne crains pas la guerre; toi seul peux désarmer sans crainte et sans conditions stipulées à l'avance. Quel peuple voudrait t'attaquer lorsque tu ne te présenterais plus aux peuples que comme leur initiateur aux destinées pacifiques que Dieu réserve à l'humanité réunie en une seule famille? Tous jetant loin d'eux épées et baïonnettes viendraient t'enlacer de leurs bras caressans, et diraient: « Béni soit ce peuple; après nous avoir appris la guerre, il va nous apprendre la paix; après nous avoir enseigné la sainte égalité, qui doit régner parmi les hommes, il va nous enseigner les arts et faire de nous des hommes comme il en renferme un si grand nombre dans son sein ; après avoir arrosé de son sang nos campagnes, il va nous apprendre à les fertiliser, il va nous enseigner comment on devient riche par le travail », et l'on entendrait une immense clameur proférée par des millions de voix qui repéteraient en chœur les paroles du poète: « Honneur aux enfans de la France. »

Ch. BÉRANGER,

ancien ouvrier en horlogerie, fonctionnaire Saint-Simonien.

EVERAT, imprimeur, rue du Cadran, n. 16.

RELIGION SAINT-SIMONIENNE.

LA CONCURRENCE.

Il y a des gens qui croient fermement que l'action du gouvernement ne peut s'exercer dans la direction des intérêts de l'industrie et du commerce sans gêner, entraver, désorganiser tout, bien que l'industrie n'ait d'autre organisation qu'une concurrence illimitée dont les plus actifs et les plus probes parmi les commerçans sont souvent les victimes.

Ces gens, satisfaits de voir se livrer sous leurs yeux une guerre ruineuse dont ils ne redoutent pas les funestes effets, crient bien fort et bien haut que tout est pour le mieux, et qu'en laissant le champ libre aux efforts des travailleurs, ceux-ci sauront bien trouver la bonne route pour arriver à la richesse. En vain le prix des salaires s'abaissant chaque jour et la faillite frappant tour à tour les hommes les plus intègres et les plus considérés parmi les industriels, attestent la nécessité d'une organisation qui, à tant d'efforts perdus substitue une combinaison des forces de tous, à tant de désordres fasse succéder l'ordre, à la misère de l'ouvrier fasse succéder l'aisance par une plus juste rétribution du travail ; ces hommes n'en veulent pas démordre et persistent à croire à l'excellence de leur procédé économique : *laissez faire, laissez passer.*

En vérité une telle prétention a quelque chose de prodigieux, et ne peut s'expliquer autrement que par le peu de connaissance de ceux qui l'élèvent, en matière de commerce et d'industrie.

Je conçois que celui qui n'a rien à faire qu'à se promener du matin au soir, les mains dans ses poches, sur les boulevards et dans les bazars publics, et qui voit chaque jour ses jouissances s'augmenter par l'abaissement rapide du prix des marchandises, se félicite des heureux résultats de la concurrence ; il est au contraire tout simple que l'admiration du travailleur pour la concurrence, qui le force à baisser les prix de fabrication au-delà d'une limite raisonnable, soit beaucoup moins vive; et ce n'est qu'en haine des maîtrises et des jurandes qu'il s'attache encore à la concurrence, bien qu'il en sente tous les inconvéniens.

Or repousser les maîtrises et les jurandes est très-bien ; mais entre la concurrence illimitée et les maîtrises n'est-il donc aucun moyen d'ordre possible ?

L'armée en temps de guerre, et telle que l'avait faite Napoléon, n'est-elle pas un exemple frappant de l'avantage qui résulte d'une combinaison harmonique des efforts d'hommes ordonnés, hiérarchisés, c'est-à-dire classés chacun suivant son mérite et sa capacité.

L'exclusion portée contre la classe pauvre, pour les grades d'officiers dans l'ancien régime, était une véritable maîtrise militaire. On a détruit cette maîtrise et l'on a bien fait; on a voulu que tous les hommes, quelle que fût leur naissance, pussent arriver aux grades les plus élevés, et cela est à merveille; mais jamais personne n'a songé à faire de la concurrence un moyen d'ordre dans l'armée, personne n'a jamais voulu qu'un général de division pût combattre indépendamment du général en chef ou même contre ses ordres; si on l'eût fait, on eût vu bientôt les colonels se soustraire à la direction des généraux, les capitaines eux-mêmes en faire autant avec leurs compagnies, et bientôt cette armée qui présentait au coup-d'œil un ensemble régulier si bien ordonné, n'eût plus formé qu'un énorme chaos, une épouvantable anarchie; chacun serait devenu l'ennemi de tous, et l'armée sans union, sans discipline, aurait offert un spectacle à peu près semblable à celui que présente l'industrie où le plus proche voisin est l'ennemi qu'on redoute le plus. « Mais avec le régime de la concurrence, dira-t-on, il est permis à tout le monde de s'établir, et si vous mettez des bornes à la faculté que chacun a d'exercer comme il l'entend son industrie, si l'ouvrier ne peut pas devenir maître quand il le voudra, vous détruisez toute liberté. » Nous voulons précisément qu'un ouvrier capable de conduire un atelier, trouve pour le faire de l'argent, des instrumens de travail et toutes les facilités possibles, à condition que sa probité sera une garantie suffisante des fonds qui lui auront été confiés pour les faire valoir.

Pour s'établir aujourd'hui, quelque bon ouvrier qu'on soit, quelque probité que l'on ait, il faut un certain capital, sans lequel il est impossible de le faire, et il n'est pas du tout nécessaire d'avoir la moindre notion de l'état qu'on entreprend. C'est là une absurdité au moins aussi grosse que celle des maîtrises, et cette absurdité nous voulons la faire cesser.

Nous voulons qu'un chef de travailleurs possède son atelier à titre de fonctionnaire, comme aujourd'hui un colonel d'infanterie ou de cavalerie ou un capitaine de vaisseau possèdent leur vaisseau ou leur régiment; ils en peuvent disposer pour le service de l'état, mais s'ils donnent des marques de négligence et d'incapacité, s'ils compromettent par légèreté, par imprudence ou de propos délibéré, le salut de leurs soldats ou de leur équipage, le gouvernement leur retire sa confiance. Nous voulons que jamais un chef d'industrie ne puisse compromettre par des opérations vicieuses le sort des autres chefs d'industrie et celui des ouvriers qu'il emploie. Pour cela, il faut que la plus grande facilité soit offerte au travail, qu'une surveillance active, qu'un contrôle paternel s'exerce sur toutes les opérations commerciales, et que la plus grande publicité soit donnée aux actes de chacun. Nous voulons enfin qu'il y ait entre tous les travailleurs association, solidarité, émulation, au lieu de l'isolement, de la lutte, de la concurrence actuelle, au sein desquels ils consument leurs forces, sans fruit pour eux et pour la société.

Ch. Béranger,

Ancien ouvrier en horlogerie,
fonctionnaire Saint-Simonien.

ÉVERAT, Imprimeur, rue du Cadran, n° 16.

RELIGION SAINT-SIMONIENNE.

LA MARSEILLAISE.

(Extrait de *l'Organisateur* du 11 septembre 1830).

Trois jours de combat ont suffi pour renverser le trône de la légitimité et du droit divin. Les défenseurs de l'autel et du trône avaient dit : *Viennent les coups de fusil!* Les coups de fusil sont venus; le passé s'est trouvé en face de l'avenir; il a ouvert l'arène; il s'y est élancé, animé de l'esprit de vertige et d'erreur, qui, cette fois, était plus que l'avant-coureur de la chute des rois; il s'est entouré de soldats intrépides, de régimens bien disciplinés; il s'est flanqué d'une artillerie formidable;... des hommes sont arrivés, nus, armés de bâtons, qui ont enfoncé ces bataillons, qui les ont désarmés, et la cause du passé a été à jamais perdue.

Ces vainqueurs étaient le *peuple* qui vit de ses labeurs, la *canaille* qui encombre les ateliers, la *populace* qui travaille misérablement, les *prolétaires* qui n'ont d'autre propriété que leurs bras: c'était cette race si méprisée des *dandys* de salons et des gens *comme il faut*, parce qu'elle sue sang et eau pour avoir du pain, et qu'elle ne va jamais faire la roue au balcon des Bouffes.

Quand ils eurent forcé l'enceinte de ces palais qu'on avait déclarés inexpugnables, ils pardonnèrent à leurs prisonniers, à ceux qui les avaient impitoyablement mitraillés, qui avaient fusillé leurs frères sous leurs yeux; ils pansèrent les blessés, sans distinction d'amis ni d'ennemis; puis ils se partagèrent comme trophées quelques lambeaux des habits éclatans des Suisses. Il y a quarante ans leurs pères avaient vaincu les Suisses dans le même palais, ils les avaient égorgés, et ils avaient promené en trophée les lambeaux sanglans de leurs corps.

Puis ils se dirent: « Oh! qui chantera nos exploits, qui dira notre gloire et nos espérances?

» Nous n'irons point trouver les ministres du Christ, nous ne leur demanderons point d'entonner l'hymne de la victoire. Le souffle de charité s'est éteint en eux; ils ont fait avec nos oppresseurs un pacte abominable; l'orgue ne résonnera pas pour nous sous les voûtes élancées de leurs églises, nos cris n'en feront point tressaillir les vitraux colorés; ils ne marcheront pas pompeusement à notre tête revêtus de leurs habits pontificaux. Nous ne voulons pas de leur *Te Deum*; ils l'avaient préparé pour célébrer le triomphe que s'étaient promis nos téméraires ennemis. »

Et alors ils allèrent trouver leurs poètes bien-aimés.

« O Tyrtée! ô Simonide! leur dirent-ils, poètes chers aux hommes et à Dieu, vous dont les accents ont été un baume consolateur pour nos cœurs saignans dans les jours d'affliction, vous dont les chants ont arraché de nos yeux ces larmes brûlantes qui soulagent les poitrines oppressées, reprenez vos [illegible] suspendues aux saules du fleuve en signe de deuil: *Messène* se relève tre gloire, déroulez-nous les joies de l'avenir, car il est donné aux poètes de pénétrer dans le sanctuaire des destinées. »

Simonide garda le silence.

Tyrtée prit sa lyre, et il chanta; après lui d'autres poètes modulèrent de mélodieux accords.

« O Tyrtée! et vous tous poètes! s'écria le peuple, vous avez célébré nos exploits comme vous auriez célébré ceux de nos pères, qui furent des hommes forts et vaillans.

» Beaucoup de peuples ont été forts et vaillans; quel autre a été sage et généreux, quel autre l'a été dans l'ivresse des batailles?

» Lorsque l'ennemi effrayé eut pris la fuite, ou qu'il se fut incliné dans la posture des supplians, nous nous sommes dit : « Malheur aux larrons. aux in-» cendiaires! malheur à l'homme sanguinaire et violent! qu'un tel homme ne » se lève point parmi nous! »

» Gloire à nous! nous sommes entrés dans le trésor des rois, escortés par la misère et par la faim; nous nous sommes promenés au milieu de la pourpre, de l'or et des diamans; lorsque nous sommes sortis, nous avions pour compagnons la faim et la misère.

» Avant le lever du soleil la sueur coule de nos fronts, après le coucher du soleil elle se mêle à la rosée pour rafraîchir la terre; dites-nous, poètes, est-ce que vous ne voyez pas poindre pour nous des jours meilleurs?

» Non, celui qui a semé à pleines mains la force, la justice et la tempérance, ne récoltera pas éternellement la souffrance et la désolation. Cette double espérance gonfle notre poitrine et caresse nos fronts jusque-là humiliés.

» Une voix immense s'est élevée au-delà des mers. les peuples de l'Angleterre se sont écriés : « Français! vous êtes nos amis, nos frères; vous êtes l'orgueil des hommes, vous êtes les sauveurs des nations. » A cette voix un frémissement de joie a agité tous nos membres; notre cœur a tressailli de bonheur et a bondi dans notre sein.

» Une multitude d'autres cris ont retenti au-delà des Pyrénées et des Alpes: ils se sont répétés sur les rives de la Meuse, parmi les peuples du Danube et du Rhin. Ils étaient sourds et étouffés, comme s'ils sortaient du fond d'un cachot. ou comme si ceux qui les proféraient étaient accablés sous le poids d'une lourde chaîne. Tous nous disaient : « Votre triomphe sera notre triom-» phe; vous êtes le peuple-roi que tous respectent et bénissent; vous serez les » libérateurs de vos frères d'Espagne et d'Italie, et des cent nations de l'Al-» lemagne; vous serez les chefs de l'univers régénéré! »

» Gloire à nous! nous sommes plus grands que nos pères, qui étaient des géans.

» Nos pères avaient vaincu les mille bras des nations; nous avons vaincu leur inimitié des siècles et leur jalousie héréditaire.

» Nos pères avaient envahi le territoire de quelques provinces. Voici qu'en trois jours nous avons envahi l'admiration et l'amour de tous les peuples de la terre.

» Partout où ils se tournaient, au midi et au septentrion, au levant et au couchant, ils trouvaient des faces hostiles: chaque flot de la mer leur amenait des ennemis, les fleuves en vomissaient sans fin; dans les défilés, sur les croupes glacées des montagnes, ils trouvaient des bataillons acharnés à leur envoyer la mort. Chaque rocher, chaque arbre cachait un Russe ou un Tyrolien; le sein même de la France était déchiré par d'aveugles enfans.

» De quelque côté que soufflât le vent, il leur apportait des clameurs de haine et d'extermination; leur nom était odieux sur toute la surface du globe.

» Et nous, nous voyons partout des visages rians et amis. Au spectacle de notre victoire, tous les peuples se dressent et poussent des cris d'allégresse. De tous les points s'est élevé un concert d'actions de grâce, de louanges et de bénédictions; tous nous tendent les bras, tous brûlent de nous presser contre leur poitrine. L'antique ennemi de notre race, la fière, la riche, la puissante Albion, qui couvre la mer de ses innombrables vaisseaux, s'est élancée la première pour nous étreindre par de doux embrassemens, et nous, nous nous sommes beaucoup aimés parce que nous nous nous étions beaucoup haïs.

» Gloire à nous! nous sommes le peuple chéri de Dieu: nous irons prendre les nations par la main, et nous les amènerons devant sa face.

» Nous sommes le lien des nations civilisées; nos destinées seront leur destinées, et bientôt nous ferons entrer dans notre cercle immense toutes les peuplades sauvages, tous les barbares des steppes et des déserts. Déjà nous avons posé le pied sur les rivages brûlans de l'Afrique, et un jour il n'y aura qu'un peuple sur la terre.

» Nos mains viennent de renverser un vieil arbre au tronc pourri, au feuillage desséché, qui n'avait plus de vie que pour puiser le plus pur du suc qui nous reste quand nos maîtres ont prélevé leur part sur notre travail. Maintenant nous planterons un arbre immense, toujours vert, toujours chargé de fleurs odoriférantes et de fruits délicieux, dont le feuillage épais nous protégera contre l'orage, et qui étendra ses vastes rameaux sur tous les peuples de la terre.

» Sous son frais ombrage nous travaillerons en paix, comme l'abeille dans sa ruche; et tout le miel sera pour les abeilles, car il n'y aura plus de frêlons.

» O poètes! vous avez des yeux et vous ne voyez pas! des oreilles, et vous n'entendez pas! Ces grandes choses se passent en votre présence, et vous nous apportez des chants de guerre!

» Pourquoi, au moins, n'avez-vous pas appelé ceux que notre travail nourrit? Pourquoi ne leur avez-vous pas dit dans votre langage divin:

« Ces hommes vous prient de compatir à leurs maux!

» Ils ont répandu leur sang pour vous, ils l'ont versé à flots, et mainte-
» nant ils se reconnaissent pour vos serviteurs, ils vous demandent merci.

» Leur force est irrésistible: ils pourraient vous écraser comme le grain de
» blé qui est broyé sous la meule rapide.

» Mais ils ont compris que s'ils vous brisaient aujourd'hui, d'autres s'as-
» seoiraient demain à votre place, et que la violence, le pillage et la dévasta-
» tion retomberaient comme une grêle meurtrière sur leur tête et sur celle
» de leurs enfans! »

» O poètes! pourquoi n'est-il sorti de votre bouche que des sons belliqueux?

» Nos pères avaient, eux aussi, un chant de guerre non moins terrible que la tempête au milieu de laquelle il éclata. Il est beau l'hymne de nos pères; il est saint, il a été éprouvé dans d'innombrables batailles. Les voyageurs racontent qu'il retentit encore sourdement à Fleurus et à la montagne de Jemmapes. Nos mères le murmuraient en nous allaitant; nos pères nous l'ont appris en cachette, et nous le redisions tout bas dans les jours d'humiliation; nous le répèterons en mémoire de nos pères.»

Aussitôt cent mille voix entonnèrent *la Marseillaise*, et les bouches proféraient des menaces qui n'étaient pas dans les cœurs.

Ils criaient: *Aux armes, citoyens!* et ils avaient repris la pioche et le rabot. Est-ce qu'ils ont pressenti que les instrumens de travail doivent être les seules armes de l'avenir?

Formons nos bataillons, disaient-ils, *marchons*, *marchons!* et aucun d'eux ne s'élançait furieux vers la frontière; ils restaient paisibles dans leurs ateliers.

Eux qui avaient fait grâce aux Suisses détestés, qui avaient pardonné aux cruels meurtriers de leurs frères, ils faisaient effort sur eux-mêmes pour s'écrier d'un air farouche: *Qu'un sang impur abreuve nos sillons !*

Les enfans à la figure riante répétaient les chants des hommes; et comme leur jeune mémoire, semblable à l'écho, retient plus aisément les derniers sons, on les entendait sans cesse proférer de leur voix douce ces horribles paroles: *Qu'un sang impur abreuve nos sillons !*

Une *horde d'esclaves, de traîtres, de rois conjurés* a-t-elle donc *osé méditer de nous rendre à l'antique esclavage? de vils despotes* voudraient-ils *devenir les maîtres de nos destinées?* Faut-il que nous nous levions en masse, que quatorze armées volent aux frontières pour recevoir le choc de l'Europe soulevée? Les cendres de Charette se sont-elles ranimées? est-il apparu à cheval dans les campagnes vendéennes? La France est-elle déchirée par mille factions, assaillie par des peuples redoutables, par ses propres enfans? est-elle ruinée dans son commerce, en proie à la famine et au brigandage, foudroyée du haut de la chaire de Saint-Pierre, offerte comme une proie à l'insatiable ambition des rois?

Non! Cobourg ne promène pas ses grenadiers hongrois et ses hulans du Rhin à l'Escaut, Souwarow n'a pas guidé ses Tartares à travers les précipices du Saint-Gothard.

Cet hymne de sang, ces imprécations atroces, témoignent non du danger de la patrie, mais de l'impuissance de la poésie libérale; poésie sans inspiration hors de la guerre, de la lutte ou de la plainte; qui se complaît à l'ombre des cyprès et des saules pleureurs, au milieu des tombeaux, dans le silence de la solitude; qui s'enivre à contempler les batailles sanglantes. qui s'arrête au spectacle des fléaux, des tortures et du désespoir; poésie vivant de colère, de haine et d'égoïsme, pour qui l'amour social et les affections générales sont un poison mortel; qui sait également écraser à coups de canon, brûler à petit feu, et tuer à coups d'épingles, mais qui n'a point emporté du ciel ce feu divin qui vivifie.

O peuple! chante cependant, chante *la Marseillaise*, puisque tes poètes restent muets ou qu'ils ne savent que réciter une pâle copie de l'hymne de tes pères. Chante! l'harmonie de tes accens prolongera quelques temps encore l'allégresse dont le triomphe avait rempli ton ame; les jours de bonheur sont pour toi si rares et si courts! Chante! le bruit inoffensif de ta voix suffira pour faire rentrer sous terre ces rhéteurs si lâches au moment du danger, si arrogans après la victoire qu'ils n'ont point remportée; qui se sont fait un piédestal des cadavres des tiens, et qui essaient insolemment d'enlever de ta tête le laurier, seule récompense qui soit échue à tes efforts. Chante! ta joie est si douce à ceux qui sympathisent avec toi! il y a si long-temps qu'ils n'avaient entendu sortir de ta bouche que des plaintes, des gémissemens et des murmures!

CONVOCATION DU 1er JUIN.

Notre PÈRE a décidé que pendant le mois de juin les portes de la retraite de Ménilmontant, où la famille nouvelle se fonde autour de lui, seraient ouvertes deux fois par semaine, le dimanche et le mercredi, aux personnes qui nous aiment.

Les laissez-passer seront délivrés rue Monsigny, n° 6, dans les anciens bureaux du *Globe*.

Imprimerie d'ÉVERAT, rue du Cadran, n° 16.

RELIGION SAINT-SIMONIENNE.

LA PROSTITUÉE.

La prostituée! à ce nom ne sentez-vous pas vos cheveux se dresser sur votre tête, tout votre être ne frémit-il pas de colère, et ne laissez-vous pas tomber un sourire de dédain sur cette infortunée, qu'avec le *Journal des Débats* vous appelez sans doute *plaie de l'état?* à ce nom, enfin, ne vous sentez-vous pas tout disposés à m'adresser cette question: Quel est celui qui ne craint pas de se couvrir de honte en ramassant dans la boue des rues cette ordure qu'il vient jeter à notre face? Eh pourquoi? vous demanderai-je à mon tour: (nul ne peut me refuser le droit de l'interroger) pourquoi ne vous parlerais-je pas de cette femme, que, vous-mêmes peut-être, vous avez sacrifiée à une passion brutale, et dont vous avez profané la chair? pourquoi ne vous entretiendrais-je pas de cette malheureuse, publiquement immolée pour conserver les mœurs, et qui, pour garantir l'honneur de vos femmes, de vos sœurs, est vouée au déshonneur, comme si l'immoralité pouvait être la sauve-garde de la morale (1)?

Non: comme M. Reigner Destourbet, dans son nouveau roman, *Louisa ou les Douleurs d'une fille de joie* (2), je ne vous la représenterais pas cherchant dans l'étourdissement et dans l'ivresse une distraction à ses douleurs; mais je vous la dirais belle, jeune, gémissant sur son déshonneur et son infamie: je vous la dirais trompée par un vil séducteur, abandonnée par celui qui lui promettait peut-être un avenir prospère; malheureuse! elle eut la folie de le croire!!! et enfin, forcée par la misère, à vendre son honneur pour quelques pièces d'or. Comme moi, je le pressens déjà, vous seriez émus de compassion pour elle; car, oui, croyez-le bien, elle mérite plutôt votre pitié que vos dédains.

Je vous parlerais de cette belle et innocente paysanne, partageant avec ses compagnes les plaisirs d'une danse simple et naïve, faisant vivre du fruit de son travail sa famille indigente; je la prendrais loin du tumulte des villes, sous l'humble toit d'une chaumière, avec elle je marcherais vers la capitale, où sont étouffés tant de germes de vertus; là je la jetterais à vos yeux, et sur son front naguère innocent et pourtant déjà empreint de l'avilissement et de la débauche, vous liriez *déshonneur!* Déshonneur, mille fois aussi à celui qui l'a séduite! « J'étais bonne, sage et honnête; mais » jeune, et sans expérience, tu n'as fait de moi qu'un être couvert de » honte et de mépris: malédiction sur ta tête!... partout je te serai pré» sente, partout je te persécuterai de mon amour que tu as si cruelle» ment outragé; comme un fantôme dont la vue glace d'horreur, je t'ap» paraîtrai pour te maudire! ». . . . .
. . . .

---

(1) Voir le Globe du 8 janvier 1832.
(2) Idem.

Placée entre la prostitution et la misère, elle tâche de lutter contre cette alternative effrayante, mais elle finit par rouler jusqu'au fond de l'abîme. La prostitution ou la mort.... la misère, c'est la mort.... Voilà ce que seulement elle a le droit de choisir.... la mort est mille fois préférable pour elle au déshonneur, et pourtant elle choisit l'infamie! Un fils, fruit d'un amour sincère, d une affection pure qui a pu naître dans son cœur désormais sali, infecté par la dégradation de la prostituée; un fils qui portera toujours, peut-être, le châtiment de la faute de sa mère, la seule qu'elle ait commise, l'attache à la vie. Ce fils a grandi, l'abandonnera-t-elle? elle qui pour lui rivalise de tendresse avec les femmes aux amours chastes!

A cette idée, son cœur se soulève, tous ses membres sont agités, elle tremble, elle a cédé.... C'en est fait.... elle vivra, tout entière; elle se doit à son enfant comme tant d'autres: le soir, elle ira longer les maisons, et solliciter en rougissant une aumône dont elle sera reconnaissante, au prix de sa chasteté.

Est-ce-là que doit se borner toute sa vie? non: la fatalité qu'elle subit malgré elle lui réserve d'autres tourmens et des malheurs plus grands encore.

. Cette femme dont la beauté vous a si souvent frappé, car elle est belle aussi la fille du peuple! cette femme a vieilli, et n'offre plus à vos regards qu'un visage défiguré par la débauche. Sur elle aussi ne tombe plus votre pitié. Jeune, son sort put vous toucher; mais vieille ne semble-t-il pas qu'elle ne mérite que vos mépris et vos railleries qui lui déchirent le cœur? C'est alors qu'elle sent plus vivement son malheur, et que sa position est plus accablante! C'est alors aussi que ne pouvant plus résister au désespoir qui la mine, elle succombe, elle meurt.... Son fils.... il porte sur le front en caractères ineffaçables la honte de sa mère: sur son front est gravée cette sentence que l'avenir ne démentira jamais; *tu seras malheureux!* Son fils seul l'accompagne jusqu'à sa demeure dernière. Là pas une épithaphe, une simple croix même, cette consolation chrétienne lui est refusée, rien ne dira, elle a vécu.... personne ne viendra pleurer sur sa tombe, car elle n'a ni père, ni mère, ni époux, qui troublera le silence de son cercueil!

Gloire éternelle à celui qui a trouvé le remède nécessaire pour débarasser le monde de cette affreuse lèpre! Gloire à notre PÈRE ENFANTIN!

L. V. H.

CONVOCATION AU 1er JUIN.

Notre PÈRE a décidé que pendant le mois de juin, les portes de la retraite de Ménilmontant, où la nouvelle famille se fonde autour de lui, seraient ouvertes deux fois par semaine, le dimanche et le mercredi, aux personnes qui nous aiment.

Les laissez-passer seront délivrés rue Monsigny, n. 6, dans les anciens bureaux du Globe.

ÉVERAT, imprimeur, rue du Cadran, n° 16.

RELIGION SAINT-SIMONIENNE.

LE ROI PRESIDANT LE CONSEIL DES MINISTRES.

Pendant la durée de la maladie qui a causé la mort de Casimir Périer, les journaux ministériels et ceux de l'opposition ont entassé des raisonnemens à perte de vue pour prouver que le roi pouvait ou ne pouvait pas, devait ou ne devait pas, aux termes de la légalité, présider le conseil des ministres; des colonnes entières durant huit jours et plus, consacrées à l'examen de cette question, c'est à mourir de rire. Autant vaudrait disputer pour savoir s'il est permis au roi de penser, de marcher, de voir, d'agir et de sentir. Des disputes de ce genre, entremêlées de réflexions aigres douces, d'injures plus ou moins grossières, sont sans doute très-constitutionnelles, mais elles sont peu édifiantes pour le public qui ne vit pas de disputes et qui sent bien que des discussions de cette nature il ne peut rien sortir d'utile, rien qui satisfasse le plus mince besoin de la plus petite partie de la société. « Si, disent les libéraux, vous faites présider le conseil par le roi, vous le rendez responsable des fautes de son gouvernement, et c'est ce qu'il faut éviter. » En vérité, quand deux ans à peine se sont écoulés depuis que Charles X, roi de droit divin et constitutionnellement inviolable comme chacun sait, a été renversé de son trône malgré l'inviolabilité constitutionnelle et le droit divin en vertu duquel il régnait, on ne peut s'empêcher de rire en voyant disserter encore et très-gravement sur de semblables balivernes.

La très-grande majorité des Français repousse de tout son cœur la république, parce que la majorité des Français veut l'ordre et la tranquillité; et que, pour elle, république ou désordre semblent ne faire qu'un. Si au contraire les républicains étaient les plus nombreux et les plus forts, croit-on qu'ils s'inquiéteraient beaucoup de savoir si le roi s'est toujours renfermé ou non dans la stricte et rigoureuse exécution du pacte constitutionnel avant de diriger contre lui leurs attaques? Les rois sont toujours responsables quand ils sont les plus faibles, et ils ne sont les plus faibles que lorsqu'ils gouvernent mal; alors leur inviolabilité leur sert peu; quand ils gouvernent bien, ils trouvent leur inviolabilité dans l'amour du peuple. La légalité est un arsenal où tous les partis vont chercher des armes pour attaquer ce qui leur déplaît, et dans lequel on peut trouver également de quoi empêcher les opérations les plus salutaires, et justifier les plus mauvaises actions. C'est donc à la saine raison qu'il faut demander des avis et non les aller prendre dans un imbroglio de lois et d'opinions se croisant en tout sens et dont il n'est pas une seule peut-être qui ne se trouve contredite par une autre soit dans l'esprit, soit dans la lettre.

En résumé, si le roi sait ce qu'il faut faire pour améliorer la condition du peuple, et qu'il veuille le faire; si plus que qui que ce soit de ceux qui l'entourent, il a le sentiment profond des besoins de tous; si plus qu'eux tous il est capable d'imprimer aux affaires une direction favorable, pourquoi ne présiderait-il pas le conseil de ses ministres ? Toute la question est donc une question de CAPACITÉ. Et dites-moi d'ailleurs qu'est-ce qu'un roi dont toute la fonction se réduit à donner des signatures sous l'abri d'une dérisoire inviolabilité qui n'a préservé de catastrophes terribles ni Louis XVI, ni Napoléon, ni Louis XVIII, ni Charles X, ni Guillaume d'Orange, etc ?

La tâche du gouvernement français est belle; rendre heureux le peuple le plus avancé de la terre, tel est le but offert à ses efforts. Mais pour qu'il puisse l'atteindre, il faut qu'il s'affranchisse des liens gênans d'une légalité qui, à vrai dire, ne lui permet pas de faire le mal, mais aussi le laisse tout-à-fait impuissant pour faire le bien. Le peuple veut être gouverné, il sent bien et très-bien que des phrases ne peuvent rien pour lui, et c'est pourquoi il écoute à peine les discours insignifians qu'on lui prodigue. Le peuple raisonne et voici ce qu'il se dit : « Si, comme on le dit, le roi n'avait vraiment aucun pouvoir, et s'il était possible de gouverner rien qu'avec des lois, à quoi servirait un roi?

Ch. BÉRANGER, ancien ouvrier en horlogerie,
fonctionnaire St-Simonien.

CONVOCATION DU 1er JUIN.

Notre PÈRE a décidé que, pendant le mois de juin, les portes de la retraite de Ménilmontant, où la famille nouvelle se fonde autour de lui, seraient ouvertes deux fois par semaine, le dimanche et le mercredi, aux personnes qui nous aiment.

Les laissez-passer seront délivrés rue Monsigny, n. 6, dans les anciens bureaux du Globe.

ÉVERAT, Imprimeur, rue du Cadran, N° 16.

RELIGION SAINT-SIMONIENNE.

LE BUT D'UN GOUVERNEMENT.

Quand un marchand ou un industriel loue une boutique, un magasin, ou dispose un bâtiment pour y établir une manufacture, il sait ce qu'il veut faire, il y a d'abord songé, il a pris d'avance une résolution, et s'il était questionné sur ce point, nul doute que sa réponse ne soit prompte, nette et précise. Le propriétaire qui fait construire une maison sait également ce qu'il veut faire de cette maison; il a dessein de l'habiter ou de la louer, afin de tirer un intérêt quelconque des fonds qu'il a dépensés pour la faire bâtir, et d'augmenter ainsi sa fortune ou tout au moins de la conserver dans son entier. Le marchand qui louerait une boutique sans avoir l'intention d'y rien débiter, l'industriel qui monterait une manufacture sans avoir l'intention d'y rien faire fabriquer, le propriétaire qui ferait construire une ou plusieurs maisons sans avoir l'intention de s'y loger ou d'y loger les autres, seraient considérés comme des insensés par tous ceux qui les approcheraient, et il est probable que le marchand, l'industriel ou le propriétaire dont il est ici question seraient bientôt interdits à la sollicitation de leur famille.

Je viens de citer un marchand, un industriel, un propriétaire, mais je vais plus loin: il n'est pas de pauvre femme qui se munissant d'un éventaire ne sache que c'est afin de vendre des fruits ou des légumes, pas un montagnard quittant son chalet pour venir à Paris prendre les crochets ou la racloire, qui ne soit fermement résolu à faire des commissions, porter des fardeaux, ou ramoner des cheminées. L'Auvergnat, le Limosin, le Normand, qui arrivent aussi en grand nombre chaque année, savent tous qu'ils viennent les uns porter de l'eau, les autres faire de la maçonnerie, les derniers vendre des melons, de la salade et des asperges dans la saison.

Mon dessein n'est pas de passer ici en revue les hommes de tous les départemens de la France et toutes les professions qu'ils peuvent embrasser; je me bornerai à dire qu'aucun d'eux ne prend une détermination sur son avenir sans avoir auparavant bien arrêté dans son esprit le but auquel il espère arriver. D'après cela l'on pourrait croire que ceux qui ont entrepris de gouverner la société, n'ont eu garde de manquer à la règle générale, et de bien arrêter au préalable ce qu'ils avaient à faire, de méditer avec attention sur ce que c'est que gouverner, eh bien! il faut le dire, quelque bizarre que cela puisse paraître, il n'en est absolument rien dans les sociétés modernes.

Si l'on demandait aux gouvernans pourquoi il y a une société, si l'on demandait à un ministre quel est son système, quel est son but, ce qu'il veut faire; en un mot pourquoi il gouverne et ce à quoi il sert, il ne saurait que dire. Questionné dans ce sens, plusieurs fois à la tribune, par des gens qui probablement ne savaient pas plus que lui ce qu'ils auraient fait à sa place, le ministère français a répondu qu'il voulait *empêcher les éternels ennemis de la tranquillité de troubler l'ordre.* Il a dit encore qu'il voulait *le maintien de la paix et la conservation de ce qui est.* Empêcher de troubler l'ordre, c'est fort bien, mais qu'est-ce qui constitue l'ordre? est-ce d'étouffer les cris d'une portion de la société pour assurer un sommeil paisible à l'autre partie? ou bien est-ce d'assurer par le travail l'existence des populations ouvrières et la tranquillité de toutes les classes, sans distinction de pauvres et de riches?

Le maintien de la paix est une excellente chose, et les efforts de ceux qui ont entrepris de l'assurer, malgré de nombreux obstacles, méritent des éloges; la guerre aujourd'hui achèverait de ruiner les populations de l'Europe, déjà si misérables, et ne produirait aucun résultat avantageux; mais, quel que soit le prix qu'on attache à la conservation de la paix, il faut bien reconnaître qu'en elle-même la paix est sans pouvoir pour améliorer la condition des peuples; elle est un moyen indispensable, il est vrai, de préparer les élémens de la prospérité des nations; mais ne pas profiter de ce moyen pour répandre par le travail l'aisance dans toutes les classes, c'est, en vérité, n'avoir rien fait pour mériter le titre de gouvernement.

Le gouvernement veut la conservation de *ce qui est* : à merveille, si vous voulez parler d'empêcher de reparaître le règne de la restauration avec le droit d'aînesse, la loi du sacrilége, et autres gentillesses enterrées sous les pavés des barricades. Mais si *ce qui est* ne vaut pas la peine d'être conservé; si le plus grand nombre des Français voit les jours s'écouler sans qu'aucun adoucissement notable soit apporté à son sort; si les travailleurs de tout genre se voient chaque jour appauvrir par la stagnation du commerce; si la concurrence leur montre sans cesse la misère et la faillite comme le terme inévitable auxquels leurs efforts doivent aboutir; si le peuple sans instruction n'aperçoit pas même l'aurore du jour où les bienfaits de la civilisation commenceront à descendre dans la chaumière et dans l'atelier; si la baisse des salaires est telle que dans toutes les villes manufacturières l'ouvrier soit réduit à souffrir de la faim, ou bien à se montrer armé et menaçant comme à

Lyon et dans quelques autres villes ; si le sort du petit propriétaire, lié si intimement à celui du pauvre, devient chaque jour plus précaire; si le tarissement des sources de la prospérité publique diminue chaque jour les revenus de la grande propriété et augmente indéfiniment la détresse générale; si tout cela se passe, vous féliciterez-vous de la conservation de ce qui est?

Pour gouverner, il faut avoir un but. Celui de Napoléon était d'écraser l'Angleterre, de faire la loi à toutes les puissances de l'Europe, et de porter le nom de la France et ses institutions chez tous les peuples du monde ; voilà pour l'extérieur. A l'intérieur, quand il prit les rênes de l'état, son but fut d'organiser vigoureusement l'administration ; lorsqu'il y fut parvenu, le commerce et l'industrie furent par lui protégés, encouragés; l'embellissement de la France entrait pour beaucoup dans ses plans de gouvernement, et il est peu de villes, je dirai même peu de villages, qui n'aient gardé de lui un souvenir gravé sur la pierre des monumens dont il les a dotés. Tel était le plan qu'avait adopté Napoléon, et ce ne fut que faute d'avoir su faire aux intérêts industriels une assez grande part dans son gouvernement que ce gouvernement tomba un jour.

Pour gouverner, il faut avoir un but; celui de la restauration était de reconstituer l'ancien régime tel qu'il était avant la révolution de 89, et pour cela elle a fait des efforts qui, appliqués à augmenter la prospérité de la nation, l'auraient élevée à un degré de puissance qu'il est impossible de calculer. Son but était rétrograde, mauvais, pitoyable si l'on veut, mais enfin c'était un but; il était pour ceux qui le poursuivaient une lumière vers laquelle ils tournaient sans cesse les yeux pour se diriger, ils n'allaient pas en aveugles sans savoir où diriger leurs pas, ils avaient mal choisi, ils marchaient à rebours des intérêts du peuple; c'est pourquoi ils sont tombés, et ce fut justice. Mais il faut reconnaître qu'il ne suffit pas, pour gouverner, de se dire : « Tel gouvernement a fait mal, ne faisons pas comme lui », et puis de rester immobile au milieu de la prodigieuse activité de la société, sans rien faire pour diriger cette activité. *Ne pas faire le mal*, c'est peu de chose ; il faut encore *faire le bien.*

Le gouvernement actuel ne veut pas, comme Napoléon, couvrir l'Europe d'armées nombreuses et la faire trembler; il ne veut pas non plus écraser l'Angleterre; il ne songe pas le moins du monde à la reconstruction féodale de la France telle qu'elle était sous l'ancien régime, et, certes, en cela il fait bien; il n'a pas, comme Napoléon, une administration tout entière à créer, l'ordre à mettre dans les finances et dans la législation; il n'a pas, comme Napoléon, des partis vigoureux à comprimer et à mettre hors d'état de lui nuire, et cependant il ne fait rien.

Depuis long-temps les peuples ne veulent plus guerroyer les uns contre les autres; c'est faute d'avoir compris ceci que Napoléon est tombé. Depuis long-temps aussi les intérêts du commerce et de l'industrie sont devenus les intérêts capitaux dans la société. Le gouvernement doit donc non-seulement appliquer tous ses efforts à encourager le commerce et l'industrie, mais encore en faire son but, son affaire principale, celle pour laquelle il est institué, celle qui passe avant toutes les autres. Quand il sera entré dans cette voie, sa tâche aujourd'hui si pénible, si rebutante, deviendra douce et facile; car les hommes qui maintenant se livrent contre lui à de violentes sorties de haine et de colère, s'empresseront de l'aider de leurs forces, de leurs lumières et de leurs conseils.

Je sais bien que la légalité s'oppose à ce que le gouvernement intervienne dans ce qui a rapport au commerce et à l'industrie; mais si la légalité est absurde, je ne crois pas du tout à la nécessité de s'y soumettre.

Napoléon était guerrier, sous son règne les intérêts commerciaux furent souvent froissés; la restauration, préoccupée du désir de rendre à la noblesse ses priviléges antiques, se trouvait tout naturellement portée à subalterniser les intérêts industriels et commerciaux à ceux de l'aristocratie, c'est-à-dire de l'oisiveté; c'est pourquoi les travailleurs ne pouvant espérer d'obtenir la direction et les encouragemens qui leur étaient nécessaires, voulurent au moins s'assurer que rien ne pourrait contrarier leurs efforts; ils agirent avec le gouvernement comme on agit avec un ennemi puissant qu'on ne peut vaincre, en cherchant au moins à le mettre hors d'état de nuire ils dirent: «Le gouvernement n'a pas le *droit* de se mêler du *travail* il n'y entend rien,» et ils avaient raison. Mais aujourd'hui que la guerre n'est pas plus le vœu du gouvernement que celui du peuple aujourd'hui que l'aristocratie féodale n'est plus qu'un *souvenir*, un langage semblable serait ce qu'il y a de plus fâcheux, et voici ce qu'il y aurait à y répondre: « Si vous ne voulez pas la guerre, que » vous vouliez faire du commerce et de l'industrie votre affaire capitale, et que vous défendiez au gouvernement de s'occuper de » commerce et d'industrie, à quoi vous sert votre gouvernement?

Ch. Beranger.

CONVOCATION AU 1er JUIN.

Notre PÈRE a décidé que, pendant le mois de juin, les portes de la retraite de Ménilmontant, où la famille nouvelle se fonde autour de lui, seraient ouvertes deux fois par semaine, le dimanche et le mercredi, aux personnes qui nous aiment.

Les laissez-passer seront délivrés rue Monsigny, n° 6, dans les anciens bureaux du Globe.

ÉVERAT, Imprimeur, rue du Cadran, n° 1[illegible]

RELIGION SAINT-SIMONIENNE.

PROGRÈS DES COMMUNICATIONS ENTRE LES PEUPLES.

C'est chose bonne et encourageante, dans notre marche vers des destinées meilleures qu'un regard porté de temps en temps en arrière pour mesurer de l'œil le chemin parcouru et nous animer ainsi au voyage. Sans vouloir faire un tableau complet du passé, saisissons-en seulement un des mille aperçus, et montrons, par exemple, quel a été le progrès des communications entre les peuples.

Les peuples n'ont pas été de tout temps prêts comme aujourd'hui à former une sainte-alliance; et un poète même, dans les sublimes élans de son génie prophétique, n'aurait jamais eu l'audace, avant notre Béranger, de convier le Français, le Russe et le Germain aux doux épanchemens d'une amitié fraternelle: tant les nations étaient autrefois étrangères les unes aux autres! En effet ces haines profondes qui les divisaient et qui sont maintenant presque assoupies, élevaient de plus en plus entre elles à mesure qu'on recule vers le passé de nombreuses et insurmontables barrières. Et non-seulement les grandes nations étaient ainsi séparées, mais encore dans chaque nation, si petite qu'elle fût, les différentes parties qui faisaient d'elle un tout distinct sous un nom générique, étaient bien loin de présenter dans leurs rapports l'harmonie qui les unit aujourd'hui.

La plupart des hommes vivent dans le présent peu soucieux des temps passés, peu prévoyans des temps futurs; qu'on leur trace un aperçu de l'avenir, ils rient et crient à l'impossible, à l'utopie, et cependant comparé aux temps passés, le présent dont ils jouissent n'est pas moins merveilleux que l'avenir qu'on leur annonce.

Ne considérons qu'un objet, les voyages, qui sont le signe le plus manifeste de la facilité des relations entre les hommes; les voyages qui se font aujourd'hui avec une entière sécurité, étaient jadis une entreprise pleine de périls et d'aventures. Or, je vous le demande à vous-mêmes, excellens et paisibles citoyens du Marais, qui, pour n'être allés qu'à Montmorency ou à St-Cloud, n'en concevez pas moins qu'on puisse pousser sans péril et sans audace jusqu'à

Quimper-Corentin où, au dire de La Fontaine, la fortune adressait naguère ceux qu'elle avait pris en grippe, je vous le demande, croyez-vous qu'on ait toujours ainsi couru de par le monde, rapides comme le vent, dans de bonnes et agréables voitures, avec la certitude de trouver en tout temps, et à chaque relais d'aimables et complaisantes hôtesses, des appartemens commodes et une table bien servie?

Non sans doute : vous savez à quoi vous en tenir sur ce point. Mais d'autres l'ignorent, ou le savent vaguement : à ceux-là un mot d'instruction sur le passé, d'espérance pour l'avenir.

Anciennement la vie des peuples n'était point étendue comme aujourd'hui sur une grande surface, c'est-à-dire que la France, par exemple, était partagée en une infinité de petites souverainetés nécessairement confinées dans les limites étroites de leur territoire, et habituellement en guerre les unes contre les autres. A cette époque les communications de pays à pays, même dans le plus prochain voisinage, étaient extrêmement rares et très-périlleuses. Les moyens de transport étaient à l'avenant : point de voiture, et encore moins de bateaux à vapeur. Le commerce était dans l'enfance et garroté par mille entraves. Ces ports si animés, qui ouvrent aujourd'hui sur toutes nos côtes un sûr asile aux matelots, n'étaient peut-être autrefois que des écueils funestes à de misérables pêcheurs. A coup sûr on n'y voyait aucun de ces mille vaisseaux qui nous arrivent, contre vents et marées, de toutes les latitudes, chargés des plus exquises productions de l'Orient, pour la satisfaction de nos habitudes sensuelles.

Voici un trait de notre histoire qui peint en quelques mots ce déplorable état de choses; la date n'en remonte qu'à l'an 987 de notre ère, il n'y a pas encore mille ans; Hugues-Capet régnait alors. « Croirait-on, dit un historien, qu'il y eût si peu de commerce alors entre les provinces du royaume, qu'un abbé de Cluny (Cluny était un monastère célèbre situé près de Mâcon), croirait-on qu'un abbé de Cluny, invité par Bouchard, comte de Paris, d'amener des religieux à Saint-Maur, s'excuse de faire un si long voyage dans un pays étranger et inconnu ? »

Ainsi, vous le voyez, c'était, il y a mille ans, un pays *étranger* et *inconnu*, que les environs de Paris pour un Bourguignon. C'était bien le cas de dire alors : *Chacun chez soi! chacun son droit!* Le chacun chez soi, c'était quelques lieues carrées; le droit de chacun, c'était d'arrêter, la lance au poing et l'armet en tête, tout voyageur malencontreux qui, peu soucieux de sa vie, se fût avisé de perdre de vue le clocher de son village, de le dévaliser, de le rançonner, ou tout au moins de lui faire payer, à titre de haute protection, à chaque frontière de tous ces petits états, d'énormes droits de péage, pour l'entretien de la fauconnerie du baron ou pour les frais de toilette de la châtelaine.

Par ce morcellement du pays en une multitude de petites souverainetés rivales, non-seulement les provinces entre elles, mais dans chaque province, toutes les divisions et subdivisions de territoire étaient dans un état d'hostilité presque permanent : de là l'impossibilité des voyages; à peu près comme aujourd'hui, dans un cas de guerre européenne, les relations commerciales à l'étranger sont totalement anéanties. Or, par le progrès des temps, nous en sommes venus à voir toutes les parties de ce beau pays de France ne plus former qu'un tout homogène; toutes les barrières qui hérissaient le sol à l'intérieur sont successivement tombées; les dénominations mêmes de Normand, Gascon, Bourguignon ou Champenois commencent à vieillir; on est de son département, et non plus de telle province; on est Français enfin de *Brest à Strasbourg*, de *Dunkerque à Bayonne*.

Maintenant si, d'une extrémité de la France à l'autre on voyage avec sécurité et agrément, ce qu'on ne pouvait faire au dixième siècle seulement de Paris à Mâcon; s'il n'y a plus, sur aucun point de cette immense étendue, de rencontre funeste, ni d'oppression féodale à craindre pour l'actif commerçant que poussent de tous côtés ses affaires, ou pour le simple amateur qui court en poste après un plaisir qui le fuit sans cesse, il n'en est pas de même de l'Europe à beaucoup près. Si vous voulez voyager en Europe, prenez garde : il y a les prisons de Modène, l'inquisition d'Espagne, les steppes de la Sibérie, comme autrefois en France il y avait les donjons d'un castel; pour voyager en Europe, vous aurez besoin, croyez-moi, par précaution, de faire un testament bien en règle.

Cependant n'exagérons point les obstacles. On voyage aujourd'hui, malgré tout, mieux, en moins de temps, et avec infiniment moins de dangers, de Paris à Saint-Pétersbourg, que, il y a mille ans, de Cluny à Saint-Maur. L'Europe, qui tend de plus en plus à réaliser la prophétie du poëte, à former une sainte alliance, l'Europe est aujourd'hui moins divisée d'intérêts, moins profondément coupée par ses lignes diverses de démarcation que ne l'était, dans le temps dont je vous parle, la France avec ses innombrables provinces; l'Europe enfin est actuellement avec plus de vérité une seule nation que le royaume de Hugues Capet.

Eh bien donc! espérons que ces barrières qui séparent encore aujourd'hui le Français de l'Allemand et de l'Espagnol, s'abaisseront à leur tour; espérons que ces longues lignes de douanes qui ceignent doublement nos frontières seront également enlevées; espérons beaucoup, espérons indéfiniment pour les progrès de l'humanité, car l'humanité est indéfiniment perfectible.

Toutefois il ne suffit pas de parler vaguement de perfectibilité indéfinie, et de s'amuser à prédire l'infaillible venue de ces jours fortunés où il n'y aura plus ni Alpes, ni Pyrénées, où l'Allemagne aux cent têtes, la Russie, ce géant aux millions de bras, entreront dans notre association fraternelle; il faut que tous les hommes généreux unissent leurs efforts pour répandre dans tous les cœurs le désir de l'association et la foi religieuse, sans laquelle elle est impossible. Déjà, pour qui sait voir et sentir la vie de l'humanité, les temps sont proches où de grandes choses vont surpasser par des bienfaits réels les merveilles fabuleuses du passé. Cette Europe, dont les diverses parties commencent à s'unir par les mœurs, les besoins et les sympathies, ne tardera pas à se couvrir d'un immense et vaste réseau de chemins de fer : l'Angleterre et la France commencent déjà à donner le signal. Les distances effacées, *d'immenses travaux ouverts à la classe pauvre, bénéfices certains pour les capitalistes, le commerce plus étendu, plus rapide, moins coûteux, la paix assurée au monde*, et par suite *les forces, les capitaux et les hommes employés à la guerre tournés insensiblement à la production;* tels sont les résultats de cette puissante et pacifique révolution, qui, au lieu de larmes de sang et de ruines, amènera partout *l'enrichissement du pauvre sans l'appauvrissement du riche*, la prospérité des nations et des individus.

A. SURBLED.

CONVOCATION DU 1er JUIN.

Notre PÈRE a décidé que pendant le mois de juin les portes de la retraite de Ménilmontant, où la famille nouvelle se fonde autour de lui, seraient ouvertes deux fois par semaine, le dimanche et le mercredi, aux personnes qui nous aiment.

Tous les jours de la semaine, de six heures du matin à dix heures du soir, et le dimanche de six heures à midi, les directeurs ou sous-directeurs de propagation du degré des industriels donnent les renseignemens qui leur sont demandés sur la religion Saint-Simonienne, aux domiciles suivans:

Rue de la Contrescarpe-Saint-Antoine, n° 70,

Rue Monsigny, n° 6,

Et à l'Athénée, place Sorbonne.

RELIGION SAINT-SIMONIENNE.

L'article suivant est extrait de l'économie politique de notre PÈRE SUPRÊME ENFANTIN.

ORGANISATION INDUSTRIELLE.

MAIRIE, BANQUE, BUDGET, ADMINISTRATION.

Le but *commun* de la cité est le progrès MORAL, *intellectuel* et *physique* des citoyens.

La commune se compose d'*artistes*, de *savans* et d'*industriels*.

Ses chefs sont les premiers ARTISTES, les premiers *savans*, les premiers *industriels*.

Dans l'ordre social actuel ces trois *fonctions* n'existent que sous une forme très-imparfaite ; l'une d'elles n'existe même plus du tout, on peut le dire, depuis que les corporations *industrielles* sont détruites ; depuis qu'il n'y a plus ni syndics, ni prévôts, ni échevins, et que les prudhommes des campagnes n'ont qu'une ou deux époques dans l'année où ils prononcent sur les intérêts *matériels* des communes.

Ces trois fonctions existent, disons-nous, sous une forme imparfaite. Et en effet, c'est le CURÉ qui MORALISE, c'est le *maître d'école* qui *enseigne* ; et si le *maire* conserve quelques attributions du pouvoir *temporel*, ces attributions sont réduites à si peu de chose, elles sont tellement ravalées à un rôle de simple police, enfin son influence est si faible, quant à la *richesse* de la commune, que le *receveur des contributions* est bien plus en rapport avec l'*industrie* que ne l'est le chef *politique* de la cité.

Poursuivons cette idée, en désignant par ces trois noms les hommes qui veilleront dans l'avenir aux progrès de la MORALE, de l'*instruction* et de la *richesse* publiques, et voyons ce que seront un PRÊTRE, un *instituteur* et un *maire*, selon Saint-Simon ; ou, en d'autres termes, examinons ce que doivent être les PRÊTRES, les *savans* et les *industriels*, pour LIER, *éclairer* et *enrichir* la société.

On s'occupe beaucoup plus, dans la politique actuelle, des maires que des curés et des instituteurs. La raison en est simple : le gouvernement actuel est le représentant, l'héritier direct du pouvoir *temporel*, c'est-à-dire du pouvoir *militaire*, qui n'a plus eu, depuis l'Evangile, la capacité ni la puissance d'organiser l'éducation MORALE ou même simplement l'éducation *scientifique* des peuples. Cette haute mission fut, pendant une longue suite de siècles, celle de la société *spirituelle*, c'est-à-dire du clergé catholique. Les rois, en instituant des académies, en étendant leur patronage sur l'Université, en un mot, en s'emparant de l'*instruction publique*, ont, à la vérité, contribué très-puissamment et très-heureusement à ruiner l'influence de ce clergé; mais comme ils ne comprenaient pas mieux que lui la tendance de l'humanité, ils ont été impuissans à le remplacer. C'est pourquoi l'action morale des gouvernans sur les gouvernés est à peu près nulle, et que, par exemple, on peut défier les trois pouvoirs constitutionnels réunis de pourvoir au remplacement du plus simple curé de campagne par un de leurs fonctionnaires. C'est pourquoi encore l'enseignement proprement dit, demeurant jusqu'à un certain point aux mains du gouvernement, il s'est élevé souvent contre cette usurpation de nombreuses attaques, soit de la part de ceux qu'anime un pur sentiment de liberté, soit de la part de l'église cherchant à reprendre l'antique privilége que JÉSUS lui avait donné d'*enseigner* les peuples.

Puisque dans la politique de nos jours les hommes qui MORALISENT et ceux qui *enseignent* cèdent le pas à ceux qui *administrent* ou surveillent, *dirigent* et souvent contrarient les *intérêts matériels*, laissons d'abord le curé et le maître d'école pour nous occuper du MAIRE.

LE MAIRE.

Le maire est le chef *industriel* de la cité.

Le but qui lui est assigné est l'*amélioration du sort* PHYSIQUE *des citoyens*, l'*embellissement* et l'*assainissement* de la cité et de ses dépendances.

Sa fonction est de *diriger* l'œuvre industrielle, en *combinant* et *divisant* les efforts de tous.

Il indique donc à chaque *travailleur* sa *place*, c'est-à-dire que c'est lui qui répartit les *industriels* dans les *ateliers*, et qui leur *distribue les instrumens de travail*;

Et il veille à ce que la cité reçoive des autres cités les matériaux du travail qui lui sont nécessaires, et à ce qu'elle produise, *en échange*, les matériaux nécessaires aux autres cités.

En d'autres termes, il préside aux efforts de la FABRICATION et du COMMERCE.

Qu'on ne nous dise pas que nous donnons ici au maire une fonction tellement importante qu'il serait impossible à un homme de la remplir, quelle que fût son activité, et quelque petite que fût la ville confiée à son administration. Quand nous disons le *maire*, c'est sa *fonction* que nous avons en vue, et non un individu seulement; et nous ne prétendons pas plus le priver d'aides, d'adjoints, de *conseillers*, qu'on ne le fait aujourd'hui.

La fonction municipale consiste donc, selon nous, dans la *direction* des travaux d'*industrie* agricole ou manufacturière, et de ceux de commerce ou de transport; la mairie pourvoit aux besoins de la PRODUCTION et de la CONSOMMATION, par une habile DISTRIBUTION des TRAVAILLEURS, des *travaux* et des *produits*.

MAIRIE. — BANQUE INDUSTRIELLE.

Envisagée ainsi, la mairie n'est pas autre chose qu'une BANQUE INDUSTRIELLE. *Créditer* quelqu'un, c'est pour elle *confier* un atelier ou un instrument au citoyen qu'elle juge capable d'en faire le meilleur usage; c'est le *commanditer*, c'est le *doter*, c'est encore lui donner un HÉRITAGE, car le *crédité* SUCCÈDE à quelqu'un.

Nous nous servons exprès de ces mots *crédit*, *commandite*, *dot*, *succession*, *héritage*, pour habituer les esprits aux transformations que ces mots doivent subir dans la société nouvelle vers laquelle s'avance l'humanité.

Aujourd'hui l'on crédite et l'on commandite uniquement dans le but de retirer un profit, un *intérêt*; mais rien n'est institué pour que le bailleur de fonds puisse apprécier les chances de succès qui attendent l'emprunteur; d'où il résulte que tantôt le *prêteur* exploite l'*emprunteur*, et que tantôt, au contraire, il est exploité par lui.

Quant à la dot et à l'héritage, l'une et l'autre ne sont jamais ou presque jamais conçus aujourd'hui comme la transmission d'un *instrument de production* propre à être bien employé par le doté ou l'héritier, mais comme une donation de *moyens de consommation* qui permettent au donataire de vivre, s'il le veut, SANS RIEN FAIRE !

Rien n'est moins social, rien n'est plus nuisible que ce qui se passe dans les relations que nous venons de signaler, puisque dans le premier cas (le crédit ou la commandite) celui qui donne et celui qui reçoit sont exposés, l'un à être surchargé et ruiné par des *intérêts*, l'autre à être non-seulement privé des intérêts, mais du *capital* même: et que, par la dot et l'héritage, la prévoyance du donateur a pour but bien plus d'engraisser un *oisif* que de nourrir un *travailleur*.

DOTS. — SUCCESSIONS. — RETRAITES.

Au contraire, dans la commune telle que nous la concevons, c'est-à-dire dans la *banque industrielle*, le directeur des ouvriers, celui qui crédite ou commandite, celui qui dote ou transmet les héritages, le MAIRE, en un mot, est sans cesse occupé de se procurer les lumières qui peuvent lui faire apprécier si un tel citoyen est plus capable que tout autre de cultiver une ferme ou de diriger un atelier dont la gestion est vacante, et de remplacer ainsi le *fonctionnaire défunt* ou parvenu à l'âge du *repos* et de la *retraite.*

N'oublions pas que, pour se guider dans une fonction qui importe autant à la *richesse publique,* le maire a des données semblables à celles qui existent dans toute société un peu ordonnée ; savoir que le remplaçant, le successeur, l'héritier, est généralement un des hommes qui sont déjà le plus rapprochés du remplacé, du défunt. Ainsi, dans l'armée, le colonel meurt, c'est un chef de bataillon qui le remplace; un capitaine tombe frappé d'une balle, le lieutenant marche à la tête de sa compagnie; il n'est pas jusqu'au caporal qui ne soit remplacé par le premier grenadier, quand un boulet l'a renversé.

Cette comparaison de l'ordre industriel à l'ordre militaire est souvent employée par nous; elle nous paraît indispensable, parce qu'il n'est personne qui ne sente les principales conditions *d'ordre* dans une armée, grâce au rôle que l'épée a joué jusqu'ici dans les destinées humaines; tandis que, lorsque nous parlons d'organiser, *d'ordonner* l'industrie, comme l'industrie n'a jamais été politiquement constituée, on se butte contre des idées dont l'application paraîtrait toute naturelle dans une société de soldats, c'est-à dire de *destructeurs*, et qui semblent beaucoup trop belles pour une société d'industriels, c'est-à-dire de *producteurs.*

Ainsi l'on conçoit très-bien que deux ou trois mille hommes formant un *régiment* soient classés hiérarchiquement; que chaque individu y ait une fonction distincte, des rapports obligés avec ses supérieurs et ses inférieurs; et nous, si nous proposons d'organiser cinq cents habitans d'une *commune* en régiment *pacifique* de travailleurs; si nous disons qu'il faut donner à chaque ouvrier son outil, comme à chaque soldat son arme; à chaque contre-maître son atelier et ses hommes, comme à un capitaine sa batterie et sa compagnie; si nous disons : le champ, l'usine, la mine, doivent appartenir à l'Etat, et être confiés par lui aux hommes les plus capables de les exploiter, tout comme le vaisseau, la forteresse, la caserne sont à lui, et sont par lui *distribués* à ceux qu'il juge *le plus capables* de les défendre, on crie à l'utopie; on feint d'ignorer qu'à une autre époque la société militaire n'était pas mieux organisée qu'aujourd'hui la société industrielle; que chaque baron était dans son château en *guerre à mort* avec les barons ses voisins; et détroussait les passans, comme aujourd'hui chaque industriel est dans sa manufacture en *concurrence à mort* avec les manufacturiers ses voisins, *écorchant*, quand il peut, le consommateur. — Ou bien, on dénature la question : on nous jette en masse tous les argumens à l'aide desquels les économistes ont prouvé que l'industrie doit tous ses développemens à son affranchissement; on ne veut pas voir qu'elle a été *affranchie d'un pouvoir* MILITAIRE, et que nous voulons, nous, qu'elle soit organisée et dirigée par des industriels, non point par des guerriers ou même par des avocats. — Ou bien encore, on trouve qu'en constituant l'Etat *propriétaire* et *distributeur* des terres, des usines, en un mot, de tous les *instrumens de travail*, nous allons contre un sentiment naturel à l'homme, le besoin de *posséder*, d'avoir quelque chose qui lui appartienne, qui soit *à lui*. Comme si ce sentiment n'était pas bien plus développé, ce besoin bien mieux satisfait, dans l'artilleur qui aime SA pièce, dans le marin qui aime SON bâtiment, SA pièce et SON bâtiment qui sont à l'Etat, que dans l'*oisif* des salons ou des chambres, qui n'a de rapport avec *ses* terres, *ses* bois, *ses* usines, que par l'impôt que lui paient SES fermiers.

Nous savons bien que cette comparaison des institutions industrielles avec les institutions militaires est de nature à faire naître contre nos idées une objection fort légitime : l'obéissance passive, la sévérité brutale ; les peines si cruelles contre l'insubordination, l'abnégation complète de la raison humaine, qui est ordonnée comme un devoir au soldat, ne sont pas de nature à faire accueillir très-favorablement nos vues sur l'avenir, si l'on prend *à la lettre* la comparaison, et si l'on se figure que nous voulons donner à la commune industrielle l'aspect d'un régiment prussien, et la justice expéditive mais sanglante des conseils de guerre.

Mais l'erreur que l'on commettrait à notre égard serait d'une absurdité inconcevable; il faudrait, pour s'y abandonner, n'avoir pas réfléchi un seul instant à la différence qui résulte nécessairement du but des deux sociétés : l'une est militaire ou *destructive*, l'autre est industrielle ou *productive ;* les habitudes de l'une sont *guerrières*, celles de l'autre sont *pacifiques ;* dans la première, on a toujours présente à l'esprit cette horrible idée que, lorsqu'on sera *au travail*, les hommes qu'on aura en face de soi seront des ennemis qu'il faudra être prêt à sacrifier sans sourciller; dans l'autre société, au contraire, on apprendrait et on éprouverait sans cesse qu'un étranger est un ami, un associé, un frère.

Comment la discipline ne serait-elle pas plus facile à maintenir, sans violence, sans contrainte, dans un monde où la violence, loin d'être une vertu, serait une preuve de faiblesse et de lâcheté même, que dans celui où chaque jour on peut être obligé, par devoir et pour sa propre gloire, à faire le métier de bourreau ? Comment l'obéissance *passive* serait-elle une nécessité absolue dans une société où l'homme n'aurait jamais traité l'homme comme une machine ou comme un cadavre que l'on peut tailler, couper, écraser, avec le sabre, la hache et les boulets, mais où la gloire ne serait acquise qu'au prix des efforts faits pour *élever* les intelligences faibles, pour *rapprocher* la raison de l'inférieur de celle du supérieur, le *pauvre d'esprit* du génie qui l'éclaire.

Mais en voilà assez sur ce point; revenons à la commune.

BUDGET. — IMPÔT. — REVENUS.

Une partie des produits sociaux est consacrée à l'entretien de la classe d'hommes dont la mission est d'améliorer l'existence MORALE de tous; une autre est employée à l'entretien de la classe d'hommes dont la mission est d'améliorer l'existence *intellectuelle* de tous. Ces deux parts forment, à vrai dire, l'IMPÔT prélevé pour toute la portion de la société qui n'est pas *industrielle*, sur la classe qui est occupée des travaux *matériels*; mais cet impôt ne saurait plus être nommé, comme ceux de nos jours le sont par nos économistes, un *mal* nécessaire; car en échange de ce tribut, que l'*industrie* paierait au *savoir* et à la MORALITÉ, elle recevrait d'eux *science* et AMOUR, *lumière* et VIE.

Le *maire*, avons-nous dit, c'est-à-dire le chef industriel, distribue à chacun les fonctions selon la *capacité*, et non selon la *naissance*; il donne à chacun l'*instrument de travail*; ajoutons que c'est aussi lui qui règle les ÉMOLUMENS, le REVENU de la fonction.

Ici nous entendons nos lecteurs se récrier et parler d'arbitraire, de faveur, de sinécures. Toutefois, il nous semble que le temps est assez bien choisi pour désirer ce que nous annonçons. Si l'arbitraire, la faveur, les sinécures sont choses tellement communes aujourd'hui qu'il soit tout simple de nous accuser de leur ouvrir une porte plus large, il est tout naturel aussi de nous voir chercher un moyen de diminuer leurs funestes abus; or, nous pensons que dans une commune, quelle qu'elle soit, si l'on chargeait un homme, même peu éclairé, un laboureur ordinaire, un bon travailleur, un de ces hommes, enfin, comme il en est tant, qui n'ont pas le sens trop obtus, de *rétribuer chaque citoyen selon ses œuvres*; nous pensons, et nous sommes même certains que les émolumens ainsi fixés présenteraient bien moins d'injustices, et seraient bien mieux le prix du travail que ceux qui résultent du *hasard de la naissance*. Nous sommes convaincus, par exemple, que les riches *oisifs* qui viennent consommer à Paris, dans la dissipation et le désordre, dans l'inutilité la plus parfaite, les rentes que leur paient leurs *fermiers*, seraient inévitablement réduits à la portion congrue; et comme la portion congrue d'un *oisif* ne saurait jamais être de cinquante, de cent, de deux ou trois cent mille francs de rente, il en résulterait qu'une foule de vices de la répartition actuelle du revenu total de la France disparaîtraient, que les plus grasses *sinécures* seraient ainsi supprimées, et que l'*arbitraire* du hasard de la naissance, le plus aveugle de tous, serait atténué, au moins dans ses résultats les plus scandaleux.

Oui, sans aucun doute, la répartition du revenu social est aujourd'hui aussi *fatale*, aussi *arbitraire*, aussi *imprévoyante*, aussi *nuisible* au travail et au travailleur qu'il est possible de l'imaginer. Pour en donner un exemple frappant, nous demanderons aux libéraux qui se gendarment le plus contre le cumul et les gros appointemens, s'il n'y a pas une quantité d'hommes qui ne mettent pas la main dans les coffres du trésor, qui ne reçoivent aucun traitement de l'Etat, et qui d'ailleurs n'ont jamais rien fait, et ne font rien d'utile à leur pays, qui emploient même leur vie à démoraliser par leur fainéantise, par leurs caprices et leurs vices, tout ce qui les entoure; nous demanderons aux libéraux s'il n'existe pas un grand nombre de ces OISIFS qui jouissent d'un revenu infiniment plus considérable que celui du meilleur préfet, du plus illustre maréchal, du plus grand ministre.

Que les libéraux aient fermé jusqu'ici les yeux devant un pareil abus de l'ordre social ou plutôt du désordre actuel, nous n'en sommes point étonnés; mais que ceux qui nous lisent continuent leurs attaques parlementaires contre les *cumulards* et les *sinécuristes*, lorsque nous leur faisons toucher au doigt la source du *cumul* et des *sinécures*, c'est-à-dire la CONSTITUTION DE LA PROPRIÉTÉ; qu'ils nous traitent de visionnaires, nous qui leur montrons un fait énorme qui les presse, qui les étouffe, qui les écrase, et que cependant ils n'aperçoivent même pas le *despotisme* et l'*arbitraire* du hasard de la naissance, c'est-à-dire l'HÉRÉDITÉ, c'est ce qui paraîtra bientôt inconcevable.

ADMINISTRATION.

Nous le répétons, les *officiers municipaux*, ou, en d'autres termes, les chefs du *matériel* de la cité, les directeurs de son *industrie*, nomment les fonctionnaires, distribuent les instrumens du travail, et fixent les émolumens; ils *administrent* donc réellement, car il est pitoyable de donner aujourd'hui le nom d'administrateurs aux maires et même aux préfets, dont la fonction véritable est de faire nommer tel député ou d'empêcher son élection, et qui du reste sont des recruteurs de conscrits, des préposés à l'éclairage et au balayage, qui tiennent table d'hôte pour les élections et pour les voyageurs illustres, et qui, dans la plus belle partie de leurs attributions, surveillent les hôpitaux et les prisons, distribuent quelques faibles secours aux pauvres, font planter quelques tilleuls sur des promenades, abattent de vieilles masures pour élargir une rue, et sont spécialement chargés de la garde et de l'entretien de ce qu'on nomme les monumens publics.

Non, ce ne sont pas là des administrateurs; il n'est pas un maire en

France qui soit obligé, pour remplir assez convenablement sa fonction, d'avoir autant de capacité vraiment administrative qu'un fabricant qui emploie deux cents ouvriers.

Ce qui prouve jusqu'à l'évidence combien peu il est nécessaire de posséder une capacité administrative pour être maire ou même préfet, c'est que, pour être chargé d'une mission aussi importante, il est inutile d'avoir fait, comme pour être médecin ou avocat, des études préalables, d'avoir subi des examens et fait un apprentissage. On est maire ou préfet, à peu près comme on est électeur ou éligible, parce qu'on est riche ; on est maire ou préfet parce qu'on a, comme on dit, du temps à perdre. Nous, au contraire, nous pensons que ces fonctions exigent une connaissance profonde des besoins et des habitudes des travailleurs ; nous pensons qu'on ne saurait être bon maire ou bon préfet, c'est-à-dire bon administrateur d'un *atelier* municipal ou départemental, qu'à la condition d'avoir sans cesse été occupé à *diriger* des travailleurs. Et qu'on ne nous dise pas que les gros propriétaires actuels, qui *administrent* bien leur fortune, sont, par cela seul, en position d'administrer la fortune publique ; nous le nions, parce que, pour un propriétaire, bien administrer sa fortune, c'est *exploiter* le travailleur et non pas le diriger; c'est hausser ses fermages et ses loyers, et non pas augmenter les salaires; c'est être toujours exclusivement placé au point de vue d'accroître son revenu, et non d'améliorer le sort physique des classes laborieuses ; or, c'est à cette dernière condition seulement qu'on est bon administrateur de la richesse publique. Et, en effet, les administrateurs qui se proposeraient spécialement de maintenir, sans les atténuer progressivement, ou d'accroître même les jouissances que notre société accorde encore à l'*oisiveté* (les exemples de pareils administrateurs ne sauraient être rares aujourd'hui, puisque, pour la plupart, ils ont été recrutés dans les classes *oisives*) ; de tels administrateurs ressembleraient assez aux barons féodaux, aux maîtres des colonies, aux patriciens de Rome ; ils ne seraient pas déplacés partout où existerait encore l'esclavage, dans tous les lieux où l'homme considère l'homme comme une machine; où il veut des *serviteurs* et non des *associés ;* mais ils seraient déjà trop vieux d'un siècle pour la France ; et voilà pourquoi, depuis un siècle, les bons administrateurs, tels que Turgot (ceux-là sont si peu nombreux que ce beau nom de Turgot se présente seul sous notre plume), ont éprouvé la disgrâce des courtisans, et que tous les autres se sont attiré plus ou moins vite la haine des peuples.

Qu'est-ce que pouvait être sous l'empire un bon administrateur? nous le répétons: un *recruteur ;* sous la restauration? un fabricant d'élections *jésuitiques* ou *féodales ;* aujourd'hui? un instrument des *oisifs*, des *bourgeois*, des *propriétaires*. Que serait-il dans l'avenir ? le chef, le prince, le ROI DES INDUSTRIELS.

Imprimerie D'EVERAT, rue du Cadran, n° 16.

RELIGION SAINT-SIMONIENNE.

LES MÉDECINS.

Les médecins composant le service médical organisé sur tous les points de Paris, pendant la durée du choléra, ont mis à remplir leur devoir un zèle et une activité que le gouvernement voudra sans doute récompenser. Le ruban de l'honneur qui fut long-temps le salaire glorieux des actions éclatantes décorera sans doute la poitrine de plusieurs d'entre eux. C'est là tout ce que peut le gouvernement en fait de récompense et quelle que soit la nature des services rendus.

La croix d'honneur est-elle bien aujourd'hui une véritable récompense pour le dévouement et le courage? il est permis d'en douter ; l'aspect de cette décoration produit peu d'effet sur le peuple qu'elle eut jadis puissance d'exalter. Ce talisman usé n'a plus le pouvoir d'imprimer le respect à la multitude ; de bruyans charivaris ont accueilli dans plus d'un lieu les décorés de fraîche date, et une telle disgrâce est vraiment plus pénible à supporter que la décoration n'est flatteuse à recevoir.

Le peuple, souvent injuste envers ses bienfaiteurs, finit toujours par reconnaître les services rendus, et malgré la défiance que lui inspire cette décoration, ou plutôt les hommes qui la portent, parce qu'il est toujours prêt à les considérer comme l'ayant usurpée, je suis certain que si l'on y attachait un signe distinctif, annonçant que celui qui en est revêtu la doit à ses efforts pour combattre l'épidémie, le peuple la saluerait comme il salua les trois couleurs, le ruban de juillet et l'habit de l'École Polytechnique.

Forcé de fronder trop souvent les institutions existentes, c'est pour un Saint-Simonien un plaisir bien doux que de rendre hommage au mérite, de rétribuer chacun suivant ses œuvres. La manière dont les médecins exercent leurs fonctions en temps ordinaire n'est sans doute pas à l'abri de toute critique ; mais je me hâte d'ajouter que c'est moins leur faute que celle de la société, qui, les laissant livrés à leurs seules forces, les oblige à tirer le meilleur parti possible d'un art qu'ils n'ont acquis qu'à force de dépenses et d'études laborieuses, et ne leur permet pas toujours de suivre les impulsions de leur cœur.

Les trois quarts des médecins, et même les plus célèbres, sont sortis des rangs de la classe moyenne; quelques-uns même, et c'est peut-être la seule profession dans celles dites honorables où cet exemple se présente, appartiennent à la classe la plus nombreuse, et ont pour parens des ouvriers. Aussi le peuple a-t-il souvent trouvé dans les jeunes médecins des amis ardens et dévoués; les injustes clameurs qui dans les premiers jours de l'épidémie s'élevèrent contre eux, ne les ont point arrêtés dans l'exercice de fonctions qu'ils ont remplies avec tant de zèle. Il y aurait bien des choses à dire sur la méfiance dont le peuple a fait preuve et les soupçons qu'il a conçus: il est vraiment déplorable que sa première pensée soit toujours qu'il est *trahi*, *abandonné*, et que ceux qui le gouvernent ne sachent pas captiver sa confiance. En sommes-nous donc réduits à regretter le temps où des processions, des reliques exposées ranimaient le peuple et lui rendaient l'espoir? Pareilles cérémonies ne seraient aujourd'hui qu'une parade insignifiante et on a sagement fait de ne point y avoir recours; mais encore serait-il bon que ceux qui ont pris sur eux le poids du peuple, sachent lui donner, dans l'occasion, la force dont il a besoin pour supporter ses maux, comme firent Charles Borromée lors de la peste de Milan, et Napoléon à Jaffa. C'est là le secret de la puissance du sort, c'est de s'associer au faible, de vivre avec lui d'une vie commune.

Les médecins, comme je l'ai dit plus haut, n'ont d'autres moyens d'existence que leur profession et sont obligés d'en tirer le meilleur parti possible: or ce n'est pas dans les greniers du peuple qu'ils peuvent espérer de rencontrer, sinon la fortune, au moins une existence honorable, il n'est donc pas étonnant qu'ils cherchent leurs cliens dans les maisons élégantes des bourgeois et des financiers. Quelques-uns, je dois le dire, oublient trop vite le chemin de ces greniers où au sortir de l'école ils apprirent dans les douleurs du pauvre le secret de guérir les maladies du riche.

Dans les quartiers habités par le peuple, la disette de médecins s'est fait sentir et n'a point d'autres motifs que les raisons que je viens d'exposer. Il y a bien, il est vrai, des médecins attachés aux bureaux de bienfaisance, mais quelle est la récompense et la considération attachée à ce service pénible? Ces places sont pour la plupart occupées par des hommes de mérite que le zèle avec lequel ils ont rempli leurs fonctions a empêchés de s'occuper du soin de leur avenir. Bornés à un revenu modeste, ils végètent obscurément dans le petit cercle dont, parvenus à un certain âge, il ne leur est plus possible de sortir, et le titre même qu'ils portent, de *médecin des pauvres*, leur interdit l'entrée des maisons des riches.

Je voudrais que sans supprimer les hôpitaux on pût se dispenser d'en bâtir de nouveaux, qu'il y eût dans chaque arrondissement une maison centrale de médecine et de pharmacie, qu'un médecin en chef y fût attaché, et qu'autour de lui fussent groupés un certain nombre de jeunes médecins, choisis parmi les élèves les plus distingués, parmi ceux qui aujourd'hui végètent si tristement, et sont forcés pour se faire jour d'avoir recours au charlatanisme des affiches placardées et distribuées : je voudrais qu'à cette place fussent attachés d'abord l'honneur et la considération, et ensuite un traitement suffisant pour que celui qui la remplirait fût dispensé de chercher d'autres ressources, qu'enfin une retraite proportionnée aux services rendus lui assurât sur ses vieux jours une existence heureuse et tranquille.

Ces places ne devraient être données qu'à des hommes d'un mérite éprouvé non-seulement comme médecins, mais comme hommes moraux ; ce choix une fois fait ne devrait point être soumis aux fluctuations de la politique, et comme les préfectures et autres emplois changer à chaque renouvellement de ministère. A moins de cas grave d'incapacité, ou d'abus dans l'exercice de cette importante fonction, ceux qui la posséderaient n'en sortiraient que pour passer à des fonctions plus élevées ou pour jouir de leur retraite.

La robe noire du prêtre n'inspire plus au peuple que la défiance ou l'éloignement ; le temps n'est plus où sa présence portait dans les familles du pauvre la consolation et l'espoir ; où chacun le saluait à son passage et se montrait docile à ses paternelles exhortations. Jusqu'à ce qu'un nouveau sacerdoce soit venu remplacer l'ancien, jusqu'à ce que l'acclamation du peuple ait intronisé celui de l'avenir, les médecins auraient un rôle bien grand à remplir, surtout ceux que le soin de leur fortune laisserait libres de s'élever à toute la hauteur de leur mission ; car ce ne serait point seulement dans le cas de maladie que leur action devrait se faire sentir ; ils devraient autant s'appliquer à prévenir les maux qu'à les guérir, ils dirigeraient l'hygiène de leurs quartiers respectifs, veilleraient par une action constante à tous les soins nécessaires pour conserver la santé et la propreté ; ce ne serait pas en prononçant arbitrairement des amendes comme certains agens de police, et en dressant des procès-verbaux jusqu'à satiété qu'ils procéderaient, mais par la démonstration, la persuasion et l'affection qu'il sauraient inspirer. Les habitudes d'ordre, de propreté, de soin, ne se pratiquent pas par une ordonnance, fût-elle signée Mangin ou Gisquet, de même que les livres de médecine à l'usage du peuple opèrent chez lui peu de guérisons ; or avant de faire des livres pour les gens, il faudrait s'enquérir s'ils peuvent les lire et si même ils peuvent les acheter.

Les médecins des armées ont un uniforme, et cet uniforme qui les distingue inspire aux soldats autant de respect que celui des autres officiers : pourquoi donc ceux attachés au service civil ne formeraient-ils point aussi un corps, et n'auraient-ils pas un costume auquel le peuple pût les reconnaître et s'attacher à eux comme aux hommes s'occupant spécialement de son bien-être? j'en appelle ici à tous les médecins qui ont soigné les pauvres ; il n'en est peut-être pas un seul qui n'ait conservé un époux à son épouse, une mère à sa fille, un enfant à sa mère; je leur demande si tout l'or dont l'opulence a pu payer leurs soins a jamais valu les douces larmes de la reconnaissance ? Que serait-ce donc si, voyant devant eux la gloire et une, carrière assurée ils pouvaient se livrer à tout l'entraînement de leur cœur ? Les femmes que nous appelons à partager les fonctions sociales, les femmes dont la douceur, la sensibilité et les grâces ont un si puissant empire, peuvent, associées à leurs époux, rendre d'importans services et partager avec lui la gloire qu'il pourrait acquérir ; leur action aujourd'hui se borne à noter les visites à faire, à s'occuper de soins futiles et mesquins, à donner quelques larmes aux infortunés qui succombent ; n'auront-elles donc jamais rien de plus important à faire.

Emile Haspot,
fonctionnaire St-Simonien.

CONVOCATION AU 1er JUIN.

Notre PÈRE a décidé que, pendant le mois de juin, les portes de la retraite de Ménilmontant, où la famille nouvelle se fonde autour de lui, seraient ouvertes deux fois par semaine, le dimanche et le mercredi, aux personnes qui nous aiment.

Les laissez-passer seront délivrés rue Monsigny, n° 6, dans les anciens bureaux du *Globe*.

Tous les jours de la semaine, de six heures du matin à dix heures du soir, et le dimanche de six heures à midi, les directeurs ou sous-directeurs de propagation du degré des industriels donnent les renseignemens qui leur sont demandés sur la religion Saint-Simonienne, aux domiciles suivans :
Rue de la Tour-d'Auvergne, n° 34,
Rue de la Contrescarpe Saint-Antoine, n° 70,
Et à l'Athénée, place Sorbonne.

ÉVERAT, imprimeur, rue du Cadran, n° 16.

RELIGION SAINT-SIMONIENNE.

LA VENDÉE. — LA PRESSE.

Paris, 30 *mai*.

Les troubles de la Vendée sont aujourd'hui le grand champ de bataille de la presse périodique. Les feuilles de l'opposition et les journaux légitimistes y cherchent d'un mutuel accord des armes contre le ministère, et le juste-milieu fait de la conduite du gouvernement des apologies que des amis plus clairvoyans prendraient parfois pour des accusations.

La chose en elle-même est assez grave pour que tout ami de l'humanité s'en occupe sérieusement. C'est un spectacle déplorable que celui de cinq départemens traversés en tout sens par des bandes armées, exposés aux alarmes, au pillage, au meurtre, et, dans un siècle pacifique comme le nôtre, agités par la tourmente d'une guerre civile. Ajoutez qu'un tel état de choses envenime nécessairement tous les jours les haines politiques, déjà si ardentes et si vivaces, dans un pays dont elles remuent le sol depuis quarante ans.

Mais le mal est assez constaté, il serait bien temps de s'occuper d'y apporter un remède efficace. Or, ni les reproches de faiblesse et de lâcheté, prodigués au gouvernement par les feuilles libérales, ni les fanfaronnades légitimistes, ni les réponses acrimonieuses des journaux ministériels, ne sont propres à l'indiquer.

Voyez, disent les légitimistes, la situation de la France depuis juillet : les émeutes, qui vont et viennent de Paris en province et de province à Paris; les faillites fréquentes et désastreuses; la Vendée en armes; les *Gazettes*, qui s'élèvent partout; le découragement de tant d'hommes qui avaient salué avec amour le drapeau tricolore, tout cela prouve que le gouvernement de juillet ne saurait durer, et que pour la France il n'est de salut que dans les bras de Henri V.

L'impunité augmente l'audace, disent à leur tour les feuilles libérales; un gouvernement fort, et sans méfiance des patriotes, éteindrait vite cet incendie de la Vendée, qu'on laisse se propager jusqu'à cinquante lieues de Paris. Pourquoi n'a-t-on pas en masse destitué tous les carlistes. Pourquoi n'avoir pas sévi avec toute la rigueur des lois? Pourquoi des ménagemens? Pourquoi même, s'il le fallait, ne point recourir à des mesures extraordinaires?

A cela que répondent les feuilles du juste-milieu? Les unes plaisantent agréablement ce qu'elles appellent la *panique* de l'opposition : d'autres déploient avec complaisance l'ordonnance qui dissout un conseil municipal, dénombrent les troupes dont les colonnes mobiles parcourent militairement la Vendée, et parlent même de mettre en état de siége trois départemens.

Tel est le langage des journaux : or, de bonne foi, si le tableau des troubles de la Vendée est déplorable, n'est-ce pas chose aussi douloureuse au moins que l'attitude mesquine, hostile et jalouse des principaux organes de la presse en pareille conjoncture? Au lieu de s'attaquer et de se repousser par de mutuelles invectives, au lieu d'invoquer, comme unique moyen d'ordre, la force armée, et la guerre comme remède à la guerre, les hommes de cœur et de talent que chaque parti peut compter dans ses rangs, ne devraient-ils point s'unir franchement dans une alliance sainte qui prendrait pour base, non point la prédominance d'aucun parti sur tous les autres, mais la conciliation de tous sans l'extermination d'aucun. Quarante ans de révolutions, de restauration, de luttes, de haines, de combats, devraient l'enseigner à tous ; c'est folie pour un parti que de prétendre écraser ses rivaux : ils se sont assez mesurés, assez frottés les uns contre les autres pour sentir aujourd'hui que chacun d'eux représente un des élémens essentiels à la fondation d'un ordre nouveau, et que toute politique qui pose pour condition de son règne l'anéantissement d'un parti n'est ni puissante ni durable. La vraie politique aujourd'hui ne consiste point dans de vagues accusations, dans des récriminations haineuses, dans un appareil de menaces et de violences, non plus que dans un ballottement de drapeaux, un débat de constitutions, une dispute de légitimité ; elle est toute dans ce problème : *Améliorer le sort du pauvre*, sans causer au riche *de tort ni d'épouvante*. Si le gouvernement employait les ressources à sa disposition à la création de quelque grande œuvre industrielle dans laquelle le peuple trouvât de l'ouvrage et le capitaliste des bénéfices ; si, au lieu *d'attendre*, il provoquait les entreprises ; si, au lieu de laisser les entrepreneurs se débattre seuls contre les interminables formalités qui les entravent, il allait lui-même au-devant d'eux, et qu'un grand mouvement industriel, l'établissement d'un chemin de fer, le défrichement des landes de Bretagne, par exemple, vînt tout à coup donner au corps social cette vie intérieure qui lui manque depuis si longtems, il rallierait promptement l'immense majorité qui, par dessus tout, veut l'ordre et la paix. La chouannerie perdrait vite l'importance qu'elle prend depuis quelque temps ; car la Vendée des Charette, des Stofflet, des Laroche-Jacquelein n'existe plus : même dans le Bocage, la royauté antique a perdu quelque chose de son prestige et du dévouement qu'elle savait alors inspirer. Beaucoup d'hommes que la misère et la séduction poussent aujourd'hui à prendre les armes céderaient facilement à la séduction plus puissante d'un travail assuré et d'une vie moins précaire et plus tranquille. Quant à leurs chefs ambitieux ou dévoués héroïquement à ceux qu'ils croient leurs maîtres légitimes, leur ambition ou leur dévouement se décourageraient vite devant la prospérité de la France et l'union des partis.

Voilà, je le répète, la seule politique vraie aujourd'hui ; ce n'est pas assez que cet amour de paix et d'ordre qui domine chez toutes les classes rende impuissantes les tentatives des carlistes et les souhaits irréfléchis des républicains ; la presse doit aujourd'hui élever ce désir universel de paix à une mission plus haute, lui enlever les formes égoïstes qui l'ont justement exposé aux railleries et aux sarcasmes, le tirer de l'atmosphère des haines politiques dans laquelle il s'est jusqu'alors mesquinement produit ; lui donner toute la force et la dignité qu'il doit prendre, lui fournir ce dont il a besoin, un centre, une direction, une tribune. Tel est aujourd'hui l'admirable rôle qui convient seul à la presse ; il est impossible que des hommes de cœur, de tête et d'action tardent longtemps à s'en emparer.

Ch. LEMONNIER.

Tous les renseignemens sur la religion Saint-Simonienne sont donnés aux domiciles suivans, par les directeurs de propagation, depuis six heures du matin jusqu'à dix heures du soir :

Rue Contrescarpe-Saint-Antoine, n. 70.
Rue de la Tour-d'Auvergne, n. 34.
Et à l'Athénée, place Sorbonne.

EVERAT, Imprimeur, rue du Cadran, n° 16.

RELIGION SAINT-SIMONIENNE.

LE JARDIN DES TUILERIES.

Paris, 27 *mai* 1832.

Je ne connais point de promenade plus attrayante, plus fraîche, plus variée, que le jardin des Tuileries par une belle soirée du mois de mai. La vie merveilleuse des sociétés civilisées s'y mêle à la vie puissante de la nature; quel tableau que le vert amphithéâtre des maronniers, avec leurs masses sombres, irrégulièrement parsemées de grappes de fleurs longues et blanches; que ces eaux jaillissant avec un frais murmure, dont le vent transporte au loin les bruines légères! Puis, ajoutez à tout cela, des fleurs éclatantes, des gazons verdoyans; puis les roucoulemens d'amour des tourterelles cachées à la cime des arbres; puis le roulement lointain des voitures, et cette voix immense de Paris qui circule autour du jardin sans l'envahir; puis encore cet essaim de femmes gracieuses dont les formes légères apparaissent à travers les arbres, embellies encore des prestiges d'une toilette élégante; enfin les lecteurs nombreux répandus çà et là sur des chaises, un journal à la main, et ces troupes joyeuses d'enfans rebondis qui déploient gaiement la vigueur de leurs membres naissans: tout cela sous un beau ciel bleu, parmi les parfums du soir et les brises du printemps, c'est assurément une scène enchanteresse.

Et cependant, mêlez-vous aux promeneurs, cherchez sur leur visage l'impression joyeuse de ces rians tableaux: Pourquoi, dites-vous, toutes ces figures soucieuses? Tous ces fronts couverts de nuages ou glacés d'ennui? Ces hommes et ces femmes qui se promènent dans ce beau jardin ne sont point cependant de ces malheureux condamnés en naissant à plier sous le faix de la misère et du travail; ce ne sont point des prolétaires, car les casquettes et la veste ronde ne voient les Tuileries qu'à travers les grilles; je vais vous dire, moi, pourquoi ils souffrent: eux-mêmes ne le savent pas encore!

C'est une loi de Dieu que les riches et puissans dans l'humanité trouvent amères leur puissance et leur richesse, quand les jours approchent, où les derniers venus de la grande famille vont recevoir l'affranchissement par une *religion* nouvelle. La vie humanitaire est *une*, et quelque intervalle qui semble, sur l'échelle progressive gravie par tous les hommes, séparer les degrés inférieurs des plus élevés, chaque jour davantage de la base au sommet, douleurs et joies descendent et montent, rapides comme l'étincelle. Ni le pauvre sans le riche, ni le riche sans le pauvre, ne marcheront heureux et libres; et ne prenez point cette religieuse communion de tous les hommes en une seule famille pour l'égalité mystique rêvée par les républicains: inégalité parmi les hommes! car nous ne voulons tuer ni l'émulation, ni la liberté; mais inégalité sainte et non plus factice, selon le talent, la force et la *moralité* de chacun, plus selon sa naissance. Riches et pauvres, nous le répéterons sans cesse, vous êtes parties d'un même corps, membres d'une même famille; vainement chercherez-vous un bonheur complet en fortifiant, au lieu de les abattre, les barrières qui vous séparent; *vous avez besoin les uns des autres.*

Riches! quand l'émeute gronde dans les rues, quand les lamentations du peuple vous font tressaillir; quand la malédiction du prolétaire monte jusqu'à vous, la crainte ou la colère tourmente vos cœurs: quand le spectacle des plaies qui rongent le peuple. des demeures infectes qu'il habite, des travaux qui l'écrasent, se présente. la douleur et la pitié vous déchirent; riches! vainement dans votre colère ou votre pitié, aurez-vous recours à la violence ou à l'aumône; palliatifs d'un jour! remèdes dangereux! la plaie s'envenime et ne guérit point.

Pauvres! quand vous comparez à vos chétives demeures les palais du riche, à vos maigres repas, ses banquets somptueux, à vos haillons ses riches habits; pauvres! je vous comprends, je ne m'étonne point de vos rumeurs, de votre colère, de vos projets violens; mais vos rumeurs, votre colère, avec raison épouvantent le riche, et justifient la méfiance qu'il vous montre; et cependant sans le riche, vos misères se perpétueraient, vos souffrances ne prendraient point terme, car bien des castes, bien des tribus, bien des peuples se sont affranchis, mais aucun ne l'a pu faire par menace ou violence.

Point de richesses sans travail! point de travail sans l'*association* de ceux qui ont des bras, avec ceux qui possèdent les instrumens du travail! Mais cette association du riche et du pauvre, ce concours volontaire de tous et de chacun, renouvellera la face du monde, enrichira les pauvres sans appauvrir les riches; et, sur ce globe transformé posera de la puissance humaine des monumens plus grands que les merveilles fabuleuses du passé.

Ces jours viendront, ô mon Dieu! quand nous, tes APOTRES par nos travaux, par nos souffrances, par la transformation de notre vie, aurons livré au monde l'irrécusable témoignage qu'une vie nouvelle est donnée aux hommes; et voilà pourquoi à travers les obstacles, les dégoûts et les privations, nous marchons unis, calmes et actifs, autour de celui qui est NOTRE PÈRE.

CHARLES LEMONNIER.

CONVOCATION AU 1er JUIN.

Notre PÈRE a décidé que pendant le mois de juin, les portes de la retraite de Ménilmontant, où la nouvelle famille se fonde autour de lui, seraient ouvertes deux fois par semaine, le dimanche et le mercredi, aux personnes qui nous aiment.

Les laissez-passer seront délivrés rue Monsigny, n. 6, dans les anciens bureaux du *Globe*.

Tous les jours de la semaine, de six heures du matin à dix heures du soir, et le dimanche, de six heures à midi, les directeurs ou sous-directeurs de propagation du degré des industriels donnent les renseignemens qui leur sont demandés sur la religion Saint-Simonienne, aux domiciles suivans:

Rue de la Tour-d'Auvergne, n° 34;
Rue de la Contrescarpe-Saint-Antoine, n° 70;
Et à l'Athénée, place Sorbonne.

ÉVERAT, Imprimeur, rue du Cadran, n° 16.

RELIGION SAINT-SIMONIENNE.

LA RÉVOLUTION. = LA RÉFORME. — LE PEUPLE FRANÇAIS.

La révolution de 1789 fut un grand événement dans l'histoire du monde. Lorsque cette révolution éclata, une faible portion de la nation française jouissait de priviléges exorbitans qui pesaient lourdement sur la classe la plus pauvre et la plus nombreuse. Riche et puissante, la noblesse d'alors ne contribuait aux charges de l'état que pour une très-faible part. Les nobles, il est vrai, servaient dans les armées et répandaient leur sang pour la défense de la patrie; mais les grades élevés qui leur appartenaient de droit, étaient absolument interdits aux cultivateurs, aux artisans, aux commerçans; les fonctions publiques dépendantes du gouvernement, et la magistrature, étaient également exercées par des nobles à l'exclusion des autres classes de la société. L'industrie opprimée gémissait sous des priviléges absurdes, l'agriculture dépérissait, des monopoles odieux écrasaient le peuple, la famine ravageait les campagnes et les dépeuplait rapidement.

Le peuple alors semblait, aux yeux de ceux qui se disaient ses maîtres, n'exister que pour travailler éternellement comme un forçat et souffrir en silence.

Depuis des siècles déjà, il en était ainsi: « Or, disaient-ils, pour quelle raison changer ce qui dure depuis des siècles? »

Il y avait bien de temps à autre quelques faibles cris de révolte poussés: quelques gémissemens, quelques clameurs douloureuses venaient troubler la douce quiétude à laquelle se laissaient aller les maîtres du peuple; mais des régimens d'hommes armés de sabres et de carabines venaient s'établir dans les chaumières d'où s'échappaient les cris de détresse, comme si des sabres et des carabines avaient pu jamais calmer une douleur, essuyer une larme, et quand la douleur était devenue silencieuse dans la cabane du pauvre, la joie et la sérénité reparaissaient sur les visages un moment décolorés des heureux du siècle et des oppresseurs du peuple, qui dansaient brillans et couverts d'or dans les salons des princes, tandis que la misère et la faim assiégeaient la chaumière et l'atelier.

Un jour enfin des cris s'élevèrent de tant de lieux à la fois qu'il fut impossible d'envoyer partout des soldats pour les étouffer. La Bastille tomba, les priviléges la suivirent rapidement, et les imprudens qui voulurent tenter de s'opposer aux efforts du peuple creusèrent sous leurs pieds un abîme dans lequel ils entraînèrent après eux une partie de ce peuple qu'ils avaient jusqu'au dernier moment essayé d'enchaîner.

Alors la France devint comme une cible sur laquelle tous les soldats de l'Europe dirigèrent leurs coups, et malgré l'unanimité des conseils des rois sur la nécessité de détruire jusqu'aux moindres traces les institutions nées de la révolution française, pendant vingt années, la France glorieuse et puissante promena son drapeau et ses institutions des pyramides d'Égypte au Kremlin de Moscou. Les peuples d'abord étonnés à l'aspect de ce drapeau, irrités à la vue de leurs champs envahis, s'accoutumèrent bientôt à regarder les trois couleurs et le visage radieux des hommes qui les promenaient par le monde, avec un secret attendrissement, et quelques-uns d'entre eux se dirent, tout bas que ce drapeau, symbole d'égalité et de liberté, pourrait bien devenir un jour le drapeau du monde. A l'heure où je parle il n'est pas dans le monde entier de village si chétif où ne se trouve une voix pour balbutier les mots d'ÉGALITÉ HUMAINE; or ces mots sont doux à l'oreille: ils sont de ceux qu'on aime à prononcer; ils sont de ceux qu'on retient aisément, et que jamais on n'oublie. Oh oui, la révolution de 1789 est un grand événement ; car par elle l'ÉGALITÉ de naissance deviendra la loi du monde.

Voyez : déjà l'Angleterre qui fournit si long-temps aux rois de l'Europe le sang et l'or de ses enfans pour détruire en France la liberté et l'égalité, l'Angleterre aujourd'hui, à l'exemple de la France, veut la liberté et l'égalité. et tandis que chez nous la liberté fut fondée au milieu du sang versé dans les batailles et sur les échafauds, la réforme anglaise va s'opérer pacifiquement ; toute l'Europe voulait comprimer la révolution française, la réforme anglaise ne rencontre pas d'opposition dans les conseils des rois. En France même, où des partis nombreux s'agitent douloureusement au milieu d'un malaise général, il n'y a qu'une voix pour la réforme anglaise.

La révolution française et la réforme en Angleterre sont le point de départ de l'affranchissement universel du monde. Les germes de liberté et de civilisation déposés chez les peuples du nord et du midi de l'Europe, chez les Égyptiens et dans les régences barbaresques d'Afrique par les armées françaises, seront portés par les Anglais dans l'Inde et jusqu'à la Chine ; car c'est à la France et à l'Angleterre que Dieu a donné mission d'initier tous les peuples à la civilisation, à la religion ; ce sont les deux nations choisies pour former le noyau de l'association universelle.

Mais le premier cri de liberté fut poussé par des voix sauvages, c'étaient des esclaves révoltés qui, sortis des assemblées primaires, armés du fer et de la flamme, se répandaient sur le monde comme un torrent dévastateur ; ils avaient conquis leur liberté sur des monceaux de ruines et de cadavres, et ils ne voyaient pour tous les peuples d'autres moyens d'affranchissement que le glaive et l'extermination ; c'est pourquoi les rois les redoutèrent et firent d'incroyables efforts pour les comprimer ; c'est pourquoi aujourd'hui les rois s'effraient quand la grande voix du peuple de France se fait entendre aux nations ; c'est pourquoi une réforme radicale en Angleterre a moins de puissance pour les émouvoir qu'un simple abaissement de quelques centimes dans le cens électoral en France. Mais que les peuples et les rois se rassurent, le peuple français n'est point un peuple d'égoïstes, il est le peuple AIMANT, le peuple LIANT, le peuple PRÊTRE ; quand il possède quelque chose de bon, il le veut répandre chez les peuples qui l'entourent, et semble un bon père qui ne jouit des fruits de son travail qu'en les partageant avec ses enfans. Lorsque les principes démocratiques furent en faveur chez lui, le peuple français porta chez ses voisins les principes démocratiques si utiles pour détruire une foule d'abus qui s'opposaient à son émancipation. Aujourd'hui les scrutins, les droits électoraux sont sans attrait pour lui, aujourd'hui il veut voir fleurir *les arts*, *les sciences*, *l'industrie*, non-seulement chez lui, mais encore chez tous les peuples. Aussi le moment est proche où les rois qui jetaient sans cesse un coup d'œil inquiet sur la France, et semblaient prêts à fermer aux Français l'entrée de leurs royaumes, les appelleront en foule pour apprendre d'eux comment on moralise, comment on instruit, comment on enrichit les peuples.

L'égalité républicaine que proclamèrent les voix retentissantes des armées françaises, courbant sous un inflexible niveau les peuples et les individus, n'était qu'une chimère dangereuse et impie si elle eût été réalisable ; elle fait place aujourd'hui à l'égalité vraiment sainte, qui veut donner à tout homme dans la famille humaine son nom, sa place, son rang ; qui assure à chacun, quelle que soit sa naissance, l'éducation, la fonction, la retraite. Cette égalité-là ne ressemble en rien à la turbulente égalité des assemblées primaires, elle ne peut exciter d'alarmes ni faire verser de sang, elle est le désir de tous les hommes en même temps qu'elle est la volonté de DIEU.

CH. BÉRANGER.

Imprimerie D'EVERAT, rue du Cadran, n° 16.

RELIGION SAINT-SIMONIENNE.

LA TRIBUNE. — ODE A LOUVEL.

Paris, ce 1er juin.

Il nous arrive parfois de rencontrer dans les rues de Paris des hommes livrés à tout l'égarement de la colère, l'œil en feu, les veines du front bleues et gonflées, les cheveux hérissés, le poing fermé, l'injure à la bouche, et prêts, comme deux bouledogues à s'élancer l'un sur l'autre; chacun s'efforce de les séparer; on les arrête, on tâche de calmer leur frénésie : et nous continuons notre chemin avec une profonde pitié; plaignant des créatures humaines assez arriérées pour donner aux autres hommes le spectacle public d'une si grossière brutalité, et pour peu qu'au fond de nos cœurs nous portions l'amour au peuple et la foi au progrès, nous hâtons de tous nos vœux l'époque où l'on ne verra plus parmi les hommes de ces querelles de bêtes fauves.

Comment donc se fait-il que des hommes de mœurs polies et civilisées comme les écrivains de *la Tribune* exaltent sur la scène politique des passions et des actes qui dans la rue attirent leur douloureuse pitié? Comment vont-ils écrire sérieusement qu'une ode où l'assassinat se trouve paré des plus belles couleurs ouvrait une carrière nouvelle à la poésie nationale. Quelles louanges peuvent-ils bien trouver pour un poète qui aiguise dans ses vers le poignard de l'assassin? Peuvent-ils bien, eux qui prêchent chaque jour les progrès de la civilisation, reculer ainsi tout d'un coup à la barbarie Franque ou à la férocité Romaine. Non certes, ne prenez point le le délire de leur pensée pour l'expression vraie de leurs sentimens, le cœur manquerait, j'en suis sûr, aux rédacteurs de *la Tribune* comme au poète qu'ils exaltent, s'il fallait ramasser sur la place publique la hache sanglante des Robespierre et des Danton, s'il fallait faire de la proscription et de l'assassinat autrement que dans les rêves d'une imagination malade.

Sinon, quel temps serait le nôtre! et quelle réaction épouvantable n'autoriserait point chez les autres partis de pareilles menaces prises au sérieux!

Certes il est aisé de comprendre qu'au milieu de l'inertie profonde de la vie sociale, lorsque tant de souffrances nous environnent et que rien de noble et de généreux n'apparaît sur la scène politique, des hommes qui sentent bouillonner avec leur sang jeune et chaud une soif ardente de grandeur et de liberté doivent éprouver un profond malaise; on conçoit que l'impatience dégénère en indignation contre une société qui n'ouvre point d'issue au besoin d'agir dont ils sont travaillés, que les persécutions tyranniques du pouvoir les exaspèrent, que leurs têtes se montent, et que, dégoûtés d'un présent qu'ils ne peuvent aimer, ni comprendre, ils ne sachent plus, dans leur exaltation croissante, imaginer l'avenir que sous les sombres couleurs d'un passé que nous aimons parce qu'il ne reviendra plus.

Mais sans compter qu'il est dommage de voir s'évaporer en haineuses imprécations, en déclamations mystiques des vies jeunes et puissantes, quel danger n'est-ce point, quand de toutes parts fermente encore la haine des partis, de jeter au milieu de cette fournaise de nouveaux brandons?

Jeunes hommes, dirons-nous à ceux qui se laissent ainsi emporter à une exaspération déplorable, comme vous nous avons long-temps inscrit sur nos fronts le nom de républicains; comme vous nous avons fait long-tems consister l'amour du peuple dans la haine des tyrans; comme vous rongeant dans l'isolement le frein qui tenait notre ardeur captive, nous avons maintes fois nourri le rêve d'une indépendance sauvage conquise avec du fer et par du sang. Nous vous savons dévoués, généreux, sincères, et voilà pourquoi nous souffrons à vous voir exhaler en projets fantastiques, en rêveries délirantes ce qu'il y a chez vous de véritable vie; car les temps sont venus non point de recopier l'œuvre sanglante de nos pères, mais de la couronner pacifiquement; le peuple souffre, et ni le suffrage universel, ni un président au lieu d'un roi, ni le massacre des carlistes, ni la proscription des Bourbons; n'apaiseront les souffrances du peuple. Ce qu'il faut au peuple, ce qu'il faut à TOUS, c'est une régénération de la société; c'est une *association* des riches avec les pauvres, qui fasse du bien à tous et du tort à personne; c'est une réorganisation du travail, une systématisation de l'industrie, de grands travaux, d'immenses entreprises, des chemins de fer, des défrichemens, des creusemens de canaux, des desséchemens de marais, des plantations de forêts. Or vous qui AIMEZ le peuple, vous qui marchez à sa tête, qui avez mission de l'éclairer et surtout de le *moraliser*, accomplissez donc cette mission: prêchez-lui la paix et l'association, donnez-lui les premiers l'exemple de l'extinction des haines politiques et de la réconciliation des hommes de cœur de tous les partis en vue du bien commun. Et alors par cette puissance invincible que DIEU a donnée à tout ce qui est vrai, saint, progressif, vous entraînerez le gouvernement lui-même dans une voie où il devrait vous précéder; des rêves douloureux ne tourmenteront plus vos nuits, car vous vous aurez bien mérité des hommes, et les souffrances morales, physiques et intellectuelles du pauvre peuple approcheront de leur terme.

Ch. LEMONNIER.

ÉVERAT, Imprimeur, rue du Cadran, n° 16.

RELIGION SAINT-SIMONIENNE.

LE BOURGEOIS. — LE REVÉLATEUR.

Quand ils eurent chassé et lentement conduit au rivage le fils de leurs rois avec les deux rois qui étaient sa progéniture, ils appelèrent les docteurs de la loi et ils leur dirent : « Nous maudissions ce » vieillard obstiné ; car prétextant que nous étions un peuple fou- » gueux qui va toujours courant se briser contre les rochers, il » voulait nous mettre autour du corps une ceinture étroite et nous » attacher aux pieds un boulet. C'est vous qui nous avez excité » contre lui et contre sa race ; nous vous prions de nous rendre » heureux ; car nous souffrons dans notre chair et dans notre es- » prit, dans la chair et dans l'esprit de nos fils et de nos filles.

» Si vous êtes venus dans nos ateliers, vous avez vu ces masses » de fer embrasé que nous retirons des fournaises et que nous je- » tons entre les dents des cylindres qui tournent plus vite que ne » va le vent. Il en jaillit un lait de feu qui s'écoule par bouillons » et qui se répand dans l'air en gouttes étincelantes, et le fer sort » des dents du cylindre prodigieusement amaigri. En vérité nous » sommes comprimés comme ces masses de fer.

» Si vous êtes venu dans nos ateliers, vous avez vu ces câbles » des mines enroulés autour d'une roue, qui vont chercher à douze » cents pieds de profondeur des blocs de pierre ou des montagnes » de charbon. La roue crie sur son essieu, le câble s'alonge sous » son énorme charge. Nous sommes tirés comme le câble ; mais » nous ne crions pas comme la roue, car nous sommes patients » autant que forts.

» Grand Dieu ! qu'ai-je fait, dit le peuple abîmé de douleur » comme le roi David ; qu'ai-je fait pour que mes fils les plus vigou- » reux deviennent de la chair à canon, et que mes filles les plus » belles deviennent de la chair à prostitution ?

» La vigueur est-elle donc si abondante qu'on en ait à para-

» lyser? La beauté est-elle donc si commune en vos parages qu'on » en comble des bourbiers? »

Les docteurs de la loi se mirent donc à dire: « En vérité ce peu- » ple souffre cruellement; qu'allons-nous faire pour ce peuple? »

Ils firent un roi, et ils griffonnèrent un papier.

Ils appelèrent ce papier *Charte-vérité*. Les premiers mots étaient: *Tous les Français sont égaux devant la loi.*

Ils dirent: « Que cet écrit soit parmi nous un gage de concorde et d'union! » Et aussitôt il s'éleva une grande dispute parmi eux; et, après s'être violemment accusés les uns les autres, il se séparèrent.

Cependant d'autres vinrent à leur place. Ceux-ci furent salués par les acclamations de la multitude. On disait dans les journaux, dans les salons et dans les rues, que l'heure de la prospérité publique avait sonné.

Leur premier mot fut: « Nous sommes une assemblée géante; « Napoléon nous vient au genou. En s'élançant de tous ses mus- » cles il n'a pu planer que sur les Pyramides; en se haussant sur » la pointe du pied il n'a pu graver son nom que sur les cimes du » Simplon et du Mont-Cenis. »

Leurs amis répétèrent: « C'est une assemblée géante. »

Cependant les faiseurs de lois, après s'être ainsi annoncés, s'assirent sur leurs bancs, et pendant six mois ils parlèrent abondamment sans s'écouter les uns les autres.

Et comme du dehors un grand nombre de voix leur rappelaient la détresse publique, ils se mirent un jour d'accord, afin d'accomplir une grande œuvre: et après mûre délibération, ils vinrent proclamer en face du peuple, ô prodige du génie! un réglement sur la visite des voitures par les commis des barrières, résultat sublime de leur touchante harmonie.

Ce qu'ayant fait, ils furent essouflés, et se reposèrent tout comme s'ils eussent arraché de leurs racines profondes, d'une main le Mont-Blanc au milieu des Alpes, de l'autre le Mont-Perdu au milieu des Pyrénées, et que les émiettant entre leurs doigts, ils en eussent semé la poussière dans les vallées, du nord au midi, afin d'établir une chaussée superbe entre les peuples du midi, et les peuples du nord, de Cadix à Saint-Pétersbourg.

Qui peut croire que cette comédie bourgeoise doive encore durer? Les peuples sont-ils donc des enfans au berceau qu'on endort par un vain babillage?

Il faut d'autres vertus que des vertus bourgeoises pour aller ramasser une nation qui s'est perdue dans les précipices, et pour la porter sur ses épaules à travers les rochers, les marécages et les sables, sur une terre de salut.

D'où viendra-t-il le colosse de vigueur, de gloire et d'amour, qui, passant comme le samaritain auprès de la France en pleurs, descendra pour la relever et la faire asseoir à ses côtés sur son char de triomphe?

Il n'aura pas consumé sa vie à humer nonchalamment l'air frais au milieu de *ses* prés, de *ses* champs, de *ses* vignes. Son souverain bonheur ne sera pas de s'ébattre doucement au coin du foyer domestique : pour domaine, il lui faudra le monde, sa famille sera l'humanité.

Et tandis que les RÉVÉLATEURS des anciens jours ne trouvaient sur leurs pas que des peuples dévorés par des maîtres arrogans, lui, plus heureux, rendra grâce au père de famille de ce qu'il aura paisiblement géré l'héritage du seigneur.

Le temps est proche où aux yeux de tous un homme apparaîtra dont la vue fera tressaillir les peuples. A son approche, les puissantes cités, la ville de César et d'Hildebrand, celle d'Alexandre de Macédoine, celle de Constantin, celle du czar Pierre, se lèveront saisies de respect comme des filles devant leur père. Du milieu des monceaux de décombres qui marquent la place où fut Babylone, Sémiramis montrera sa tête pour regarder passer le libérateur

Les villes le salueront, et il les saluera par un nom nouveau. Au-dessus de leur tête il dressera un phare éblouissant de science, pour elles il parera la terre de toutes les merveilles de l'industrie, pour elles il embaumera l'air des parfums de l'amour et des arts. De son doigt comblant les vallées et abaissant les monts, il tracera entre elles des voies rapides, afin qu'elles soient unies, et qu'il n'y ait bientôt qu'une VIE, qu'une FOI, qu'un CHEF pour toute la terre.

Émancipateur pacifique, il parcourra le monde, distribuant l'affranchissement au *prolétaire* et à la FEMME; car à sa voix la femme ne répondra que des paroles de vérité, et le mensonge c'est l'esclavage.

Il dira au désert de devenir une terre féconde, et le désert obéira; à sa voix les reines de l'Orient, Babylone et Palmyre, renaîtront plus splendides, car il n'y aura plus d'anathème.

Celui-là portera-t-il sur sa face la *quiétude* du *bourgeois* ou le CALME du RÉVÉLATEUR?

MICHEL CHEVALIER,
ancien élève de l'école polytechnique.

CONVOCATION DU 1er JUIN.

Notre PÈRE a décidé que pendant le mois de juin les portes de la retraite de Ménilmontant, où la famille nouvelle se fonde autour de lui, seraient ouvertes deux fois par semaine, le dimanche et le mercredi, aux personnes qui nous aiment.

Les laissez-passer seront délivrés rue Monsigny, n. 6, dans les anciens bureaux du *Globe*.

Tous les jours de la semaine, de six heures du matin à dix heures du soir, et le dimanche de six heures à midi, les directeurs ou sous-directeurs de propagation du degré des industriels donnent les renseignemens qui leur sont demandés sur la religion Saint-Simonienne, aux domiciles suivans:

Rue de la Tour-d'Auvergne, n° 34,

Rue de la Contrescarpe-Saint-Antoine, n° 70.

Et à l'Athénée, place Sorbonne.

Imprimerie d'ÉVERAT, rue du Cadran, n° 16.

RELIGION SAINT-SIMONIENNE.

LA MAIRIE. — LE MARIAGE.

2 juin 1832.

Hier, en passant sur le boulevard Saint-Martin, où se croisent en tout sens des promeneurs de tout genre, j'aperçus un groupe nombreux autour d'une affiche blanche, portant pour titre : MAIRIE DU SIXIÈME ARRONDISSEMENT. Je crus qu'il s'agissait de quelque avis de vaccination gratuite ou de secours à accorder aux indigens, et je m'éloignais en gémissant de ce que, dans un pays où sont semés avec tant de profusion des élémens de richesse, les magistrats fussent réduits à invoquer la bienfaisance publique, au lieu d'appeler les cœurs généreux et les intelligences élevées à la création d'une vigoureuse organisation du travail qui fasse disparaître complétement l'indigence et son hideux cortége; mais en jetant sur l'affiche un dernier regard, le mot *concubinage* frappa ma vue, et je me rapprochai.

Or voici de quoi il s'agissait :

Après avoir appelé l'attention des personnes aisées sur le malheur d'une foule d'enfans que le choléra a rendus orphelins, sur l'urgente nécessité de leur procurer une éducation convenable et de leur faire apprendre un état qui les mette à même de pourvoir à leur subsistance, les maire, adjoints et notables du sixième arrondissement municipal de Paris se récrient sur l'immense quantité d'ouvriers qui vivent en concubinage : ils les exhortent à mettre fin à cette vie de désordre, les engageant à venir les voir avec confiance pour causer avec eux de leur position, de leurs affaires. En un mot, car il faut appeler les choses par leur nom, c'est une *confession* que ces messieurs demandent à leurs *administrés.*

Il faut rendre justice complète aux intentions qui ont dicté à des hommes éclairés, cet appel à la confiance de leurs inférieurs : il y a quelque chose de très-louable dans cette volonté de réformer les mauvaises mœurs du peuple. Il est bien de vouloir remplacer le désordre par la régularité; mais au nom de Dieu, quel est ici le moyen employé et quelle peut être son efficacité? quelles puissantes considérations fait-on valoir pour déterminer le peuple à considérer l'état de concubinage dans lequel il vit la plupart du temps comme un état immoral et arriéré. « Voulez-vous donc », disent au peuple ses magistrats d'un ton pathétique, « voulez-vous que vos enfans à votre mort soient privés de votre *héritage*? voulez-vous qu'ils maudissent votre mémoire? »

Dans quel temps vivons nous donc, grand Dieu? Quoi! vous êtes magistrats, vous avez pris sur vous le poids du peuple, et vous venez lui parler d'héritage pour ses enfans! Que faites-vous donc de vos momens perdus, que vous sachiez si peu quel est le sort de ce peuple, et que vous parliez d'héritage à ceux dont souvent l'existence n'est pas assurée pour trois jours? Montez dans les greniers obscurs du sixième arrondissement surtout, dans ces rues étroites et boueuses, où l'on ne respire qu'un air empesté, et quand vous en descendrez, vous aurez, croyez-moi, peu d'envie de parler d'héritage pour ceux qui les habitent!

Le mot *immoralité* ne se trouve point dans l'appel fait par les magistrats, il y est simplement sous-entendu, et cependant l'immoralité est flagrante dans la société : mais pour y mettre fin, il faut pouvoir parler avec autorité, et, pour parler avec autorité, il faut parler au nom de Dieu. Or, que dirait-on si jamais un préfet, un maire ou un adjoint, s'avisait de prononcer ce nom dans un de ses actes? Tout le monde rirait et l'on crierait au jésuitisme, à l'hypocrisie. C'est au nom des bonnes mœurs que parlent ces messieurs; et, encore une fois, grâces leur soient rendues! Mais les bonnes mœurs sont-elles donc inspirées par acte authentique, signé de quatre témoins et d'un greffier? Quoi de plus insignifiant, de plus nul, de moins religieux que ce mariage, où, sans aucun souci du caractère ou de l'amour mutuel des époux, on leur annonce sèchement qu'ils sont unis pour la vie, sans leur apprendre en aucune manière comment ils pourront, par des concessions mutuelles, réparer les inégalités de leur humeur, la différence de leur goût! inégalités et différence qui dégénèrent souvent en haine sous l'empire d'une loi sociale, inflexible, invincible, éternelle.

Le peuple se marie peu : on s'en étonne; moi, je m'étonnerais bien davantage s'il se mariait plus souvent. Quelle consolation! quelles joies l'attireront dans cette salle, tapissée d'abeilles ou de fleurs de lis, où un homme, revêtu furtivement, pour ainsi dire, d'une écharpe qu'il prend à l'entrée, qu'il dissimule à la sortie, étranger à ses mœurs, à sa vie, ignorant son passé, peu soucieux de son avenir, se hâtera de le lier pour toujours par une brève et sèche formule. Quel évangile pour parler au cœur que le Code Napoléon! quelle bénédiction que la lecture de ce chapitre sur les droits et devoirs des conjoints!

Quand la religion du Christ était encore selon la volonté de Dieu, et qu'au prêtre catholique les populations croyaient le divin droit de lier et de délier, de condamner et d'absoudre, c'était quelque chose de grand et de profondément religieux que le mariage! Il était véritablement sacré ce serment d'une éternelle fidélité prononcé par deux voix tremblantes aux pieds d'un autel redoutable! Il y avait là plus qu'un contrat ordinaire; Dieu lui-même intervenait en la personne de son ministre! Et ce prêtre, dont la voix grave et paternelle faisait puissamment plier les cœurs; dont le regard perçant scrutait les consciences et sondait les cœurs, il était connu, il était *aimé* de ceux dont il bénissait l'union, car il les *aimait;* car ils étaient de son troupeau, et la main qui passait à leurs doigts la bague nuptiale, symbole de la chaîne éternelle qui confondait pour toujours deux vies en une seule, avait souvent initiés à la vie du baptême ceux qu'elle initiait à un sacrement plus grand et plus redoutable. Que le trouble vienne s'élever dans le ménage, que des caractères mal assortis vinssent à se choquer, l'homme de Dieu n'avait perdu ni sa vigilance paternelle ni sa puissante autorité sur ses enfans; il intervenait, il prêchait la résignation, la patience, il rendait supportables, précieuses même à leur foi docile, les rudes épreuves auxquelles Dieu les destinait, et s'il n'avait le pouvoir de dénouer des liens rudes à porter, au moins avait-il le secret merveilleux d'en alléger le poids.

Mais vous qui, cédant aux inspirations d'une philantropie dont la sincérité mérite l'éloge, mais dont l'impuissance fait mal, avez-vous bien pensé à l'audace de votre appel? Aux yeux de ceux que vous prenez la tâche de moraliser, à vos propres yeux, qui êtes-vous? Un officier municipal! l'interprète, ou, pour mieux dire encore, la personnification faible d'un Code sans poésie et sans religion! Et vous appelez à une éternelle et indissoluble union des hommes sur le cœur desquels vous n'avez point de prise, dont vous ignorez la vie, dont vous n'avez point par une perpétuelle et intime habitude pénétré le caractère, les goûts, les dispositions!

Vous avez perdu la foi, la crainte, la vénération, l'amour, qui faisaient la puissance du prêtre catholique: et vous ne craignez pas de garder ce que le prêtre chrétien lui-même n'a pu préserver lui-même, l'indissolubilité de l'union! Vous parlez d'immoralité; mais savez-vous à quelle immoralité vous pouvez conduire ceux que vous voulez relever? Le concubinage est immoral, mais l'adultère!!!

PÈRE ENFANTIN, quand *la femme* que vous cherchez, que nous attendons, et que DIEU suscitera, libre, puissante et gracieuse à votre voix audacieuse et forte mêlera sa pudique et touchante parole, alors seulement le jour aura lui pour l'humanité ou la franchise, la vérité prenant la place de la fraude et de l'hypocrisie, une loi *morale* nouvelle régnera souverainement sur les cœurs; alors la prostitution, le concubinage, l'adultère, ne souilleront plus la surface de la terre. Plus complète, plus large, plus *religieuse* que la parole chrétienne, la parole du sacerdoce nouveau ne lancera l'anathème sur aucune nature; la *mobilité réglée* deviendra sainte, à l'égal de la *constance*, comme la *chair* sera l'égale de l'*esprit*, comme la *femme* sera l'égale de l'*homme*; car vous l'avez dit, ô mon Père, DIEU *est tout ce qui est!*

CH. BÉRANGER.

ÉVERAT, Imprimeur, rue du Cadran, N° 16.

RELIGION SAINT-SIMONIENNE.

L'ÉMEUTE.

7 juin 1832.

Le canon et la fusillade ont cessé de faire entendre leurs voix retentissantes; les tambours ne frappent plus l'air de leur bruit horrible et monotone; aux gémissemens des vainqueurs et des vaincus expirans, aux chants de triomphe d'un parti, aux cris de désespoir d'un autre parti, son antagoniste, ont succédé les voix des marchands ambulans qui parcourent la ville vaquant à leurs affaires avec indifférence, comme si rien d'étrange n'avait eu lieu, comme si le sang n'avait pas coulé!

Quelques réverbères brisés et les cordes qui les tenaient suspendus flottant incertaines au souffle du vent, quelques pavés mal assemblés et présentant une surface inégale, des traces de boulets, de balles et de mitraille sur les murailles des maisons, çà et là quelques larges placards de sang mêlés à la boue noire et fétide des rues de la ville, des vitres brisées, des cadavres humains défigurés par les coups que leur ont portés des hommes leurs frères et que viennent reconnaître d'un air morne des mères, des filles, des sœurs ou des épouses, tels sont les seuls indices auxquels on peut reconnaître qu'une lutte impie a encore eu lieu entre les membres de LA FAMILLE HUMAINE.

LA FAMILLE HUMAINE!... Quel mot et quel jour que celui-ci pour celui qui le prononce!

Hommes, avez-vous donc résolu de vous entre-déchirer jusqu'au dernier, et la terre est-elle donc si étroite que vous n'y puissiez vivre tous à l'aise, sinon en frères, au moins comme de bons voisins?

Voulez-vous connaître les paroles que j'entends murmurer tout bas et d'un air farouche à mes oreilles, quand je me mêle à vos groupes tumultueux; écoutez:

« Quels sont ceux qui viennent là-bas? quel est leur drapeau? c'est celui de la république; QU'ILS MEURENT! QU'ON LES ÉCRASE! Et ces autres, avec leur étendard blanc semé de fleurs-de-lis? ce sont des légitimistes; QU'ILS SOIENT ÉCRASÉS! QU'ILS MEURENT!

Voilà ce qui se dit dans un groupe d'hommes du *juste-milieu*.

Je m'approche d'un groupe de républicains et de légitimistes, et voici ce que disent les hommes qui le composent :

« Ceux-ci, qui nous regardent d'un air sombre sont les hommes du *juste-milieu :* ECRASONS-LES ! TUONS-LES! ensuite NOUS NOUS TUERONS, NOUS NOUS ÉCRASERONS entre nous, pour savoir qui demeurera maître du champ de bataille.

Hommes! faibles créatures sur qui Dieu veille chaque jour avec une si tendre sollicitude, pour qui sa main soutient dans l'espace le flambeau du monde, et sème chaque jour sur la terre une magnifique profusion de richesses, ne saurez-vous donc jamais dire: Ceux-ci sont des hommes, qu'ils VIVENT, que celui qui est MORAL et BON soit AIMÉ, que *l'ignorant* soit *éclairé*, que le *méchant* soit *amendé*, que le *faible* soit *protégé*, que le *fort* soit *glorifié* et que sa *force* soit profitable à tous; que tout ce qui porte en soi la VIE trouve une VIE qui réponde à la sienne.

Hommes! ne saurez-vous jamais connaître la volonté de DIEU?

QUE LA PAIX ET L'AMOUR DEVIENNENT LA LOI DU MONDE !

Telle est cette volonté.

Et vous vous égorgez comme de misérables brutes, jusqu'à ce que, lassés de carnage, les armes vous tombent des mains.

Moi, qui sais que toute haine et toute guerre doivent cesser, je cours par les rues interrogeant tous les regards pour y découvrir les signes de la paix universelle, espérant que votre dernier combat vous a fait enfin ouvrir les yeux sur vos misères; mais je vois de tous côtés des visages abattus et des visages menaçans, nulle part je ne trouve la joie et l'espoir.

Oh! quel bonheur pour moi si je pouvais trouver dans les cœurs un repentir pour le mal qui s'est fait, un regret pour le sang versé! Mais non, tous ont encore l'injure et la menace à la bouche. Là, on se félicite d'avoir *puni* de jeunes hommes, écrasé des factieux; ici, on se promet bien d'avoir plus de succès une autre fois, en prenant mieux ses mesures... Quel succès que celui qui se fonde sur le carnage et la dévastation !

Et puis ce compte rendu de si cruels événemens, il est tracé sur des milliers de feuilles avec une froide insensibilité.

« Deux mille hommes sont emprisonnés, — force est demeurée à la loi ; — on a fusillé quelques malheureux, sur le boulevard, sans jugement préalable ; — un officier de la garde nationale a fait feu sur ses camarades, et ses camarades l'ont *mis en pièces :* — des hommes s'étaient retranchés dans une rue, on a fait venir de l'artillerie, et l'artillerie en a bientôt eu fait justice ; sur ce point *on n'a pas fait de prisonniers.* »

Hommes! que ne vous réjouissez-vous en commémoration de si belles choses! pourquoi n'avoir pas ordonné qu'on illumine, que des fusées sillonnent l'espace de leurs feux étincelans et que le vin coule à grands flots sur les places publiques? car tout est rentré dans l'ordre *et les factions sont venues mourir au pied du trône.*

Que ceux qui ont des yeux et des oreilles s'en servent pour voir et pour entendre. Le peuple s'agite douloureusement, mais ce n'est pas pour la république ou pour la légitimité ; il s'agite parce qu'il est mal à l'aise, et qu'il ne voit son sort s'améliorer en aucune manière. C'est là ce qui fait qu'on le trouve trop souvent prêt à descendre en armes sur la place publique, et cependant ce peuple il aime aussi l'ordre et la paix : le bruit de l'émeute et la fumée de la poudre ne sont pas l'atmosphère dans laquelle il aime à respirer ; son air vital à lui c'est l'air de l'ateli r alors qu'il y trouve abondamment le travail, la nourriture, le vêtement et la salubrité. Qu'il sente son sort s'adoucir graduellement, et ses cris de haine, de colère et de désespoir se changeront en cris de joie et en bénédictions pour ses maîtres.

Déjà bien des fois des émeutes ont ensanglanté le pavé des villes : Lyon et Paris surtout sont de terribles enseignemens qui ne doivent pas être oubliés. En vain l'artillerie, l'infanterie, la cavalerie ont fait justice des factieux, les causes de l'émeute subsistent, et c'est à ces causes qu'il faut s'attaquer pour rétablir la tranquillité. Que des écoles nombreuses soient ouvertes au peuple, en même temps que d'immenses travaux seront mis en activité ; que les intérêts du pauvre soient l'objet de la sollicitude du pouvoir à l'égal de ceux du riche, et la tâche du pouvoir, aujourd'hui fatigante et souillée de sang et de boue, deviendra douce, facile et pure.

En vain s'écriera-t-on : « Français! soyons unis, que l'accord règne entre nous. » L'accord ne peut exister entre des hommes qu'en vue d'une œuvre commune à accomplir, et quelle œuvre est indiquée pour réunir les hommes dans une même foi politique?

Les travailleurs de toutes les classes s'agitent vainement pour échapper à la misère, à la faillite, et le pouvoir *les laisse faire* : or le but à atteindre aujourd'hui, c'est la régularisation des efforts des travailleurs afin de conduire la société à la richesse ; en vue d'un tel but seulement, la paix et l'ordre peuvent solidement s'établir; c'est au gouvernement à indiquer ce but à tous les hommes et à les pousser dans la route qui doit les y conduire.

Quand il l'aura fait, les causes d'émeutes, de troubles et de désordres auront complétement disparu; jusque-là elles demeurent entières et peuvent encore ensanglanter le pavé des villes dans deux mois, dans quinze jours et même demain, sans que des mesures de rigueur, si étendues qu'on les suppose, puissent y apporter le moindre obstacle.

Ch. BÉRANGER,
Fonctionnaire Saint-Simonien.

CONVOCATION DU 1er JUIN.

Notre PÈRE a décidé que pendant le mois de juin les portes de la retraite de Ménilmontant, où la famille nouvelle se fonde autour de lui, seraient ouvertes deux fois par semaine, le dimanche et le mercredi, aux personnes qui nous aiment.

Les laissez-passer seront délivrés rue Monsigny, n. 6, dans les anciens bureaux du *Globe*.

Tous les renseignemens sur la religion Saint-Simonienne sont donnés aux domiciles suivans, par les directeurs de propagation, depuis six heures du matin jusqu'à dix heures du soir :
Rue Contrescarpe-Saint-Antoine, n. 70.
A l'Athénée, place Sorbonne.
Et rue Monsigny, n° 6.

EVERAT, Imprimeur, rue du Cadran, n° 16.

RELIGION SAINT-SIMONIENNE.

AVENIR DES PARTIS.

Nous l'avons déjà dit mille fois, et mille fois encore nous le répéterons avec une *religieuse* persévérance, l'erreur profonde et dangereuse des PARTIS c'est la persuasion dans laquelle ils demeurent *tous* de la valeur *exclusive* et *absolue* de leurs idées. Vainement prononcent-ils les mots de *liberté*, de *tolérance*, d'*égalité*, il n'y a pas moyen d'être *tolérant* et de respecter la *liberté* des autres, quand on a la conviction que *seul* on est en possession du *bien*, et que le *mal* est partout où l'on n'est point. Aussi long-temps que chaque parti s'obstinera à ne point voir de *salut* en dehors du cercle restreint dans lequel il se tient lui-même rigoureusement barricadé, à *réprouver* impitoyablement quiconque n'est point de *sa petite communion*, chaque parti sera tour à tour *oppresseur* et *opprimé*, *esclave* et *despote*, et la *vie* humanitaire se composera d'une alternative de luttes, de victoires, de révoltes, d'insurrections.

Or il ne faut point s'y méprendre : aucun parti ne gagne à ces agitations sans fin, à ces reviremens perpétuels; tous y perdent. Les tentatives impuissantes des carlistes dans l'Ouest et dans le Midi, l'insurrection non moins folle des républicains à Paris, viennent de donner une nouvelle et sanglante leçon à ceux qui mettent le bonheur et l'avenir de la France, le rétablissement de l'ordre et de la paix dans le triomphe exclusif d'un parti. Le républicanisme et le carlisme ont, à peu de jours de distance, présenté tous les deux une preuve éclatante du refroidissement de leurs partisans, du peu de racines qu'ils ont dans la population, de la nullité plus grande où doivent tomber, par chaque essai nouveau, leurs sentimens, leurs doctrines, leur action. Mais que le juste-milieu ne célèbre point trop haut sa victoire! qu'il ne se gonfle point d'une présomption dangereuse! qu'il ne se croie pas le libérateur de l'humanité, pour avoir déchargé de la mitraille et brisé des barricades! qu'il ne prenne point pour le signe de sa force la faiblesse de ses ennemis. Ses victoires lui coûtent cher; il n'y gagne point en dévouement ce que le républicanisme et la légitimité y perdent d'enthousiasme et de foi. A chacune de ces batailles politiques, des hommes se dégoûtent du parti dont ils suivaient la bannière, mais non point pour passer sous un autre drapeau. Pour n'avoir plus foi aux divinités qu'ils adoraient, ils n'apportent point leur encens à un autel nouveau; à chaque collision impuissante des partis, la foi aux hommes et aux principes chancelle; l'apathie naît ou augmente; le scepticisme politique s'étend, et si le dévouement monarchique et l'héroïsme républicain s'attiédissent, ce n'est point le juste-milieu qui inspirera l'enthousiasme.

Aujourd'hui on combat pour soi, pour ses biens, pour sa famille, pour sa boutique, mais point pour un système ni pour un homme. Mardi soir, depuis six heures jusqu'à dix, je n'ai point quitté la place de la Bastille et la rue Saint-Antoine; j'ai vu faire et défaire, attaquer et défendre des barricades; cerner et prendre la mairie du huitième arrondissement; j'ai vu la garde nationale former ses rangs, et les républicains recruter leurs pelotons désordonnés; nulle part je n'ai trouvé cet enthousiasme merveilleux, électrique que la vie humaine produit toujours quand elle éclate avec force et puissance.

Le juste-milieu est resté vainqueur : il veut maintenir l'ordre, et pour cela il aspire à être *fort*; il a raison, mais il s'est mépris jusqu'aujourd'hui sur la *véritable force* d'un gouvernement. La *force ancienne* consistait à *écraser* ses ennemis; la *force nouvelle*, la seule qui soit vraiment *une force*, consiste à *n'avoir pas d'ennemis*. Si le juste-milieu continue à se montrer plein de fiel et de haine pour les deux autres partis; s'il ne comprend point que leur *existence persistante* a une cause qu'il doit chercher; s'il ne sent, pour les faire disparaître, d'autre moyen que l'emploi de la force brutale et la compression violente; s'il ne songe pas que la SEULE POLITIQUE digne de ce nom consiste, aujourd'hui que le danger est passé, à prévenir son retour par une satisfaction complète aux besoins de tous, par le développement du crédit, la faveur et le secours accordés à de grandes entreprises industrielles, qu'arrivera-t il? carlistes et républicains continueront à trouver dans les souffrances, dans le mécontentement et les haines de toutes les classes, et principalement de la classe ouvrière, l'aliment et le prétexte de leurs passions rétrogrades ou de leurs espérances chimériques. L'émeute et l'insurrection refoulées aujourd'hui reparaîtront dans quelques mois, et de nouvelles et bien tristes victoires affaibliront encore le juste-milieu; car, *même vainqueur*, un gouvernement qui ne sait ni ne peut satisfaire aux désirs et aux besoins d'une notable partie de ceux qu'il est censé gouverner excite un faible enthousiasme, une confiance timide, une sympathie bien tiède.

Si au contraire le juste-milieu, sortant de la sphère mesquine dans laquelle il s'est tenu emprisonné, ne voit dans le douloureux triomphe qu'il vient d'obtenir, qu'un moyen de réparer promptement ses anciennes erreurs; si par la bouche de ses journaux, au lieu des menaces, des insultes, des accusations sanglantes, dont chaque soir ou chaque matin leurs colonnes regorgent, il fait rendre à ses adversaires une noble et complète justice; si, avouant ce qu'il a eu jusqu'ici d'incomplet et d'exclusif, il prend lui-même sa part des reproches qu'il adresse aux autres, et s'accuse le premier d'avoir, par ses haines injustes, retardé le jour d'une fusion générale; si, reconnaissant à la fois, avec les républicains, la nécessité de faire beaucoup pour l'amélioration du peuple, avec les légitimistes la nécessité de respecter les droits anciens, et de rendre graduelle et pacifique la rénovation indispensable que demande l'ordre social, il se constitue non plus ennemi, mais supérieur et juge; si au lieu de déclamations furibondes contre les *factieux*, les *infâmes séides*, les *éternels ennemis de l'ordre*, avec un langage ferme, digne, confiant et mesuré, il met en activité les seuls ressorts qui puissent aujourd'hui sauver les hommes, c'est-à-dire l'ORGANISATION DU TRAVAIL et l'AFFRANCHISSEMENT DES TRAVAILLEURS; s'il provoque de grands travaux d'utilité publique, DES CHEMINS DE FER, des DÉFRICHEMENS, des ASSAINISSEMENS, des DESSÉCHEMENS, des PLANTATIONS; s'il favorise, par de bonnes lois, le développement du COMMERCE et l'essor de l'INDUSTRIE, alors je le lui prédis hardiment, dans quelques mois il aura conquis l'amour des populations, converti à lu nombre de républicains et de carlistes, rendu *niaises* l'émeute et l'insurrection, parce qu'elles *seraient sans but*, et perdu le *sobriquet* de JUSTE-MILIEU, car alors il ne serait plus *entre*, mais AU-DESSUS des *partis*; lui-même ne serait plus un *parti*, il serait une *nation* et une NATION-MODÈLE.

Ch. LEMONNIER.

ÉVERAT, Imprimeur, rue du Cadran, n° 16.

RELIGION SAINT-SIMONIENNE.

ÉVÉNEMENS D'HIER — ORDONNANCE DE M. DE MONTALIVET.

Jeudi 7 juin 1832.

Des événemens déplorables ont depuis mardi soir tenu Paris dans l'alarme, interrompu le commerce, dévasté les maisons, rougi de sang humain le pavé des places et des rues! les journaux les racontent et les jugent, chacun selon l'inspiration exclusive du système politique qu'il adopte: et nul n'a pour système la fusion et la conciliation des partis! aucun, sortant courageusement de l'atmosphère haineuse et retrécie dans laquelle il est enveloppé, n'a fait des troubles de ces deux journées une large et impartiale appréciation.

Il importe peu de constater avec le désir évident de donner tort à un parti plus qu'à l'autre, de quel côté sont partis les premiers coups; il est inutile, pour ne pas dire dangereux, d'accumuler sur le parti vaincu l'amas ordinaire d'invectives et d'outrages que l'on est habitué à lui lancer. Il n'y a pas moins d'imprudence à reproduire complaisamment contre les vainqueurs des bruits accusateurs et probablement calomnieux.

Que la police ait ou non mis de l'imprudence dans la mission de surveillance dont elle était chargée mardi, que les républicains aient ou non provoqué des hostilités auxquelles il est certain qu'on s'attendait de part et d'autre, c'est un fait avéré pour tous, un fait qui enveloppe et résume tous les autres, qu'en 1832, à Paris, des hommes, des Français, des Parisiens se sont égorgés dans les rues de leur ville! que les biscaïens, la mitraille et les balles ont sifflé dans leurs rues pacifiques! brisé leurs magasins! fracassé les meubles et les glaces de leurs salons! couché sur le pavé leurs frères, leurs enfans, leurs pères et quelquefois leurs femmes et leurs vieillards!

Or des faits d'une telle gravité, et qui semblent pour un moment ramener la société la plus civilisée aux habitudes sanglantes de la barbarie, attestent assurément, chez le peuple qui en est l'acteur et la victime, un grand malaise MORAL, *intellectuel* et *physique*.

Certes la population parisienne en masse n'a point pris part à cette lutte; et ceux qui ont gardé le souvenir vivant des journées de juillet 1830 ont dû sentir hier que la violence n'avait plus de mission, que l'émeute n'avait plus d'avenir.

Mais enfin il s'est trouvé et il est encore dans Paris un nombre considérable d'hommes, nos FRÈRES à tous, qui, mécontens de l'ordre actuel, incapables de pressentir et par conséquent d'attendre, en le hâtant pacifiquement, un avenir *meilleur pour tous*, formulent leurs souffrances présentes et leurs vagues espérances, par ce cri et ce vœu: *la république!*

Or ces hommes que l'éducation, la souffrance, l'oubli injuste dans lequel végètent peut-être leurs talens, la prison étroite où languit comme dans un cercle infranchissable la bouillante activité de leur vie, et qui sait? peut-être bien la faim, la nudité et la soif, poussent en furieux au renversement du gouvernement, à la violence armée, sont-ils *naturellement* des bêtes féroces? n'est-il aucun moyen de tourner à bien cette vie active et puissante qui éclate en eux? et ne saurait-on leur parler que le langage de la baïonnette et de la mitraille?

Oui certes ils sont coupables ces hommes que leurs souffrances et celles d'une partie de la population pousse à la violence contre une autre partie de leurs concitoyens; leur fureur est déplorable! ils sont aveugles surtout de croire encore à la puissance du sabre pour émanciper le peuple. Ils sont bien égarés de ne point sentir encore, après toutes ces expériences désastreuses, que les partis ne s'écrasent point, et que la haine ne peut enfanter la paix, ni la guerre la concorde! Mais les autres partis qui les poursuivent d'insultes, qui les assaillent d'invectives et les fatiguent sans relâche ni pitié, qui ne parlent que de les réduire par la force et de les écraser comme des animaux malfaisans, n'ont-ils pas aussi à recevoir une large part des reproches adressés aux premiers? Le gouvernement, dont je suis loin du reste de révoquer en doute les libérales et bonnes intentions, a-t-il fait jusqu'aujourd'hui tout ce qu'il devait, tout ce qu'il pouvait pour prévenir la collision des partis? Moi, je ne lui demanderai point l'élection populaire, la loi municipale et départementale; je ne lui rappellerai pas le programme fameux de l'Hôtel-de-Ville; mais je lui demanderai s'il a pris un soin efficace et présent de la classe la plus pauvre; s'il a fait l'émeute impossible en rendant pour tous l'ordre plus attrayant et plus lucratif. Je lui demanderai s'il ne pouvait ouvrir au peuple d'immenses travaux dans lesquels les capitalistes eussent trouvé un placement avantageux, et les propriétaires une augmentation de leurs propriétés. Je lui demanderai s'il a même annoncé le désir de signaler son passage aux affaires par de grandes et neuves créations d'industrie, seuls moyens pourtant de tirer la société des convulsions qui l'agitent. Je prierai par exemple M. de Montalivet de se recueillir un moment, et je lui demanderai s'il persiste à croire ce qu'il a fait afficher sur les murs de Paris, savoir que la force est de tous les moyens le plus assuré pour prévenir le retour des malheurs qui ont ensanglanté ces jours derniers. Ne sait-il point que les partis sont l'hydre aux cent têtes qui, vainement tranchées par violence, repoussent plus vivaces sous la hache meurtrière?

Que le ministère y songe: Paris est tranquille aujourd'hui, l'émeute comprimée se rendort, mais tant que les causes qui l'ont amenée subsistent, son réveil n'est-il pas à craindre? la nécessité d'une défense urgente n'exige plus l'emploi de la force, il s'agit aujourd'hui d'endormir et de désarmer l'émeute, non pour quelques semaines ou quelques mois, mais pour toujours. Il y a de l'activité chez les républicains, puisqu'ils se révoltent; il y a chez les carlistes de la puissance, puisqu'ils ont mis la Vendée en feu; chez le peuple qui crie, qui s'agite, qui murmure, il y a de la vie, puisqu'il se plaint. Que n'employez-vous l'activité des uns, la puissance des autres, la vie des derniers à une œuvre de paix, de production, de richesses qui augmente le bonheur *positif* de tous? qui emploie et absorbe au profit général et particulier des forces perdues aujourd'hui en combats et en luttes? affranchissez les travailleurs, favorisez les entreprises, en assurant leurs bénéfices, organisez le travail, donnez l'essor à l'industrie; VIVEZ DE LA VIE DU PEUPLE, QU'IL VIVE DE LA VOTRE et vous serez L'HOMME DU PEUPLE et de DIEU!

CHARLES LEMONNIER.

CONVOCATION AU 1er JUIN.

Notre PÈRE a décidé que pendant le mois de juin, les portes de la retraite de Ménilmontant, où la nouvelle famille se fonde autour de lui, seraient ouvertes deux fois par semaine, le dimanche et le mercredi, aux personnes qui nous aiment.

Imprimerie d'ÉVERAT, rue du Cadran, n° 16.

RELIGION SAINT-SIMONIENNE.

DES RÉPUBLICAINS ET DU JUSTE-MILIEU.

Les déplorables événemens qui ont ensanglanté Paris la semaine dernière laisseront un long deuil dans une multitude de familles. Tous les rangs de la société ont fourni leur triste contingent de victimes. Mon dieu! que c'est un hideux spectacle que celui d'une guerre civile! Et combien le cœur saigne au souvenir de tout ce que nous avons vu, de tout ce que nous avons ouï-dire! Dites-moi, le choléra n'avait-il pas été pour notre capitale un assez épouvantable fléau? Est-ce trop peu que les ravages dont il sème partout sa marche dans nos provinces? Voyez, de nouvelles funérailles recommencent à attrister nos regards; voilà Paris encore avec son morne aspect d'il y a deux mois. Le choléra a été un enseignement perdu; la guerre civile au sein de la ville la plus civilisée du monde, ne sera-ce pas au moins une leçon plus profitable?

NOTRE PÈRE l'a dit: La république est impossible. Vous n'avez pas voulu nous écouter, hommes impatiens que les délais révoltent; mais vous avez crié *vive la république!* et le peuple n'a point fait chorus avec vous. Vous êtes restés seuls avec votre désespoir, avec votre courage digne d'une meilleure cause; vous êtes restés seuls et vous avez voulu périr, pauvres infortunés! Périr! comme si l'humanité avait trop de tous ses enfans, trop d'actifs travailleurs pour les grandes choses que le siècle nous prépare. Nous vous l'avons répété souvent, jeunes républicains; mais, hélas! avec trop peu de fruit, pourquoi n'avoir pas senti ce qu'il y a de légitime dans cet attachement à l'ordre, à la paix, caractère distinctif de la société actuelle, indice d'un besoin naturel, vrai, général? La paix, avons-nous dit, est aujourd'hui le premier besoin des peuples et des individus. Sans la paix point de commerce, point ou très-peu de production, point de ces échanges de relations fraternelles qui rapprochent chaque jour de plus en plus les peuples; la guerre est un fait rétrograde, barbare, antipathique à nos mœurs, impossible bientôt, nous l'espérons, dans cette belle Europe, la fille aînée de la civilisation, l'initiatrice du monde. Vous vouliez gouverner, et vous ne savez rien de DIEU ni de L'HUMANITÉ, de *l'humanité* que vous divisez en *réprouvés* et en *élus*, de *l'humanité* dont vous frappez d'interdiction une partie, ne connaissant ni les besoins généraux, ni les exigences individuelles. Vous vouliez gouverner et vous ignorez quelle est la loi du développement des sociétés dans le cours des âges, quel est leur avenir, et où se trouve à cette rude époque de crise qui nous travaille depuis cinquante ans surtout, le véritable élément progressif, le germe précieux que vos soins devaient concourir à faire éclore; vous ignorez que L'INDUSTRIE doit être bientôt une des premières puissances de l'homme, un des plus forts leviers de la civilisation, la source intarissable de toutes nos richesses, de toutes nos jouissances; or l'*industrie* se nourrit de *paix*, elle se fortifie par la combinaison des efforts, et elle devra son plus haut degré d'énergie à l'association *religieuse* des travailleurs.

Vos prétentions étaient donc mal fondées; votre théorie était vicieuse; aussi que de plaintes violentes, que de dures récriminations éclataient dans vos moindres discours; vous n'aviez de paroles amies pour personne, ni d'espérances à faire entrevoir, ni de promesses consolantes. Dans votre sauvage amour de l'indépendance, vous n'acceptez aucune supériorité; et cependant sans supériorités toute société est impossible, et vous vouliez gouverner! Hélas! vous ne sauriez vous plaindre du funeste accueil que vous avez reçu; malheureux jeunes gens, vous avez dépensé bien en vain tous vos trésors de vie, d'ardeur, de généreux et héroïques efforts; vous avez mal compris les temps.

Mais aussi pourquoi la société, faite comme nous le voyons, espérerait-elle pouvoir retenir parquées dans le stérile et étroit espace d'une vie au jour le jour, ces ames toujours promptes à se répandre au dehors, impatientes d'avenir et tourmentées d'un vague, mais impérieux besoin de s'élancer en avant, dussent-elles rencontrer un précipice? Les gouvernans d'aujourd'hui n'ont aucune prise sur ces ames de feu, elles échappent à leurs étreintes, elles leur fuient d'entre les mains; c'est un salpêtre qu'une étincelle enflamme et qui fait explosion; mais au prix de bien des ruines; car cette vie incompressible, on ne s'est point occupé d'en faire un utile usage.

Nous avons tout à l'heure dit leurs vérités aux républicains, nous n'avons point ménagé cette ardeur aventureuse qui les pousse à la guerre tout d'abord. Nous leur avons reproché de ne tenir aucun compte de la nature bénigne et patiente, des goûts essentiellement pacifiques et conservateurs, un peu sordides peut-être, de cette majorité de la nation qu'on appelle le juste-milieu. Mais le juste-milieu à son tour est-il exempt de blâme!

Le tort des républicains, c'est l'*exclusivisme*, c'est la brutalité guerrière de leurs opinions; l'exclusivisme aussi et l'étroitesse des sentimens, l'attachement obstiné, aveugle, aux intérêts purement positifs et matériels, voilà ce qui frappe à son tour le juste-milieu d'incapacité gouvernementale. On concevra peut-être bientôt enfin, que pour conduire les hommes il faut les connaître, j'entends les connaître *tous*, et non-seulement dans une portion d'entre eux, fût-elle la majorité; il faut dans l'homme qui prend sur lui le soin difficile et glorieux de la direction de ses semblables, une appréciation juste, élevée, *complète* de toutes les natures, il faut en un mot qu'il soit capable de trouver pour tous et pour chacun une voie large et régulière de développement. Or, nous ne voyons pas que le juste-milieu soit encore arrivé à ce degré de perfection. Tant qu'on n'aura pas ouvert un cours naturel aux sentimens généreux qui fermentent dans le cœur de la jeunesse, on ne pourra raisonnablement espérer d'obtenir d'elle ni affection, ni concours.

Loin de nous toutefois d'inutiles récriminations. Les partis se sont assez long-temps attaqués les uns les autres. Notre langage à nous qui ne sommes point un parti, à nous qui sentons, qui comprenons les exigences de tous, leurs intérêts, leur vie propre, leur légitimité particulière, notre langage doit-être RELIGIEUX.

Ainsi donc au juste-milieu, avis de se montrer plus intelligent de ces natures fortes et expansives qui briseraient l'enveloppe la plus dure plutôt que de s'y laisser comprimer; il doit ouvrir à leur action une plus large carrière et imprimer à leur énergie native un mouvement régulier, mais conforme à leur destination propre.

Que les républicains, à leur tour, renoncent à leurs sanglantes chimères: ils ont fait, hélas! une bien douloureuse épreuve de l'impuissance de leurs doctrines. C'est à eux maintenant à se pénétrer de l'importance toujours croissante de l'industrie, du magnifique avenir des beaux-arts, et de l'avénement futur et pacifique de l'association universelle. Voilà une œuvre belle et glorieuse s'il en fut; qu'ils s'y mettent donc avec cette force de volonté qui fait leur caractère, moins la violence.

A. SURBLED.

CONVOCATION AU 1er JUIN.

Notre PÈRE a décidé que, pendant le mois de juin, les portes de la retraite de Ménilmontant, où la famille nouvelle se fonde autour de lui, seraient ouvertes deux fois par semaine, le dimanche et le mercredi, aux personnes qui nous aiment.

Tous les jours de la semaine, de six heures du matin à dix heures du soir, et le dimanche, de six heures à midi, les directeurs ou sous-directeurs de propagation du degré des industriels donnent les renseignemens qui leur sont demandés sur la religion Saint-Simonienne, aux domiciles suivans:

Rue de la Contrescarpe-Saint-Antoine, n° 70;

A l'Athénée, place Sorbonne;

Et rue Monsigny, n° 6.

PARALLÈLE.

Depuis quelque temps, on rencontre sur les ponts, les quais, les boulevards, ces marchands de papier, dit *papier Weynen*, vêtus d'un costume élégant et propre; ils font plaisir à voir, et leur aspect contraste d'une manière singulière avec la mise plus que négligée d'une bonne partie des marchands ambulans qui circulent en grand nombre dans tous les quartiers de Paris.

Les conducteurs de voitures, dites *Omnibus*, les distributeurs d'eau clarifiée, sont aussi vêtus d'un uniforme et très-propres, tandis que la tenue d'un bon nombre de cochers de place et de porteurs d'eau laisse beaucoup à désirer sous le rapport de la propreté; les vêtemens de ces derniers ne sont pas même toujours suffisans pour les garantir du froid.

Entre les marchands de *papier Weynen*, les porteurs d'eau clarifiée, les conducteurs d'*Omnibus*, et les marchands ambulans, les porteurs d'eau à la sangle, les cochers de place, la différence est grande. Ces derniers son isolés, réduits à leurs seules ressources, à leurs seuls efforts pour vivre. S'ils sont imprévoyans, personne ne prévoit pour eux; ils doivent à la fois chercher du travail et l'exécuter, ils ont à peine assez de temps pour faire ce qu'il est indispensable; il ne leur en reste pas pour ce qu'ils regardent comme superflu. Les premiers, au contraire, appartiennent à des administrations où règne un ordre admirable, où tout est réglé, arrangé avec soin; les chefs savent que la régularité du service peut seule assurer le succès de leur entreprise, aucun détail ne leur échappe, et leur sollicitude s'étend sur leurs employés, qui trouvent leur travail préparé d'avance et sont sans inquiétude à cet égard. Les administrations dont je parle sont susceptibles de grands perfectionnemens, puisqu'il n'y a aucun *lien* entre les inférieurs et les supérieurs qui sont étrangers les uns aux autres; d'ailleurs, la concurrence est là, exploitant les chefs et les forçant d'exploiter leurs employés; mais tout imparfaites qu'elles sont, elles peuvent servir à montrer quels sont les avantages de l'association pour l'amélioration du sort des travailleurs, sur la concurrence et l'isolement.

Nous, Saint-Simoniens, nous voulons détruire la concurrence. A des MAÎTRES *exigeans* et des SALARIÉS *indociles*, nous voulons substituer des *travailleurs* ASSOCIÉS, pour lesquels le COMMANDEMENT et L'OBÉISSANCE soient *doux* et *faciles*, et afin d'arriver à ce but, nous disons qu'il faut faire pour tous les travailleurs ce qu'on fait pour les trois classes d'hommes que je viens d'indiquer, afin qu'à l'avenir aucun d'eux ne se puisse trouver sans travaux, sans vêtemens et sans pain.

CH. BÉRANGER,
fonctionnaire Saint-Simonien.

Imprimerie D'EVERAT, rue du Cadran, n° 16.

RELIGION SAINT-SIMONIENNE.

L'ÉMEUTE. — LE TRAVAIL.

9 *juin* 1832.

Quel spectacle affligeant présentent aujourd'hui les quartiers de Paris dans lesquels ont eu lieu l'attaque et la défense durant les journées des 5 et 6 juin. Partout la dévastation a laissé de hideuses traces de son passage; une foule avide d'émotions vient repaître ses yeux de ce spectacle, et s'enquérir des moindres détails de ces scènes de carnage et de désolation.

Quelques hommes énumèrent leurs exploits avec une fierté dont on rirait s'il était possible de rire de telles choses: ils disent, avec un admirable tranquillité, combien de rebelles ont été mis par eux *hors de combat;* ceux qui se sont trouvés dans les rangs des insurgés, avant de raconter leurs prouesses, s'assurent d'abord que leurs auditeurs n'iront pas les trahir, et tranquilles sur ce point, avec le même sang-froid que s'il s'agissait d'une promenade à la campagne, il vous détaillent quels ont été leurs faits et gestes dans ces jours déplorables.

Il ne faut pas conclure de ceci que ces hommes sont des êtres féroces, constamment prêts à se ruer sur tout ce qui les entoure; les insurgés aussi bien que les défenseurs de l'ordre et des lois, pris un à un, sont les meilleures gens du monde. Les uns et les autres, si l'incendie ou l'inondation menaçaient un quartier de la ville ou simplement quelques habitations, se hâteraient oublant leurs inimitiés, de courir porter des secours. Quand le choléra est venu naguères frapper notre malheureux pays, tous on les a vus, républicains, carlistes, napoléoniens, hommes du juste-milieu rivaliser de zèle et de dévouement pour s'opposer aux progrès du fléau, et l'unanimité d'efforts qui eût lieu contre le choléra se reproduirait demain, si demain une grande calamité la rendait nécessaire. Comment donc accorder le sentiment de bienveillance universelle qui est dans le cœur de tous ces hommes avec l'acharnement qu'ils ont mis à s'écraser à coups de canon, à se percer de leurs baïonnettes en plus d'une occasion, à Lyon, à Grenoble, à Tarascon et tout récemment à Paris.

Il faut bien le dire parce que c'est la vérité, le gouvernement n'est pas sans avoir quelques reproches à se faire à cet égard. Combien de fois nous Saint-Simoniens avons nous dit: « Pour gouverner les hommes il faut avoir » un but à offrir à leur activité, qui, faute d'être dirigée convenablement, » se déborde et s'échappe en écarts. Or il est toujours meilleur de prévenir » les écarts que de les punir. Punir n'est pas difficile, le moindre enfant de » quinze ans en sait assez pour prendre des mesures de rigueur. Le talent » de gouverner ne consiste pas à réprimer le mal, mais bien à l'empêcher » de surgir au sein de la société. Une multitude d'hommes attachés au tra- » vail et assurés de leur existence ne sont pas facilement déterminés à s'ar- » mer, et à venir comme une troupe de bandits tirer en pleine paix des » coups de feu dans les rues. Il faut, pour assurer la tranquillité, ouvrir de » grands travaux où toute la partie de la population, dont l'existence n'est » pas assurée pour quatre jours, trouve des moyens réguliers de fournir » constamment et abondamment à tous ses besoins. » Ces travaux nous les avons spécifiés, et les événemens hélas! n'ont que trop justifié la vérité de nos paroles.

Il n'est personne aujourd'hui, de quelque parti qu'il soit, qui ne considère la guerre comme une chose déplorable et qu'il est bon d'éviter autant que possible; il n'est personne aujourd'hui, qui ne soit, intimement convaincu, que l'émeute est un fait profondément vicieux et immoral, mais indépendamment de l'immoralité du fait en lui-même, il est une autre manière de l'envisager qui n'est pas sans importance. Je veux parler du temps et des valeurs perdus, gaspillés en pure perte par la guerre et par l'émeute.

Les dégâts commis durant ces deux sanglantes journées sont incalculables : des voitures renversées et brisées, le pavé détérioré en cent endroits, les vitres et les réverbères cassés, les maisons ébranlées par les boulets et les commotions de l'artillerie, tout cela, si l'on y joint la valeur du temps perdu pour le travail pendant ces deux jours où tout travail semblait interdit pour une population de quatre cent mille habitans, et l'absence de toute espèce de transaction commerciale, équivaut à une somme, qui, appliquée au travail aurait suffi et au-delà à faire des lieux infects où se sont passées les principales scènes de carnage et de désolation un des plus brillans quartiers de la capitale. Supposons maintenant que les efforts des combattans des deux partis pour se détruire et tout saccager autour d'eux. eussent été appliqués au travail d'embellissement dont il est ici question, ces efforts auraient eu un résultat avantageux pour tous, tandis qu'il n'est résulté de leur rencontre d'autres vestiges que des décombres, du sang, des blessés et des morts.

Depuis, tantôt deux ans, il s'est rarement écoulé un mois sans qu'il y ait eu des émeutes plus ou moins graves, et dans lesquelles presque toujours le sang a été répandu. Si au lieu de se réunir, d'une part pour la destruction, le désordre et la dévastation, de l'autre pour s'opposer au désordre., les hommes se réunissaient pour se livrer à un travail fait en commun, et qu'ils y missent autant de courage et d'ardeur qu'ils en mettent les uns à causer du trouble, les autres à le réprimer, il y aurait avantage pour tous et pour chacun, car le travail accompli profiterait à la société tout entière, tandis que la destruction ne profite à personne. Tout le monde sera d'accord là dessus et conviendra volontiers de l'avantage qu'il y aurait à mettre à exécution un projet ainsi conçu.

PROCLAMATION.

« FRANÇAIS,

» Des désordres graves viennent affliger périodiquement la capitale au grand préjudice du commerce et de l'industrie : chaque fois que ces désordres se renouvellent, des hommes y laissent la vie; ceux qui y prennent part et ceux qui le fusil sur l'épaule vont cherchant à rétablir la tranquillité, perdent à cette besogne fatigante un temps qui pourrait être beaucoup plus utilement employé.

» Il est des hommes d'une activité prodigieuse et que le besoin d'émotions fortes et puissantes pousse sur la place publique dans ces jours désastreux, parce qu'ils y trouvent un aliment à leur ardeur turbulente qui dans la vie habituelle se trouve étrangement comprimée. Pour donner satisfaction à ces hommes qui aiment de passion l'extraordinaire, et empêcher en même temps le retour des condamnables excès auxquels ils se livrent, le conseil d'état, présidé par sa majesté le roi Louis-Philippe, a décidé ce qui suit :

« Art. 1er. Tous les premiers dimanches de chaque mois, les personnes » qui *habituellement* prennent part à l'émeute, soit par ennui, besoin » d'émotions, ou pour telle autre cause que ce soit, les curieux qui vont » *habituellement* voir l'émeute, aussi un peu par besoin d'émotions, et les » gardes nationaux qui sortent *habituellement* en armes pour réprimer l'é» meute par amour de l'ordre et de la tranquillité, se rendront à leurs mai» ries respectives s'il s'y trouve un local assez vaste pour les contenir tous, » sinon ils se rendront sur la place publique la plus voisine; là ils se serre» ront la main ou s'embrasseront de bon cœur, ce qui vaut infiniment mieux » que de se tirer des coups de fusil, ou de se percer à coups de baïonnettes, » ou même de se briser les membres à coups de pierres. »

« Art. 2. Après les embrassemens et les saluts faits avec la plus grande » cordialité, tout le monde se mettra en marche vers le point où des tra» vaux auront été préparés. Le premier jour, on commencera à rendre » habitables les maisons des nouveaux quartiers de Paris encore déserts, tels » que la Cité-Nouvelle aux Champs-Élysées, le village de Beau-Grenelle,

» les bâtimens du clos de Saint-Lazare, etc. On s'occupera aussi de finir une foule de constructions dont le malheur des temps empêche les entrepreneurs d'opérer la terminaison, et l'on y disposera tout de manière à ce qu'elles puissent être occupées immédiatement.

» Le second dimanche, le même travail se continuera, et en même temps on commencera à opérer, avec ordre et symétrie, le déménagement des meubles de ceux qui habitent les quartiers les plus sales de Paris. A cet effet, les personnes qui possèdent des voitures voudront bien les prêter. Nul doute qu'elles ne préfèrent les employer à un tel usage, plutôt que de les voir figurer en barricades au milieu des pavés et des tonneaux vides.

» Le troisième dimanche, le travail des jours précédens se continuera, et de plus on s'occupera de la démolition et de la reconstruction des maisons demeurées vacantes; on commencera par les rues Maubuée, Beaubourg, des Vieilles-Étuves et celles qui leur sont parallèles; ensuite on s'occupera de celles qui avoisinent la Grève, et de celles qui, dans la Cité, bordent le quai Napoléon dans toute sa longueur.

» Art. 3. On consacrera à ces travaux autant de jours qu'il en faudra pour faire de Paris la plus belle ville du monde.

» Art. 4. Les citoyens sont priés d'apporter à ces travaux le zèle et l'ardeur qu'ils auraient mis soit à troubler l'ordre public, soit à le rétablir, et s'ils le font, comme tout porte à le croire, les travaux avanceront avec une prodigieuse activité.

» Art. 5. Ces journées porteront le nom d'*émeutes pacifiques*, pour les distinguer des autres émeutes.

» Art. 6. Durant les *émeutes pacifiques*, c'est-à-dire durant le travail, les musiciens des régimens joueront des fanfares pour encourager les travailleurs; les tambours se feront aussi entendre. Le soir, un feu d'artifice sera tiré avec la poudre qui aurait été brûlée pour le combat. Les spectacles, que l'émeute fait ordinairement fermer, seront ouverts *gratis* aux *émeutiers* (c'est-à-dire aux travailleurs, les plus ardens. Les travaux pacifiques présentant parfois quelques dangers, on les réservera pour des hommes de courage qui ne vivent à l'aise que dans le danger, et qui, pour cette raison, sont toujours au premier rang dans les *émeutes brutales*.

» Art. 7. Les marchands dont les boutiques auront été ouvertes en l'absence de l'*émeute brutale*, sont priées de verser à la caisse municipale la valeur de la moitié de leur bénéfice de ce jour, et le conseil d'état ne doute pas que tous ne s'empressent de le faire; toutefois il n'entend les contraindre en rien. L'argent qui proviendra de cette source s'élèvera promptement à quelques millions qui serviront à payer des dépenses qu'il est impossible de prévoir, ou tout au moins de spécifier.

» Art. 7. Comme les intérêts des propriétaires de maisons démolies dans l'intérieur de la ville pourront être froissés par cette mesure, une commission sera instituée, qui s'occupera de prélever sur le produit des locations nouvelles qui sont actuellement sans valeur et qui en acquerront tout d'un coup une très-grande, une somme destinée à indemniser les possesseurs des maisons détruites, afin que, par cette mesure, aucune existence ne soit déplacée violemment et brusquement.

» Art. 8. S. M. le roi des Français a décidé qu'il se rendrait avec sa famille, ses ministres, les employés des administrations, et toute la garnison de Paris, aux *émeutes pacifiques*, pour encourager, par son exemple et par sa présence, les *émeutiers* à bien faire.

» Art. 9. Les corps du génie et de l'artillerie présideront aux travaux.

» Art. 10. Le nombre des jours d'émeute n'est pas borné, et le conseil autorise la population à les prolonger indéfiniment. Un corps d'ingénieurs sera chargé de déterminer les travaux à faire accomplir ultérieurement.

» Art. 11. Les *émeutes pacifiques* sont autorisées par toute la France : les rois nos voisins seront priés de les autoriser chez eux.

» Art. 12 et dernier. Des récompenses seront données à ceux qui se seront
» distingués dans les *émeutes pacifiques*, depuis la simple mention honorable,
» jusqu'à la croix de la Légion-d'Honneur pour ceux qui auront accompli les
» travaux les plus pénibles et les plus dangereux; des pensions seront accordées
» à ceux qui y seraient blessés, ainsi qu'aux veuves et aux enfans de ceux qui y
» perdraient la vie; accident qui serait heureusement fort rare dans ces
» sortes d'émeutes. Des pensions seront également accordées à ceux qui auront
» fait l'*émeute pacifique* pendant un certain nombre de jours qui sera dé-
» terminé ultérieurement.

» Fait en conseil d'état, etc. »

Quelques personnes pourraient prendre une telle décision pour un acte de folie, et moi je dis que ce serait un acte de haute raison : il n'y a pas de comparaison entre une folie de ce genre et celle qui pousse les hommes à courir armés comme des frénétiques les uns contre les autres; celle là est une véritable folie et des plus déplorables; il n'y a pas de comparaison surtout à établir entre les résultats de *l'émeute brutale* et ceux de *l'émeute pacifique*. D'un côté, la misère, le désespoir, la mort; de l'autre, la richesse, le plaisir, la vie: cela vaut la peine d'y réfléchir, surtout si l'on considère l'urgence des travaux d'assainissement de Paris, qui peut être considérée dans quelques-unes de ses parties comme la ville la plus malsaine du monde.

Les magistrats qui ont procédé à des visites domiciliaires sur le théâtre du combat et dans les lieux environnans, rendront sans doute un compte exact et fidèle de ce qu'ils ont vu; ils diront la boue fétide des rues, les escaliers obscurs, les chambres où l'on respire un air empoisonné et où le soleil ne pénètre jamais; ils diront les grabats du pauvre et sa misère horrible. Sans doute il s'élèvera du milieu d'eux quelques voix généreuses pour faire le tableau de toutes les laideurs qui auront frappé leurs yeux. Les chefs du peuple sauront qu'il habite encore des masures autant et plus malsaines que celles dans lesquelles il languissait au moyen âge; ils comprendront la nécessité de lui donner des habitations salubres, où le soleil et l'air pénètrent abondamment, afin d'y répandre la santé, la vigueur et la vie; car la santé, la vigueur, la vie du peuple, c'est aussi la santé, la vigueur, la vie de ses chefs.

Oui, que cette voix s'élève et qu'elle parle haut; Dieu donnera de la force à ses paroles, et d'un grand mal il sortira quelque bien. Dieu ne permet pas que le mal se fasse sans qu'il en résulte quelque chose de bon pour l'humanité.

Oh! qu'il serait bon que les magistrats et ceux qui ne savent rien du peuple allassent quelquefois visiter ses greniers, non point pour y porter des aumônes que le peuple refuserait, car il est FIER et ne veut rien devoir *qu'à son travail*, mais afin de se pénétrer de sa vie, de s'inspirer au spectacle de ses douleurs, et de faire retentir en sa faveur leurs voix pour lui faire obtenir la moralité, les lumières et le bien-être dont il a si grand besoin. Leurs voix trouveraient bien vite de l'écho, et leur oreille serait charmée d'un doux concert de bénédictions que depuis long-temps les hommes n'ont pas entendu.

Un jour viendra, et ce jour n'est pas éloigné, où tout le bonheur qu'on peut espérer sur la terre se réalisera; mais pour cela il faut que tous les hommes se sentent unis par un même intérêt, il faut qu'ils apprennent que leur existence est liée à celle des autres hommes; il faut, en un mot, qu'ils soient RELIGIEUX: c'est pourquoi la voix puissante de NOTRE PERE ENFANTIN enseigne la RELIGION au monde!

BÉRANGER, ancien ouvrier en horlogerie,
fonctionnaire Saint-Simonien.

RELIGION SAINT-SIMONIENNE.

DE L'ELECTION.

L'élection doit-elle procéder d'en haut, c'est-à-dire du pouvoir, ou partir d'en bas, c'est-à-dire des administrés? Cette question, qu'on paraît aujourd'hui assez généralement s'accorder à résoudre dans le dernier sens, demande à être sérieusement examinée.

Sans doute avec la constitution actuelle des gouvernemens et la disposition générale des esprits, on peut dire qu'il est utile, indispensable de donner au peuple une large part des droits d'élection. Les gouvernemens de nos jours ne se mettent pas malheureusement beaucoup en frais de mesures favorables à l'intérêt des classes laborieuses; les esprits à leur tour sont grandement en défiance des gouvernemens. L'élection est donc entre les mains du peuple une garantie nécessaire à sa sécurité.

Si c'est une opinion bien arrêtée, si c'est une vérité incontestable que tout gouvernement est l'ennemi naturel des peuples, qu'il y a forcément entre les gouvernans et les gouvernés, rivalité opposition constante d'intérêts, j'en conviens, c'est aux uns à se barricader contre les autres, c'est à ceux qui obéissent à se munir soigneusement de sauve-gardes et de moyens de défense contre ceux qui leur imposent la loi, on ne saurait dire à quel titre : la guerre est déclarée; au plus circonspect, au plus défiant l'avantage! La lutte ne devra finir que quand l'un des deux partis aura triomphé de l'autre; il n'y a pas de composition à espérer, de trêve à attendre, car les intérêts sont contraires, les vues diamétralement opposées.

Ainsi doit-on raisonner dans l'hypothèse des gouvernemens, nécessairement ennemis des peuples; ainsi raisonne-t-on aujourd'hui, où cette hypothèse est presque généralement admise. Et certes, nous ne saurions nier que le monde ne soit à cet égard *terriblement* logicien, et qu'il ne se montre parfaitement conséquent avec lui-même dans son insistance à s'entourer de toutes les garanties possibles. Je n'examine pas si, de leur côté, les gouvernemens font preuve d'autant de logique; quelques-uns leur accordent même une supériorité manifeste en ce genre.

Mais ne pourrait-on pas envisager autrement les rapports nécessaires du pouvoir avec le peuple? A-t-on pris définitivement son parti là-dessus? L'antagonisme doit-il se perpétuer à tout jamais entre ceux qui commandent et ceux qui obéissent? Dieu nous garde de le croire!

Nous voyons, en effet, que l'harmonie n'a pas cessé d'aller croissante entre les différentes parties d'une même nation, depuis les classes les plus élevées jusqu'aux plus infimes, que les intérêts divers ont de plus en plus tendu à se fondre en un intérêt général et unitaire, et qu'enfin les sociétés marchent, et marchent vite, vers un état de choses où chacun sera solidaire de tous, où tous le seront de chacun.

Supposons donc un pays, la France, par exemple, où les hommes qui auraient en main le pouvoir seraient reconnus pour les plus capables et les plus *moraux;* supposons une société basée sur ce principe : toutes les institutions doivent avoir pour but l'amélioration du sort moral, intellectuel et physique de tous; qu'arriverait il alors? C'est que le gouvernement investi d'une confiance méritée n'aurait pas continuellement à se débattre contre cette multitude d'entraves qui empêtrent les pouvoirs actuels, c'est que personne ne lui contesterait le droit d'élire; et il élirait bien, croyez-le; il élirait bien, car l'intérêt de sa propre conservation lui en ferait une loi, toute autorité ne se soutenant que par les moyens qui l'ont fondée; ensuite ses regards portant plus loin, ses lumières étant plus étendues, il serait infiniment plus à même que qui que ce fût d'apercevoir l'homme habile et modeste que son obscurité cache aux yeux vulgaires, et de l'élever au rang que lui assigne son mérite. Soyez sûrs que le peuple ne manquerait pas d'*acclamer* à un pareil choix: cette acclamation en serait du reste la sanction nécessaire;

par-là le peuple trouverait à exercer le droit inaliénable qu'il a de n'obéir qu'à ceux qu'il aime.

Voici, pour terminer, ce que j'écrivais sur ce sujet, il y a quelque temps, à un ami qui incidentait sur de vaines difficultés de détail : « Allez-vous parler de la perversité humaine, des chances inévitables d'abus, de la légalité, des chambres, du vote universel et de la république? Eh! en vérité, vous ne me ferez pas croire que le vote universel remédierait à rien. Seulement plus de confusion s'ensuivrait; partant, plus de misère. Les hommes au puissant génie et à l'ardent amour, voilà ceux qui *élisent*, qui *devinent*, qui *révèlent*. Attendez donc en effet d'une multitude, attendez des classes inférieures ignorantes, vous l'avouez vous mêmes, ignorantes et accessibles à tous les vains bruits, à toutes les petites menées; attendez quelque révélation plus élevée, plus efficace, que celle d'hommes *supérieurs*, supérieurs, j'entends, par leur vaste intelligence, par un génie qui domine tout l'horizon des nécessités contemporaines et saisit d'un coup d'œil, à la seule attitude du peuple, à l'expression de sa physionomie, l'indication de ce qu'il convient de faire.

» Que s'il se trouvait au pouvoir quelque grande souveraineté légitimée par la consécration de services rendus et de belles espérances, et qui fût *la loi vivante* de son temps, les sympathies populaires lui seraient bientôt acquises. Mais vraiment, cet homme si puissant, entourez-le de défiance, embarrassez sa marche en jetant devant ses pas cette foule tracassière de vos élus; que leurs courtes vues s'interposent entre la sienne qui discerne à d'incommensurables distances; glacez-le par le contact de leurs paroles mortes; ensevelissez-le tout entier dans le sépulcre blanchi de vos chartes; ce ne sera plus un être vivant, ce sera une idole, le roi Soliveau de la fable, ce ne sera rien. Mais si, lui accordant une initiative féconde, vous donnez à son génie toute sa latitude; si vous le laissez pénétrer de ses regards d'aigle jusqu'au fond des cœurs, et dire à chacun de ces hommes dévoués qui l'entourent vivant de sa vie et s'inspirant de ses hautes pensées : *Voilà ta place!* si, voyant par lui-même tout ce vaste ensemble de mouvemens, il en active de sa chaleureuse inspiration la continuelle énergie, vous avez alors un véritable gouvernement, vous avez un roi qui règne et *gouverne*, un *chef* qui est vraiment *la tête* du corps social, un président, si vous voulez, mais qui, du moins, *préside* à quelque chose. »

Maintenant concluons en disant que la défiance, qui est aujourd'hui à tort ou à raison organisée dans l'État avec une complication savante de formalités, que la défiance avec l'élection par en-bas, son expression tumultueuse et désordonnée, disparaîtra du jour où un pouvoir ami et bienveillant, éclairé, progressif, se mettant avec une loyale franchise et sans arrière-pensée au maniement des affaires, aura donné à tous des preuves positives de sa capacité et de sa bonne foi; elle disparaîtra surtout alors que DIEU sera bien senti, qu'on aura foi à son AMOUR et à sa providence, et qu'on concevra l'humanité dans son ensemble comme un vaste corps, un et multiple à la fois, dont tous les membres, cœur, tête et bras, concourent diversement à l'accomplissement d'une œuvre commune, ou bien encore comme un immense concert d'harmonie vivante, où chaque homme fait sa partie haute ou basse, et où celui qui dirige, placé au point de vue de l'unité, est seul capable de hâter ou de ralentir la mesure quand il faut, et d'imprimer au tout un mouvement général et uniforme.

A. SURBLED.

CONVOCATION DU 1er JUIN.

Notre PÈRE a décidé que pendant le mois de juin les portes de la retraite de Ménilmontant, où la famille nouvelle se fonde autour de lui, seraient ouvertes deux fois par semaine, le dimanche et le mercredi, aux personnes qui nous aiment.

Imprimerie d'ÉVERAT, rue du Cadran, n° 16.

RELIGION SAINT-SIMONIENNE.

LA VOIX DE DIEU.

21 juillet 1832.

Un jour, à Rome (non pas Rome d'aujourd'hui avec ses mendians et ses moines, mais Rome de l'antiquité, avec ses guerriers intrépides et son sénat paraissant une assemblée de rois), le consul Valérius, assis au *forum* et ayant sous les yeux une grande foule assemblée, fut saisi de respect à la vue de tous ces hommes, et se levant tout à coup il courba son front, salua le peuple, et fit incliner les faisceaux, emblèmes de la puissance, que dans les jours ordinaires des licteurs portaient haut et fiers devant les consuls.

La voix de Dieu avait retenti à l'oreille et pénétré jusqu'au cœur de Valérius, elle lui avait dit que la puissance n'était dans ses mains qu'un instrument pour faire le bonheur du peuple, et l'hommage que Valérius rendit au peuple témoignait qu'il avait compris la voix de Dieu. Le peuple répondit à son action par mille cris d'allégresse, et le salua du nom de *Publicola*, c'est-à-dire *populaire* ou *ami du peuple*.

Ce jour-là fut un beau jour pour Rome, et ses enfans en gardèrent long-temps le souvenir. Dans leurs fêtes ils en parlaient avec un religieux orgueil; la mémoire de Publicola fut long-temps vénérée par eux comme celle d'un homme grand parmi les hommes; une statue lui fut par eux érigée, il fut *saint* à leurs yeux.

Avant cette époque des hommes avaient aussi compris la voix de Dieu leur ordonnant de faire le bonheur du peuple. Depuis cette époque d'autres hommes la comprirent, et toujours leur nom fut grand parmi les noms des hommes. Moïse arrache les Juifs à l'esclavage dur et pénible de l'Egypte, et les Juifs vénèrent le nom de Moïse. Aujourd'hui, même après des milliers d'années, un jour est consacré par eux à célébrer l'anniversaire de leur délivrance et à bénir le nom du grand homme qui les a délivrés.

Un autre, plus grand que Moïse, Jésus, vint fonder l'égalité et révéler la dignité humaine; il dit aux hommes : « Il n'y a qu'un » seul Dieu et vous êtes *tous* ses fils, vous êtes *tous* frères. Voici sa » volonté : aimez-vous les uns les autres. » Et à sa voix tombent les fers des esclaves. La femme entre enfin seule dans le lit nuptial, et prend dans l'humanité un rang qui lui avait été refusé par la brutalité païenne.

Aussi pendant des siècles le nom de Jésus fut répété et béni par les voix des nations avec un tel accord qu'il semblait qu'une seule ame animât tous ces hommes. L'enfant au berceau, le vieillard à la voix tremblante et cassée, la paysanne et la noble châtelaine le murmuraient avec des larmes de joie ; le pâtre, le cultivateur, humbles, pauvres et accablés sous le poids du travail, et le guerrier couvert de fer ou brillant de pourpre et d'or, s'embrassaient au nom de Jésus, qui, d'ennemis qu'ils étaient, les avait rendu frères. Oh! quel jour que celui où tous ces hommes de conditions si diverses se trouvaient face à face, égaux en présence de Dieu! Oh qu'une voix me dise que le peuple retrouvera le bonheur dont il était enivré dans de tels jours, car sa vie n'est plus qu'une douleur sans fin, elle s'écoule tristement comme une nuit sans étoiles, comme un jour sans soleil!

Depuis ces grands hommes dont j'ai dit les noms, quelques hommes sont venus encore faire bénir leurs noms par les peuples, des rois ont eu l'amour de ceux qu'ils gouvernaient. Un Louis XII mérita le nom de père du peuple, et quand il mourut, tous les yeux versèrent des larmes. Oh! qu'il y avait encore du bonheur dans la prière fervente que tout un peuple adressait chaque soir à Dieu pour la conservation des jours de son PÈRE, et quel bonheur que celui d'un homme qui SENT qu'il est le PÈRE, le *véritable*

PÈRE de toute une nation. Depuis long-temps le peuple ne prie plus ainsi, car depuis long-temps le peuple n'a plus de PÈRE.

Mais ces hommes ont été rares, et le bien qu'ils ont fait a passé avec leur vie; d'autres sont venus, ils ont rendu le peuple défiant, ils lui ont ôté sa VIE *ancienne*, c'est-à-dire son amour pour ses chefs, et ne lui ont pas donné une VIE *nouvelle*. Ils ont remplacé par une raillerie amère, par une chimérique égalité les joies du peuple et sa confiance; ils lui ont dit: Détruis ces autels où tu t'abrutis chaque jour, regards ces prêtres et ces rois en face, ils sont comme toi des hommes; va, tu peux les insulter. Et le peuple se mit à les écouter et à faire ce qu'ils lui commandaient, et quand il l'eut fait, il s'en fut triste et le visage morne, n'ayant plus personne à chérir, à vénérer.

Gloire cependant à ces hommes! car leur voix a renversé le dernier obstacle qui s'opposait à l'affranchissement définitif du monde. Mais que leur voix soit muette à l'avenir, car ils n'ont plus rien à dire aux peuples. Qu'ils voient eux-mêmes.

Depuis des siècles déjà les jours de l'enthousiasme sont passés, et le peuple succombe sous une mortelle langueur. Le peuple n'a plus de fêtes où son cœur se dilate, où la vie qui est en lui s'épanche à grands flots en cris de joie, en bénédictions; les jours succèdent aux jours, mais tous se ressemblent, et pâles et décolorés, rien n'en vient rompre l'ennuyeuse uniformité; à moins qu'un roi vieillard aux membres débiles, et le front incliné vers la tombe, ne veuille de sa main tremblante donner des fers à ceux qui furent pour ses ancêtres des sujets fidèles et qui ne l'aiment pas, lui : Alors un cri du peuple s'élève comme un coup de foudre, emporte sur des rivages éloignés tout ce cortége antique, tous ces fantômes dont il avait long-temps souri dédaigneusement, les méprisant trop pour en rien redouter. Ce cri de trois journées a rendu pour un instant la vie douce à ceux qui l'ont proféré; à ce cri succède vite un morne silence. La vie des combats n'est plus la vie du peuple, et les cœurs veulent battre d'AMOUR et non de *haine*.

Et lorsqu'on vient dire à ces hommes, après trois jours de combats : « Réjouissez-vous, car vous êtes libres! Voici venir les

» jours de l'égalité, la Charte vous assure le bonheur; qu'un cri de » joie s'échappe de vos poitrines. » Leurs poitrines ne se soulèvent point, leurs lèvres demeurent muettes et immobiles.

Et tandis que dans leurs assemblées ils font des lois et des dissertations, ENFANTIN, NOTRE PÈRE SUPREME dit : « Ces hommes souffrent, le peuple languit misérable, ses chefs » ont perdu la trace de la vérité, ils sont comme des aveugles qui » tournent le dos à la bonne route. Je ne puis voir cela sans une pro- » fonde douleur, le chant d'allégresse qui chaque jour s'élevait matin » et soir vers le ciel s'est changé en un long cri de détresse. Je leur » dirai des paroles comme ils n'en ont jamais entendues, et quant » ma voix aura été en eux, ils iront la répandre, et ils cesseront » leurs cris de rage et leurs malédictions pour bénir DIEU. »

C'est afin de faire entendre bientôt cette parole que NOTRE PÈRE s'est retiré sur les hauteurs de Ménilmontant, berceau de son enfance, là *où sa mère murmurait sur lui des paroles d'amour*, et qu'il s'y est enfermé occupé à fonder au milieu de ses fils la famille nouvelle et vivant dans la retraite.

Ch. BÉRANGER,
Fonctionnaire Saint-Simonien.

CONVOCATION DU 1er JUIN.

Notre PÈRE a décidé que pendant le mois de juin les portes de la retraite de Ménilmontant, où la famille nouvelle se fonde autour de lui, seraient ouvertes deux fois par semaine, le dimanche et le mercredi, aux personnes qui nous aiment.

Les laissez-passer seront délivrés rue Monsigny, n. 6, dans les anciens bureaux du *Globe*.

Tous les jours de la semaine, de six heures du matin à dix heures du soir, et le dimanche, de six heures à midi, les directeurs ou sous-directeurs de propagation du degré des industriels donnent les renseignemens qui leur sont demandés sur la religion Saint-Simonienne, aux domiciles suivans :

Rue de la Tour-d'Auvergne, n° 34 ;
Rue de la Contrescarpe-Saint-Antoine, n° 70 ;
Et rue de Condé, n° 20.

ÉVERAT, Imprimeur, rue du Cadran, n° 16.

RELIGION SAINT-SIMONIENNE.

QUEL BUT SE PROPOSENT LES SAINT-SIMONIENS.

Le but que se proposent les SAINT-SIMONIENS est différent du but que poursuivent les *partis politiques :* chaque parti se propose de vaincre les partis opposés, de les dominer, d'établir sur eux son autorité.

Au contraire, les SAINT-SIMONIENS veulent amener *tous* les partis à une fusion, à une *conciliation* de leurs intérêts divers dans un intérêt plus grand qui les embrasse tous.

Un parti politique, ne pouvant triompher que par l'abaissement du parti opposé, n'arrivera jamais à établir par son triomphe la paix et l'harmonie ; même au jour de sa puissance la plus grande, il aura des ennemis, qui travailleront sourdement à la miner; des ennemis contre lesquels il lui faudra nourrir les soupçons et déployer la rigueur.

Ainsi, pendant les quinze années que la restauration a fait triompher en France le principe de *la légitimité par droit de naissance*, les *libéraux*, qui l'ont à la fin jetée bas, n'ont cessé de remuer : ainsi, depuis la révolution de juillet, les *carlistes et les républicains* n'ont cessé de travailler à ébranler la royauté qui a voulu s'appuyer sur le *juste-milieu.*

Mais quel est le but auquel les SAINT-SIMONIENS veulent rallier tous les partis, tous les individus, par leur propre intérêt? c'est L'ASSOCIATION UNIVERSELLE.

Ce but est le plus généreux, le plus grand et le plus utile qu'on puisse proposer; car il est dans l'intérêt de toutes les classes : des *oisifs* et des *travailleurs*, des *riches* et des *pauvres*.

Certes les *riches* n'ont pas un intérêt moins grand que les *pauvres* à ce que les FAILLITES, les ÉMEUTES, les DÉPENSES INUTILES, les VOLS, disparaissent de la société; or c'est ce qui arriverait si les hommes convenaient de *s'associer*, au lieu de se FAIRE LA GUERRE et la CONCURRENCE comme aujourd'hui.

Voyez ce qui se passe : toutes les fois qu'un homme *vend* ou *achète* quelque chose, il se comporte avec l'*acheteur* ou le *vendeur*, comme avec un homme qui veut le dépouiller. Les *maîtres* se défient de leurs *ouvriers* et de leurs *domestiques*, et ceux-ci le leur rendent bien. Les *pauvres* regardent en général les *riches* comme des hommes durs, égoïstes, auxquels ils sont bien souvent tentés d'attribuer leurs malheurs ; et les *riches* à leur tour craignent les *pauvres*, comme des gens qui n'ont rien à perdre, toujours mécontens et prêts à se soulever. Les hommes sont dans la vie comme une troupe de voyageurs affamés autour d'une table d'hôte maigrement servie ; chacun se méfie de ses deux voisins ; chacun songe à soi, ne perd point son temps à offrir, mais s'empresse de satisfaire son appétit ; c'est une lutte et une inimitié souvent déguisée, mais toujours réelle. Or, si le dîner était copieux et surabondant, vous verriez, au contraire, ces mangeurs avides, devenus convives polis et délicats, se prévenir mutuellement, se partager avec amour et joie les délices du festin.

Qu'il en soit de même de la vie ; que chacun y trouve largement sa part et celle des siens ; la méfiance, la haine feront bien vite place à l'amour et à la concorde. — Mais quel moyen de satisfaire les besoins de tous les hommes ? *Les riches voudront-ils se dépouiller en faveur des pauvres ?* — Non, certes, car les pauvres n'en seraient guère moins misérables. IL NE FAUT RIEN ENLEVER A PERSONNE, IL FAUT DONNER A TOUS.

Faisons le compte de l'*argent*, des *forces*, et du *temps* que les hommes perdent, parce qu'ils sont désassociés, et qu'ils gagneraient en s'associant, et nous verrons dans l'ASSOCIATION une source immence de richesses inconnues.

Si les hommes étaient associés, les peuples se tendraient tous une main amie ; PLUS DE GUERRE ! PLUS D'ARMÉES ! Et les QUATRE MILLIONS d'hommes robustes et alertes que les princes d'Europe *équipent*, *nourrissent*, *habillent*, *logent*, *blanchissent* pour faire la parade en temps de paix, le carnage et l'incendie en temps de guerre, emploiraient leurs bras, leurs intelligences, leur temps à *produire* des denrées utiles. Les sommes énormes employées à la construction et à l'entretien de *remparts*, de *fortifications*, de *fonderies* et de *parcs d'artillerie*, choses qui coûtent beaucoup sans rapporter un sou, serviraient à construire des CHEMINS DE FER, A ÉLEVER DES VILLES, A CREUSER DES PORTS, A DESSÉCHER DES MARAIS, FERTILISER DES LANDES, REBOISER DES MONTAGNES.

Il en serait de même de ces légions de *douaniers et d'agens du fisc, percepteurs, contrôleurs, inspecteurs*, etc., qui, au lieu de recevoir un traitement pour ne rien produire, le recevraient en échange de travaux plus utiles que les liasses de papier qu'ils barbouillent toute l'année, ou que les entraves qu'ils apportent à la prospérité du commerce.

Entrons dans les menus détails de la vie; le travail est aujourd'hui une corvée, un fléau, 1° *parce que les travailleurs ne sont presque jamais récompensés selon leurs œuvres*; 2° *parce que les hommes n'ont point la liberté de choisir le travail dont ils seraient le plus capables*; 3° *parce que la concurrence condamne les travailleurs à un travail excessif et monotone de dix, douze et parfois quatorze heures par jour*; 4° *et avant tout, parce que le* SENTIMENT RELIGIEUX *ne réunit point les hommes dans un même* AMOUR *pour une même œuvre, et ne donne pas au travail le caractère d'honneur et de sainteté qu'il est à la veille de revêtir*; De cela il résulte que les hommes obligés de travailler pour vivre fraudent ceux qui leur commandent le travail, cherchent à épargner leurs peines et leur temps, tâchent de gagner et non pas de produire, se reposent pendant l'absence du maître, et feignent de travailler bien fort sous ses yeux; s'étudient à le tromper sur tout, sur le prix, sur le temps, sur les produits. Pourquoi cela? parce que le maître, de son côté, se soucie peu de la personne et du bien-être de l'ouvrier, tâche d'avoir le plus de temps au moindre prix, ne s'inquiète point de procurer à ses travailleurs les délassemens et les distractions nécessaires à tout homme qui travaille, mais les suit au contraire partout d'un œil sévère, pour prévenir le gaspillage de temps et de force dont il se sent à chaque instant menacé.

Tout cela cesserait, si les hommes étaient **RELIGIEUSEMENT ASSOCIÉS**; s'ils se sentaient TOUS *parties d'un même corps*, *membres d'une même famille;* s'ils travaillaient en vue d'une *œuvre* assez large pour que chacun y trouvât sa place, assez magnifique pour que chacun se sentît attiré à elle par l'enthousiasme et l'admiration.

Si les travailleurs de tout sexe et de tout âge étaient certains d'obtenir chacun le *grade*, le *nom*, la *récompense* mérités par son œuvre; s'ils étaient certains d'une *retraite* pour leurs vieux jours, et d'une bonne *éducation* pour leurs enfans. Certes, alors les travaux exécutés avec *zèle*, avec *plaisir*, avec **RELIGION**, distribués autant que possible selon les forces, le goût de chacun, seraient moins coûteux et plus productifs; le maître plus aimé serait comme un père au milieu de ses enfans; et *sans diminuer ses propres revenus*, le *riche* verrait autour de lui avec amour et joie les *pauvres* mieux vêtus, mieux nourris, mieux logés, attendre tout de l'*association* et du *travail.*

Voilà comment l'ASSOCIATION, en multipliant par l'épargne des faux frais et l'augmentation des produits les richesses humaines, permettrait D'ENRICHIR TOUT LE MONDE SANS APPAUVRIR PERSONNE.

Ch. LEMONNIER.

CONVOCATION DU 1er JUIN.

Notre PÈRE a décidé que, pendant le mois de juin, les portes de la retraite de Ménilmontant, où la famille nouvelle se fonde autour de lui, seraient ouvertes deux fois par semaine, le dimanche et le mercredi, aux personnes qui nous aiment.

Tous les jours de la semaine, de six heures du matin à dix heures du soir, et le dimanche de six heures à midi, les directeurs ou sous-directeurs de propagation du degré des industriels donnent les renseignemens qui leur sont demandés sur la religion Saint-Simonienne, aux domiciles suivans:

Rue de la Contrescarpe Saint-Antoine, n° 70,

A l'Athénée, place Sorbonne.

Et rue Monsigny, n° 6,

ÉVERAT, imprimeur, rue du Cadran, n° 16.

www.ingramcontent.com/pod-product-compliance
Ingram Content Group UK Ltd.
Pitfield, Milton Keynes, MK11 3LW, UK
UKHW022008170726
13837UKWH00001B/67